COFION, CEFIN

CEFIN ROBERTS

I

MIRAIN

Annwyl Dawn French,

Mond gair cyflym i ddeud 'mod i wedi mwynhau darllen dy lyfr *Dear Fatty*; cymaint felly fel 'mod i'n sgwennu'r nodyn bach yma atat i ddeud 'mod i'n mynd i 'fenthyg' y syniad os ydi hynny'n iawn hefo chdi? Er 'mod i wedi sgwennu dipyn o ddeunydd erbyn hyn, yn sioeau, dramâu, cyfrolau, sgetsus, cyfresi, nofelau a cherddi, nes i rioed ystyried mynd i'r afael â sgwennu am fy mhrofiadau fy hun nes imi ddarllen *Dear Fatty*. Ond wedi imi ei ddarllen gallwn weld y ffordd yn gliriach sut y medrwn inna, falla, fynd i'r afael â sgwennu rhai o'm hatgofion am Ysgol Glanaethwy.

Nid gwenieithu yr ydw i'n deud 'mod i wedi bod yn edmygydd mawr o dy waith di ers dyddiau'r *Comic Strip* slawar dydd ac yn cofio dal fy ochra'n chwerthin ar dy ddehongliad o Susie yn y bennod fach fentrus honno oedd yn gwthio ffiniau comedi'n o hegar yn yr wythdegau. Dwi'n dal i gael pwl o chwerthin wrth ail, trydydd a phedwerydd wylio pennod Dolig o'r *Vicar of Dibley* ac yn rhewi'r ffrâm ar ambell siot ohonot yn byta'r sbrowts rheiny yn dy bumed cinio Dolig o'r bron. Dwi hefyd wedi bod yn ddilynwr brwd o gyfresi *French and Saunders* ers y cychwyn cyntaf ac roedd dy lythyrau at Jennifer Saunders yn y gyfrol bron cystal â'r rhai nes di sgwennu at Madonna! Waw! Liciwn i wbod mwy am darddiad y rheiny. Be ddigwyddodd rhyngoch chi'ch dwy a Madonna tybad? Oes yna gyfrol arall ar y ffordd? Dwi'n siŵr fod yna fyrdd o straeon ar ôl, ond wedyn, tydi rhywun ddim yn gallu deud y cwbwl nac'di? Mae peth ohono'n brifo gormod i fynd i'r afael ag o.

Newydd ddarllen y gyfrol oeddwn i pan welais yr hanes yn y papur dy fod di a Lenny Henry wedi gwahanu. Roedd dy lythyrau ato yntau'n llawn angerdd a chariad a theimlais i'r byw na ddaru'r darna ddim disgyn yn ôl i'w lle ichi'ch dau. Ac eto, mae'n braf clywed bod eich cyfeillgarwch wedi parhau'n agos iawn.

Atgofion yr ysgol fydda i'n son amdanyn nhw'n benna' yn y llyfr 'ma gyda llaw. Na, nid fy nyddiau ysgol i yn bersonol; doedd dim llawer yn anghyffredin ynglŷn â'r rheiny mae arna i ofn. Mymryn o hogyn drwg, dipyn yn ddiog ac yn eitha direidus. Dyna'r cyfan sydd yna i ddeud am y dyddiau hynny. Dim gwaeth na gwell na'r rhan helaetha dybiwn i. Ond mae gen i dipyn mwy i'w ddeud am hanes Rhian a finna yn adeiladu ein hysgol ein hunain. Mae hynny ynddo'i hun yn beth eitha anghyffredin mae'n siŵr. Ond i hogyn ddaru fustachu i gadw'i ben uwch y dŵr yn ei ddyddiau ysgol ei hun mae'n anodd credu 'mod i wedi mynd ati i adeiladu ysgol fy hunan maes o law; a dwi'n edrych ymlaen at sgwennu llythyra at ambell i gyn-ddisgybl, ffrind, beirniad ac o bosib ambell i hen elyn wrth fynd rhagddi.

Falla iti glywed am ein tipyn llwyddiant ar y gyfres *Last Choir Standing* ryw bedair blynedd yn ôl. Erbyn hyn mae'r ysgol wedi dathlu ei phenblwydd yn un-ar-hugain oed ac mae'r llyfr yma'n rhan o'r dathliada hynny. Nôl ym mis Medi 1990 y cychwynnodd Rhian a finna ar y fenter. Doedd yna ddim llawer o ysgolion perfformio yng Nghymru ar y pryd ac yn sicr ddigon doedd yna 'run yn gweithredu yn yr iaith Gymraeg. Dwi'n credu iti sôn rhywfaint am y Cymry ar ddechrau *Dear Fatty*. Roedd yn ddifyr darllen am dy brofiadau fel un o'r 'bobol ddŵad' ar Ynys Môn. Tasa ti mond yn gwbod fod unrhywun o'r tir mawr sy'n symud i Fôn yn 'bobol ddŵad', waeth pa mor hir maent wedi byw yno; nid dim ond y rhai sy'n dod o'r ochr arall i Glawdd Offa!

Mi fydda i hefyd yn cyfeirio yn y gyfrol yma at un neu ddau o lythyrau yr ydan ni fel ysgol wedi eu derbyn gan ambell unigolyn go flin. Rydan ni wedi cael rhai go filain yn ein tro gan rai a oedd yn amlwg isio deud 'u deud, ac mi fydd yn ddifyr gwbod be neith pobol ohonyn nhw.

Roedd gen i duedd weithiau i edrych dros ysgwydd sawl

un o fy ffrindia yn yr ysgol mewn arholiad slawar dydd. Twyllo fydda amball athro'n 'i alw fo. Dysgu funud ola fydda fy nehongliad inna o'r peth! Ta waeth, diolch am gael edrych dros dy sgwydda di am ryw chydig Dawn. Sgwydda sydd wedi bod yn ddigon llydan i gario'r pwysa ddaw yn sgîl llwyddiant dros yr holl flynyddoedd.

Ystyr 'dawn' yn Gymraeg, gyda llaw, ydi 'talent'. Ac mae ganddon ni ddihareb fach dda sy'n deud mai 'gweddw crefft heb ei dawn'. Rwyt ti'n sicr yn un o'r rheiny sydd wedi meistroli dy grefft, ond roedd dy ddawn yn amlwg o'r cychwyn dybiwn i.

Bu'n bleser cael edrych dros dy ysgwydd am sbel. Ond dwi ar fy mhen fy hun o hyn ymlaen!

Diolch o galon am dy ddawn Dawn,
Hwyl!

Cefin

Mam a finna yn 1954,
tu allan i Tyddyn Difyr.

Annwyl Mam,

Mi wyddoch yn iawn mai chi 'di'r bai am hyn i gyd. Fyddwn i ddim yn sgwennu'r llyfr 'ma rŵan oni bai amdanach chi. Mi allswn ddeud yr un peth am sawl person arall wrth gwrs; nhad, Norah Isaac, John Gwil, Wilbert Lloyd Roberts, Haydn Davies (arweinydd côr Sir Eryri yn y chwedegau), Glyn Owen (fy mhrifathro yn yr ysgol gynradd), Glenys Griffiths a Peleg Williams (f'athrawon cerdd yn yr ysgol uwchradd); mae nhw i gyd, yn eu tro, wedi dylanwadu arna i, i gyd ar ryw amser wedi meithrin yr awydd rhyfedd 'ma yndda i i drosglwyddo a chyflwyno'r grefft o lwyfannu i genhedlaeth newydd o blant a phobl ifanc. Ond chi fu'n benna' gyfrifol am hyn i gyd 'chi Mam. Chi lusgodd fi 'o steddfod i steddfod' er pan oeddwn i'n ddim o beth. Chi, hefo'ch ceinioga prin, wthiodd fi o wers biano i wers ganu, a ngyrru i o wers gitâr i wers adrodd, a'm danfon i o wers ddawnsio i ymarfer drama a chyngerdd a rhagbrawf ac unrhywbeth yr oeddach chi'n feddwl fydda o fudd ac o gymorth imi 'neud rhyw yrfa ohoni ar lwyfan.

Na, dwi'n deud celwydd tydw? Tydi 'llusgo' ddim yn swnio'n iawn; na gwthio'n air teg i ddisgrifio'r hyn 'naethoch chi chwaith. Ma' geiria felly'n awgrymu ichi fod yn rhyw fam eisteddfodol, ymwthgar a fynnodd 'mod i'n gneud yr holl betha 'ma am mai chi oedd isio imi 'u gneud nhw yn y lle cyntaf. Ond ddaru chi ddim. Fi oedd yn swnian am gael mynd. Roeddach chi'n gwbod o'r eiliad y cerddish i ar lwyfan steddfod Llan yn y pumdega 'mod i'n gartrefol o flaen cynulleidfa, fod perfformio yn rhan naturiol o'r hyn oeddwn i. Mi welsoch chi hynny pan ganish i 'Myfi yw Santa Clôs' pan oeddwn i'n bump oed ac Alan, fy mrawd, yn troi'n welw wrth f'ochr i yn gwbod mai ei dwrn o oedd nesa. Mi ofynnis i'r arweinydd a gawn i ganu yn lle fy mrawd gan fod golwg mor boenus arno. Toeddwn i wedi mwynhau'r profiad gymaint fel nad oeddwn i am iddo fo ddŵad i ben! 'Kevin bach,' medda Ifan Jones Davies, yr arweinydd, wrtha i, 'ti newydd ga'l dy dro di.' Felly mi fu'n rhaid imi wylio mrawd yn mynd drwy'r artaith o rewi ar y llwyfan tra roedd y cyfeilydd, y beirniad, Ifan Jones Davies, Mam a finna yn canu 'Myfi yw Santa Clôs' a mrawd yn gwrando arna ni'n gegrwth.

Mi gafodd Kevin hefo 'K' drydydd y pnawn hwnnw a rhuban a thair ceiniog yn fy mhocad. Mi gafodd Alan rhuban hefyd yn do? Oedd pawb yn cael rhuban os cofia i. Ond ddaru o ddim mynd yn agos i lwyfan wedi'r pnawn hwnnw. Ond trydydd neu beidio doedd 'na neb yn mynd i fy nghadw i rhag troedio'r hen estyll pren 'na o hyn allan.

Ddeng mlynedd yn ddiweddarach aeth Kevin hefo 'K' i Eisteddfod Genedlaethol Fflint ac fe ymunodd hefo Cymdeithas yr Iaith. Cafodd fathodyn newydd sbon danlli a daeth wyneb yn wyneb hefo tywysog diarth ar y maes. Daeth adref yn Cefin hefo 'C' (ac 'f') newydd sbon danlli os cofiwch chi. Doeddach chi ddim yn rhyw hapus iawn ar y cychwyn yn nagoeddach? Methu dallt pam o'n i angan gneud rytsiwn beth. Roeddach chi'n dal i sillafu f'enw i dan yr hen drefn – nes imi fynd i'r coleg yng Nghaerfyrddin. Amlen fach wen yn glanio un bora a 'Cefin Roberts' arni. Dyna'r tro cyntaf imi weld y sillafiad newydd yn eich llawysgrifen chi. Er symled y weithred roedd hi'n deud cyfrola wrtha i.

O lle cawsoch chi'r arian mam? Yr arian i dalu am yr holl wersi 'na, a'r petrol? Heb sôn am y'ch amsar? O lle daeth yr holl egni a'r mynadd i fynd â mi i bob cwr o'r wlad i blannu yndda i y profiadau a'r sylfeini y byddwn eu hangen yn nes ymlaen? Oeddach chi 'di synhwyro mai dyma fydda nyfodol i? Oeddach chi'n gwbod y byddwn i ryw ddydd yn agor fy ysgol fy hun i ddysgu'r holl sgilia 'ma i blant a phobl ifanc? Nac oeddach beryg. Bosib mai dyna'r peth dwytha fydda wedi pasio drw'ch meddwl chi 'radag hynny. Toedd y ffasiwn beth ddim yn bod y dyddia hynny wrth gwrs, neu mi fyddach wedi fy helcid i yno eich hun!

Dwi'n gwbod ichi fwynhau fy mymryn llwyddiant ar y llwyfan ac ar deledu, ond dwi hefyd yn gobeithio ichi fwynhau ein llwyddiant hefo'r ysgol yn fwy byth. Dwi bron yn siŵr eich bod chi. Ond fe aethoch o'n gafael cyn ichi weld yr ysgol yn cael ei thraed dani go iawn yn do? Dwi wastad wedi pitïo nad oeddach chi a Dad yn yr agoriad swyddogol pan gawson ni'n hadeilad ein hunain. Gan mai saer maen oedd dad mi fydda wedi bod wrth ei fodd yn fy ngweld i yn fy het galad yn cerddad o gwmpas y llain tir ym Mharc Menai yn edrych ar yr adeilad yn ca'l ei godi. Falla bydda gweld brics a mortar yn asio i godi muria wedi ei helpu i ddeall be oeddan ni'n drio 'i neud.

Ddaru dad rioed ddallt yn iawn yn naddo? Ar ganol sgwennu llythyr ato f'ynta ar hyn o bryd ac yn cael dipyn mwy o draffath hefo hwnnw. Doedd o ddim yn ddyn geiria fatha chi a finna'n nagoedd?

'Agor ysgol? I be ddiawl 'nei di beth felly?' Ac ar ôl saib i ystyried, 'Fyddi di'n dal ar y teli wedyn?'

Oedd o 'run mor falch â chitha o ngwaith i dwi'n siŵr, ond doedd o ddim yn gwbod o lle roedd yr holl awydd yma'n tarddu yndda i. Dwi'n siŵr bod y meini wedi siarad mwy hefo nhad na ddaru unrhyw gerdd neu gân erioed. Cael cytundeb a chyflog oedd ei ffon fesur o'm llwyddiant ac nid y gymeradwyaeth a'r gwerthfawrogiad. Pan fydda fo'n fy nanfon i i steddfod neu gyngerdd sdalwm prin iawn oedd yr adega pan ddeua fo i mewn i wrando arna i. Mynd am banad neu beint y bydda fo gan amla a threfnu i nghyfarfod i wrth y car ar ryw amsar penodol.

'Be ges di?' fydda fo'n 'i ofyn. 'Go dda' wedyn, os byddwn i wedi ennill; a rhyw ebwch megis 'Jesus Christ!' os byddwn i wedi colli.

'Ti'm ar y bocs mor amal â Bryn Fôn dyddia yma'n nagwyt?'

Dyna fydda'i fyrdwn o ar un adeg, a chitha'n chwerthin ac yn trio ei roi yn y pictiwr ryw fymryn. Ond mynd i fwy o ddŵr poeth y bydda chi'n amlach na pheidio a'i ddrysu o hyd yn oed yn fwy.

Roedd Bryn a finna yn yr un dosbarth ers yr ysgol gynradd wrth gwrs. A chan fod tad Bryn, 'Dafydd Siop Jips', a nhad inna, 'Thomas Alun Plastrwr', wedi bod yn ffrindia bore oes, ac yn yr India hefo'i gilydd yn ystod y rhyfal, does ryfadd bod y ddau yn cymharu nodiada ar lwyddiant eu hepil yn achlysurol. Bryn a finna yn yr un parti cerdd dant yn Ysgol Gynradd Llanllyfni ac yna yn rhannu'r un llwyfan flynyddoedd yn ddiweddarach yng nghynyrchiada Theatr Bara Caws. Ond wedi imi ddiflannu o fod yn wyneb cyhoeddus am sbel i sefydlu'r ysgol a Bryn yn dod i anterth ei yrfa fel canwr ac actor roedd Dad yn ama mod i wedi colli'r ras. Tasa fo mond wedi cael gweld y sylfeini'n cael eu gosod, falla basa hi wedi bod yn haws egluro.

Dwi'n gwbod ichi boeni dipyn am yr hen gecru ddigwyddodd ar y cychwyn a'ch bod chi'n ymwybodol o'r gwrthwynebiad a'r eiddigedd a gododd 'i ben. Er 'mod i wedi trio celu y rhan fwya ohono oddi wrthoch chi doedd o ddim yn bosib cuddio'r cyfan. Fedrwn i ddim cadw'r hyn oedd yn ymddangos yn y papura ac ar y teledu o bryd i'w gilydd yn gyfrinach. Beth bynnag oedd yn fy mrifo i roedd o'n 'ych brifo chitha hefyd yn toedd?

Ond ma' petha'n well rŵan 'chi mam. Dwi'n teimlo bod Rhian a finna wedi dŵad drw'r niwl gwaetha. Pwy a ŵyr? 'Diolch byth na tydan ni'm yn gwbod be sy' o'n blaena ni' fydda'ch byrdwn chi reit amal yn te? A diolch byth na fu'n rhaid ichi fod yn dyst i amball raglen wnaed am yr ysgol ar un adeg. Hen gyfnod anodd oedd hwnnw. Rhoi'r ffidil yn y to oedd y demtasiwn ar y pryd. Rhian a finna'n teimlo bod sawl un wedi mynd i'n casáu ni. Ambell lythyr gawson ni'n cadarnhau hynny hyd yn oed; ond y gefnogaeth a'r anogaeth yn ein cadw ni i fynd. Dargyfeirio rhyw fymryn a mynd allan o Gymru ar adegau. Er gwaetha'r ffaith na 'nes i lwyr gytuno hefo'r hen rigwm bach digri hwnnw rioed, ar adega mi fydda i'n ama' ei bod hi'n 'werth troi'n alltud ambell dro'. A dal ati ddaru ni wrth gwrs; a tydan ni'n difaru dim 'chi. Mae hi wedi bod yn braf cyd-weithio ar y freuddwyd hefo'n gilydd. Unwaith ma' un yn colli'r ffordd ma'r llall wedi bod yno i gynnal y fflam bob gafael.

Roedd ganddoch chi feddwl y byd o Rhian yn toedd mam? Cofio dŵad ag amball lefran arall i nghanlyn weithia, ond doedd na'r un ohonyn nhw hannar digon da i ddal cannwyll i Rhian yn eich tyb chi yn nagoedd? Ac roeddach chi'n iawn wrth gwrs. A fydda Glanaethwy ddim wedi bod yn bosib hebddi chwaith. Mae hi wedi bod yno o'r cychwyn, yn trefnu, dysgu, annog, cynnal a chadw petha i fynd. Mi fydda wedi mynd yn ffliwt arna ni ers sbel blaw amdani.

'Dach chi'n cofio'r tri ohona ni'n chwerthin nes oeddan ni'n gelain yn ffair Llan sdalwm? Chitha wedi glychu'ch hun ac yn gorfod rhedag adra i newid! A mond wedi edrach yn un o'r drycha cam rheiny oeddan ni! Mi fydda chi'n chwerthin ar y peth lleia'n byddach. Nenwedig pan fydda Rhi o gwmpas. Mi gawson ni'r sbort rhyfedda hefo'n gilydd ar adega. Ac mi fyddwch chi'n falch o wbod ein bod ni'n dal i chwerthin, drw'r dagra i gyd.

Mi sgwenna i eto'n fuan Mam. Pan fydd yr hen gyfrol 'ma wedi cael ei thraed dani. Tydan ni ddim yn llwyddo i ddeud hannar y petha dylian ni ddeud wrth y rheiny 'da ni'n 'u caru fwya. Falla bydd hwn yn gyfla i 'neud rhyw fymryn o iawn am hynny.

Caru chi Mam,

Cefo

Annwyl ddyn tân yn yr Albert Hall

Mae blynyddoedd ers inni gwrdd. Dwi ddim yn meddwl y bydda ti'n fy nabod i erbyn rŵan; na finna chditha o bosib. Roedd gen i dipyn mwy o wallt bryd hynny; a llawar llai o rycha hefyd o bosib. Roeddwn i wedi dŵad i lawr i gyngerdd Gŵyl Ddewi yn Neuadd Albert hefo Ysgol y Garnedd i berfformio cân actol o'r enw *Y Gorllewin Gwyllt*. Buom yno sawl gwaith wedyn hefo Ysgol Glanaethwy wrth gwrs, ond hefo Ysgol y Garnedd y dois i acw i berfformio yn gyntaf. Roedd y caneuon actol a ddeuai'n fuddugol yn eisteddfod yr Urdd yn cael gwahoddiad wedyn i berfformio yng Nghyngerdd Gŵyl Ddewi Cymry Llundain, ac roedd yn dipyn o achlysur bryd hynny.

Mynd i mewn fel rhiant oeddwn i i'r ysgol i hyfforddi'r plant i ganu, dawnsio ac actio. Y cyfnod yma yn y Garnedd roddodd y cyfle i Rhian a finna fwrw'n prentisiaeth fel hyfforddwyr ac fel ysgogwyr pobol ifanc ym maes y celfyddydau perfformio. Mae ein dyled yn fawr i'r ysgol, ac oni bai am y cyfnod yma mae'n siŵr na fyddai Glanaethwy wedi bod yn bosib. Daethom i ddysgu sut i ddyfeisio sgriptiau i blant, sut i gael timau o bobl i gyd-weithio a sut i drefnu teithiau i fysieidiau o blant i gyngherddau a chystadlaethau.

Hon oedd taith gyntaf Rhian a finna i Lundain i berfformio, ac o bosib taith gyntaf Ysgol y Garnedd hefyd. Roeddwn i wedi dehongli'r testun 'Y Gorllewin Gwyllt' yn eitha eang, gan gychwyn hefo'r Indian Americanaidd brodorol yn byw yn heddychlon yn ei wlad ei hun ar ei diriogaeth ei hun. Yn raddol mae'r dyn gwyn yn glanio ac yn anelu ac yn difa. Maen nhw'n darganfod olew, yn darganfod arian, yn trechu pawb ym myd chwaraeon a gwleidyddiaeth, yn datblygu arfau niwclear ac yn bygwth difa'r byd. Rhyw

16

neges fod y Gorllewin yn mynd yn llawer gwylltach nag oedd o pan gafodd ei fedyddio'n 'wyllt'.

Os cofi di, Mr Dyn Tân, roedd gen i tua chwech o gefnogwyr tîm pêl-droed Americanaidd yn sgrechian ac yn neidio a gaflio dros y llwyfan ac roedd gan bob un ohonynt ysgwydwyr (shakers) gwynion, un ym mhob llaw. A dyna gychwynnodd y llanast. Roedd mamau Ysgol y Garnedd wedi mynd i drafferth garw hefo'r 'sgwydwyr 'ma, ac roeddan nhw'n edrach yn dda iawn o dan y golau yn Neuadd Fawr Albert. Mae props sy'n dal y llygad fel hyn yn ychwanegu llawer at y llwyfaniad ac yn elfen go bwysig o wneud cân actol dda yn un drawiadol.

Roedd yr ymarfer wedi mynd yn esmwyth a phawb yn barod am ginio pan gamist ti ar y llwyfan a rhoi dy big i mewn.

'May I have a look at one of those shakers please?' medda chdi wrth un o'r genod. Hithau'n ufuddhau ac yn gollwng gafael ar ei phrop holl-bwysig.

'Mmmh,' medda chdi'n eitha amheus.

'Is there a problem?' gofynnais inna'n o betrus. A dyma chdi'n tynnu stribedyn yn rhydd o'r sgwydwr a dal fflam dy leitar oddi tano. Llosgodd ar unwaith a syrthio'n golsyn bach du o dy law.

'Can't use that I'm afraid son,' medda chdi, 'it's not fire-proofed.'

'But I was told that we only needed to fire-proof the costumes,' medda finna wrthat ti'n daer.

'You got the wrong information then didn't you?' medda ti hefo'r awgrym cryf o 'so, tough' yn ei ddilyn.

Erbyn hyn roedd y plant ar eu ffordd i lawr i'r stafelloedd gwisgo ac yn barod am lond bol o ginio. Tydi plant ddim yn teimlo nerfau fel ni oedolion mae'n rhaid. Dros y blynyddoedd dwi wedi gweld miloedd ar filoedd o blant a phobol ifanc yn sdorgatsian tunelli o sothach cyn mynd ar lwyfan tra mae 'mol i wedi bod yn troi gymaint fel na fedrwn i edrach ar fwyd heb sôn am ei fwyta.

Beth bynnag, wedi dadl go faith hefo chdi, yn trio meddwl am ryw gyfaddawd, mi welwn nad oedd dim troi arnat ti. 'Nes i gynnig mwydo'r sgwydwyr mewn dŵr cyn mynd ymlaen ar y llwyfan, cynnig cael rhieni'n sefyll yn yr esgyll hefo diffoddwyr tân yn barod i ruthro i'r llwyfan tasa 'na hyd yn oed sbarc yn ymddangos yn ddisymwth o rwla. Ond na, doedd dim yn tycio a neb yn y byd a allai dy berswadio nad oedd modd goresgyn y broblem rywsut.

Dyna pam y gofynnais iti ddŵad i lawr yn bersonol i dorri'r newyddion i'r plant yn eu stafell wisgo. A wysg dy din fe gytunaist i wneud hynny. Llwyddais i dy berswadio i ddŵad trwy ddeud y byddai dy eglurhad yn addysg i'r plant ac yn llawer haws iddyn nhw dderbyn y siom o weld fod y gwaharddiad yn un swyddogol gan ddyn tân Neuadd Fawr Albert. Diolch iti am hynna. Yr hyn na wyddat ti, wrth gwrs, oedd fod Rhian wedi sleifio i lawr i'r stafell wisgo o'n blaena i ddeud wrth y plant am swnio'n ofnadwy o siomedig o dy flaen.

Mae'n rhaid ein bod ni'n athrawon drama go lew, gan i'r plant i gyd edrych yn sobor o drist i fyw dy lygaid ac ambell

Y cefnogwyr a'u 'sgwydwyr' gwreiddiol

un o'r genod wedi sychu deigryn bach o gornel eu llygaid wrth iti dorri'r newydd am y gwaharddiad.

Aeth y plant am ginio hefo'u rhieni tra bu's inna'n cerddad coridorau'r neuadd yn trio tawelu dipyn a meddwl os oedd yna ffordd o oresgyn y broblem. Falla bod dyrnaid o sgwydwyr yn swnio'n beth tila iawn i boeni amdano ar y pryd ond doedd coreograffi'r genod ddim yn mynd i edrach yn dda heb y ddelwedd gyflawn o ferched glandeg Americanaidd yn cefnogi eu tîm o fechgyn cyhyrog mewn crysau pêl-droed Americanaidd, helmed a phadia sgwydda mwy nag oedd gan merched Dallas 'slawar dydd. Hon oedd y ddelwedd fyddai'r gynulleidfa yn ei dallt a hon oeddwn i am iddyn nhw weld.

Pasiodd yr awr ginio a dychwelodd y plant, a finna ddim mymryn nes i'r lan. Roedd dy enw'n fwd gan y rhieni, ac er mod i'n gwbod yn iawn bod diogelwch yn bwysicach na dim, ar y pnawn glawog hwnnw ym mis Mawrth 1989, fedrwn i ddim llai na chytuno hefo'r rhieni dy fod yn hen 'sinach bach un-llygeidiog'.

Ar ganol nodio mhen i gytuno hefo nhw oeddwn i pan welais i chdi'n cerdded tuag atom ni yn edrach yn eitha balch ohonat dy hun. Ches di fawr o groeso gan y mama, dwi'n cofio hynny'n iawn, ond roedd 'na rwbath yn dy osgo nath imi feddwl bod gen ti newydd da.

'I've just found some material that's fireproofed,' medda chdi.

'Oh yes?' meddwn inna.

'If some of your parents have some scissors you're welcome to use it.'

'Oh, we have plenty of scissors,' medda Jennifer Thomas, un o'r rhieni, heb lyfu'i gwefla.

'Where is it?' gofynnais inna gan weld y munuda'n tician heibio.

'It's that red bundle over there,' medda chdi gan bwyntio at ddefnydd coch wrth ochr y llwyfan.

Roedd y sisyrna allan cyn y medrat ti ddeud Rhosbodrual

ac roedd y defnydd yn un siwrwd o stribedi cochion cyn amsar panad. Erbyn yr ymarfer gwisg roedd ganddon ni ddeuddeg o 'sgwydwyr cochion llawn cystal os nad gwell na'r rhai gwreiddiol.

Mae'n rhaid dy fod wedi mynd allan o'r stafell wisgo honno'n gwingo mewn euogrwydd. Dwi'n prysuro i ddeud nad dy fai di oedd o o gwbwl wrth gwrs. Rheol yw rheol yw rheol. Ond mae 'na wastad ateb i bob problem a dwi'n ddiolchgar iawn iti am ein helpu ni allan o'r gornel fach honno yn Neuadd Fawr Albert flynyddoedd yn ôl.

Ond mae ateb un broblem yn amal iawn yn rhoi cychwyn ar broblem arall wrth gwrs. A dyna, yn anffodus, ddigwyddodd y prynhawn hwnnw nôl yng ngwanwyn 1989. Roedd y plant wedi mynd i baratoi ar gyfer y perfformiad a'r rhieni'n eistedd yn eiddgar yn eu seddau ar gyfer y wledd. Roeddat titha'n sefyll yn dalsyth wrth y fynedfa gyferbyn â ni ac yn teimlo'n eitha balch dy fod wedi llwyddo i'n helpu ni yn y fath fodd. 'A good day at the office' fydda ti wedi 'i ddeud wrth dy wraig a dy deulu ar ôl mynd adra mae'n siŵr. 'I helped some kids from North Wales put on a good show at the St David's Day Concert' fydda ti wedi bod ond yn rhy falch i ychwanegu.

Ond mae cwymp yn dŵad chwap wrth gwt balchder a llwyddiant, yn ôl un o'ch diarhebion praffaf, a toedd hi ddim yn bell iawn o'i lle y diwrnod hwnnw chwaith.

Yn sydyn fe sylwais ar ryw ddyn bach yn chwilio ar hyd y llwyfan a golwg wedi cynhyrfu arno. Cododd ambell i gadair a chwilio tu ôl i'r piano. Roedd yn amlwg wedi colli rhywbeth pwysig iawn. Roeddan ni'n eistedd yn weddol agos i'r llwyfan ac roedd o'n gwbod ein bod wedi bod yno drwy'r pnawn ac felly mi fentrodd ofyn.

'You didn't happen to see the London Welsh flag anywhere did you? I would have sworn I saw it here somewhere earlier on.'

'What colour was it?' gofynnais inna, gan ama'r gwaetha'n syth.

'It was red,' medda fo'n bryderus bendant.

Roedd gan Jennifer rhyw stribedyn bychan o'r defnydd coch yn dal yn ei llaw a daliais o i fyny iddo gael gweld.

'Was it this shade of red?' mentrais ofyn.

'Yes it's exactly that sha ...' Cwympodd ei sgwydda wrth iddi wawrio arno y gallai fod yn rhy hwyr yn barod arno i achub ei faner.

'What happened?' gofynnodd yn drist.

'Wel,' atebais, 'you see that gentleman standing in the opposite entrance?'

'Yes ...' medda fo'n araf ffocysu arnat ti, Mr Dyn Tân.

'I think he might be able to explain to you what happened.'

Croesodd atat yn syth a gofyn ei gwestiwn taer. Ni wn beth oedd dy ateb ond gwn i dy wyneb fynd yr un lliw a'r faner o fewn chwinciad. Cafodd y rhieni fodd i fyw wrth gwrs.

Dwi ddim yn gwbod a ddyliwn i ddiolch iti am y defnydd neu am yr hwyl, ond dwi'n gwbod y dyliwn i ymddiheuro. Mae hi wedi bod yn stori dda i'w deud ar hyd y blynyddoedd a gobeithio nad oes gwahaniaeth gen ti 'mod i wedi ei chynnwys hi yma yn fy llyfr bach o lythyrau.

Ac felly 'diolch' iti Ddyn Tân Neuadd Fawr Albert. O bosib na wela i byth mohonat ti eto tra bydda i byw. A hyd yn oed tasa ni'n taro'n trwyna'n erbyn ei gilydd ryw ddiwrnod, bosib na fydda ni'n nabod y naill a'r llall o gwbwl. Ond mi basiodd ein llwybra ni unwaith, ac am hynny 'na i byth d'anghofio di waeth be ddaw.

Dwi'n siŵr bod Cymry Llundain wedi cael baner newydd erbyn hyn hefyd, ac o bosib dy fod ditha wedi ymddeol. Mae na 'fugeiliaid newydd ar yr hen fynyddoedd' yma hefyd, ac yn y caneuon actol. Ond diolch iti am y funud bach yna i'w thrysori.

O Fangor Fawr yn Arfon, hwyl iti am rŵan.

Yn gywir,

Cefn o'r Gamedd.

"Of all the annual fixtures at St David's Hall, Cardiff, the Schools Prom Wales rates as one of the most inspiring and appealing."

South Wales Echo 11 February 1992

NEUADD DEWI SANT, CAERDYDD
ST DAVID'S HALL, CARDIFF

THURSDAY 4TH FEBRUARY AT 7PM (Doors open at 6.30pm)
SEATS: £4.00 £4.50 £5.50 £6.00 £7.00 £10.00 PLUS PARTY BOOKING DISCOUNTS

Sponsored by
BRITISH AEROSPACE, COMMERCIAL UNION, KODAK, MARKS AND SPENCER, THORN EMI, W H SMITH GROUP.
Supported by The Welsh Office, The Department for Education, Music Industries Association, TES The Times Educational Supplement.
Music for Youth, 4 Blade Mews, Deodar Road, London, SW15 2NN Tel: 081 870 9624

Annwyl Bendigeidfran

Dwi wedi cario'r pethau rhyfeddaf ar y *roof-rack* yn fy nydd, ond dim hanner mor rhyfedd â'r diwrnod pan oeddan ni'n dychwelyd o Broms yr Ysgolion yng Nghaerdydd nôl ym 1992. Wedi bod yn perfformio'r sioe *Branwen* yn Neuadd Dewi Sant oeddan ni, ac wedi cael hwyl eitha da arni hi hefyd – diolch i chdi!

Mae rhai o'r ysgolion sydd wedi bod yn llwyddiannus yng ngŵyl fawr *Music For Youth* yn cael cyfle i berfformio wedyn yn y Proms, un ai yng Nghaerdydd neu yn Neuadd Albert yn Llundain. Lwc mwnci ydio pa ysgolion sy'n cael eu dewis, ond mae'n rhaid bod ganddon ni fwnci go fawr nôl ym 1992 gan i ni gael ein gwahodd i'r ddau Broms. Mwy na thebyg mai dy bresenoldeb anferth di ar y llwyfan barodd inni fod mor lwcus. Felly i chdi mae'r diolch, yr hen Ben.

Fel y gwyddost ti, chwilio am gyfleoedd i blant berfformio ar lwyfannau ym mhob cwr o'r byd yw'r hyn mae Rhian a finna wedi ceisio ei wneud ar hyd y blynyddoedd. Waeth pa mor galed mae rhywun yn ymarfer ei grefft, does fawr o ddiben ymlafnio i'w mireinio hi os nad ydi rhywun yn cael y cyfle i'w harddangos o flaen cynulleidfa o dro i dro. Tydio fawr o brawf ar eich gallu chwaith, waeth pa mor grand yw'r theatr, os perfformiwch mewn tŷ gwag; rhaid cael llond gwlad o bobl i ymateb a chymeradwyo ichi gael y profiad a'r wefr yn llawn. Crefft sydd angen ei rhannu yn gyson ydi perfformio ac adlonni. 'Gweddw dawn heb ei chrefft', medda nhw; ond gweddw crefft heb ei chynulleidfa hefyd dybiwn i.

Gofynnodd sawl un i mi a Rhian dros y blynyddoedd pam yr oedden ni angen cystadlu byth a hefyd. Ambell un yn meddwl bod hynny yn magu siom ac eiddigedd; wel, ydi mae o – wrth gwrs ei fod o. Ond, yn anffodus, mae cystadlu yn rhan annatod o fywyd perfformiwr, a rhaid dysgu byw hefo siom ac eiddigedd. Mae pob actor, canwr a diddanwr yn gorfod cystadlu am waith trwy gydol ei yrfa; nid drwg o beth felly ydi cynefino'n eitha buan hefo'r patrwm o golli ac ennill, o lwyddo a methu, o ddringo i'r uchelfannau a syrthio'n glewt. Mae siom yn naturiol. Mae eiddigedd angen ei lyncu, neu fe all droi'n chwerwedd yn y pen draw, ac mae'n well ichi roi'r gorau iddi os ydi'r hen gena hwnnw'n codi ei ben. Roedd dy frawd yng nghyfraith di yn foi go chwerw yn toedd? A 'da ni i gyd yn gwbod beth ddigwyddodd i hwnnw!

Ond yr eisin ar y gacen i bob cystadleuydd yw'r hyn sy'n dod yn sgîl y cystadlu, yn union fel ddigwyddodd nôl ym 1992. O lwyddo yn yr ŵyl, mae'r gwahoddiadau ychwanegol yn graddol lenwi'r dyddiadur, a chyfleoedd yn tyfu wrth y dwsin. Gŵyr pob athro drama a cherdd faint o waith ydio i fynd ati i drefnu un cyngerdd blynyddol; o ymarfer y disgyblion i farchnata'r cynnyrch, o drafod eich anghenion technegol i werthu tocynnau a thrio cael cyfweliad ar y radio; mae'n fynydd i'w ddringo ar bob achlysur, ac nid yw'n mynd yn haws wrth ennill profiad chwaith. Onid llawer haws yw teithio i neuadd foethus sydd yn llawn i'r ymylon a'ch costau teithio a gwesty eisioes wedi ei dalu amdano? Ar achlysuron felly, mae'r goleuo a'r sain wedi ei osod hefyd, ac os ydach chi'n lwcus, llond gwlad o frechdana a theisenna'n eich disgwyl ar ôl ichi ganu. Mae rhai'n cynnig ffi, eraill ddim. Ond mae gan gystadlu fanteision lu, ond ichi fynd yno yn yr ysbryd iawn.

Fi fydda'r cyntaf i gytuno fod trefnu cyngerdd eich hun yn gallu talu ar ei ganfed o safbwynt y wefr a'r teimlad o gyflawni rhywbeth gwerth chweil; ond mae cael y ford wedi ei harlwyo ar eich cyfer yn braf iawn ar adegau hefyd. Mae o'n debyg iawn i gael ffrind yn eich gwadd chi draw am swper rŵan ac yn y man, yn ogystal â chael y tacsi adra wedi ei drefnu ar eich cyfer chi.

Does dim rhaid ichi ddod i'r brig bob amser chwaith.

Bendigeidfran ar lwyfan y Festival Hall, Llundain

Mae'r cyfryngau, diolch i'r drefn, yn rhoi 'perffaith chwara teg' i bob cystadleuydd ddaw i'r llwyfan; does wybod felly pwy sy'n gwrando a pha wahoddiad ddaw yn ei sgîl. Dwi'n cofio ni'n dod yn ail yn Llangollen ryw ddeng mlynedd yn ôl ac fe ruthrodd yna ŵr bonheddig o'r Swistir i gefn y llwyfan i gael gair â mi cyn inni gychwyn am adra; roedd o'n awyddus i'n gwahodd i ŵyl Gerdd yn Basel. Eglurais wrtho nad ni oedd wedi ennill y gystadleuaeth, ond prysurodd i'm sicrhau ei fod yn gwybod hynny'n iawn, ond roedd o o'r farn y bydde ni'n fwy addas i'r ŵyl roedd o'n ei threfnu na'r buddugwyr yn y gystadleuaeth. A do, fe gawsom ddeng niwrnod i'w cofio yn canu yn rhai o neuaddau, eglwysi a mynachlogydd harddaf y Swistir. Bu'n brofiad bythgofiadwy, ond fydden ni byth wedi cael y gwahoddiad yna tasa ni ddim wedi mentro cystadlu yn Llangollen yn y lle cyntaf.

A chystadlu ddaeth â'r cyfle inni i fynd i Neuadd Dewi Sant yng Nghaerdydd yn dy gwmni dithau hefyd te Bendigeidfran? Roeddat ti'n hen law arni erbyn hynny wrth gwrs; eisioes wedi perfformio yn y Festival Hall a Neuadd Albert, yn Llundain. Mi ges di dy lun ar y poster hyd yn oed! Yn syth wedi inni ennill, daeth trefnydd Music For Youth, Larry Westland, ata i a gofyn am ganiatâd i roi llun y 'Cawr Cymraeg' ar bosteri'r Proms. Roeddat ti fymryn yn bryderus ar y cychwyn, os cofia i; poeni falla y bydda pobol yn disgwyl gormod ohona ni, a ninna mond megis cychwyn fel ysgol. Ond buan y dois di i ddeall bod unrhyw sylw yn well na dim sylw o gwbwl, ac, o dipyn i beth, fe ddaeth dy hanes yn gyfarwydd i gystadleuwyr Music For Youth i gyd o Aberdeen i Aberdaugleddau, ac o lannau'r Fenai i lannau'r Tafwys.

A sôn am ben mawr, mi gawson ni dipyn o drafferth i lunio hwnnw iti os cofi di! Cymorth gan rieni creadigol fu'r man cychwyn, i wneud siâp dy ben. Ond pan laniaist yn yr ysgol mi roeddat ti mor foel â finna! Un trip i'r siop wnïo a gwau i brynu tunelli o wlân brown i blethu llond pen o wallt a barf iti, a buan iawn yr oeddat ti'n dŵad i edrych yn debycach i frawd mawr Branwen wrth y blewyn. Roeddat ti wedi dy barcio ar waelod y grisiau yma yng Nghilrhedyn am wythnosa, a bob bora mi fydda Tirion, Mirain, Rhian a finna yn clymu rhyw stribed neu ddau o'r gwlân ar dy gorun; ac erbyn iti gyrraedd llwyfan mawr y Festival Hall roeddat ti'n ddigon golygus i gael d'ystyried yn seleb.

Y camgymeriad mwya wnaethon ni ar y pryd, o bosib, oedd peidio trefnu trafodaeth ddigon manwl rhwng cynllunydd dy ben â'r sawl oedd yn gyfrifol am lunio gweddill dy gorff. Roeddwn i wedi rhoi cyfarwyddiadau i'r saer bod angen i ddeuddeg o blant deithio ar dy gefn dros Fôr yr Iwerydd, fel yn y chwedl wreiddiol. Fe gyrhaeddodd gweddill dy gorff y tŷ 'cw mewn chwe darn, ac erbyn inni roi y darnau hynny i gyd yn eu lle roeddat ti'n horwth rhy fawr i fynd trwy ddrws y stafell ymarfer! Ac roedd dy ben druan, er mor fawr oedd o, yn edrych braidd yn dila, o'i gymharu â gweddill dy gorff.

Ta waeth, mi fu'n rhaid iti wneud y tro, ac roeddat ti'n amlwg yn hen ddigon da i gipio calon y beirniaid yn Llundain. Ond ar y ffordd yn ôl o Gaerdydd y daeth dy awr fawr. Doedd dy ben ddim wedi ffitio i fŵt y bws ar y ffordd i lawr ac felly mi fu'n rhaid mynd â fo yng nghefn y car hefo Rhian a finna. Rhwng ffrâm dy gorff, gwisgoedd dros gant o ddisgyblion, heb sôn am y cesys a'r offerynnau, roedd y ddau fws yn orlawn. Ac, fel yn y chwedl, bu'n rhaid i dy ben fynd yr holl ffordd i'r deheubarth ar wahân i weddill dy gorff.

Roedd Bethan Williams (Bethan Marlow erbyn hyn), un o'r disgyblion, wedi mynd yn sâl ar y bws ar y ffordd i lawr, diolch i'r A470 droellog, ac felly fe deithiodd hi yn ôl i'r gogledd yn y car hefo Rhian a finna; a Mirain yn cadw cwmni iddi yn y cefn. Doedd dim lle i ti tu fewn i'r car felly, ac mi fu'n rhaid iti deithio nôl i'r gogledd ar y roof-rack.

Â'r gwynt yn dy wallt fe deithiaist yr holl ffordd yn ôl i Lanaethwy drannoeth y cyngerdd. A do, erbyn inni gyrraedd Rhaeadr, fe anghofiodd pawb yn y car am dy fodolaeth – hyd yn oed y gyrrwr! Falla na fyddwn i wedi cael fy stopio gan blismon yn Llanidloes am yrru tasa fo ddim wedi gweld pen cawr â'i fwng yn chwyrlïo yn y gwynt yn gwibio heibio iddo. Falla mai cywreinrwydd, rhagor nag erlid troseddwr, a barodd iddo danio'r injan a nilyn i fel cath i gythraul am gyfeiriad y dre.

'So, who's the guy on the roof rack then?' gofynnodd wrth estyn am ei lyfr bach du.

'That's Bendigeidfran,' 'tebis inna'n ddigon diniwad.

'Who?' gofynnodd.

'Bendigeidfran,' medda fi am yr eildro, 'he's from Harlech; he's just been to a concert in Cardiff.'

Mae'n dda gen i ddweud bod gan y plismon arbennig hwnnw dipyn o synnwyr digrifwch, ac erbyn imi ddweud dy hanes yn mynd i achub dy chwaer i Iwerddon fe roddodd ei lyfr bach du yn ôl yn ei boced a dweud wrtha i am gymryd pwyll am weddill y daith.

Rwyt ti'n dal i fyw yn y storfa yng Nglanaethwy yn dwyt ti Ben? Ymysg y celfi a'r lampau a'r ffrogiau a'r gêr. Pob un â'i atgof a phob un â'i stori i'w hadrodd am yr un mlynedd ar hugain a fu. Ydi hi'n amser iti ddŵad allan am sbin unwaith eto dwâd? Sgwn i pa antur fydda'n ein haros?

Wela i di'n fuan, dwi'n meddwl. Mae gen i hiraeth am yr hen ganeuon yna ...

A fo ben ... bid bont!

Bethan Mair – canol y rhes flaen
Nerys Lewis, Mirain Fflur, Sioned Roberts,
Bethan Mair, Llinos Haf a Ffion Rowlands.
Parti Llefaru, Eisteddfod yr Urdd, 1995

Annwyl Bethan Mair

Roeddat ti ymysg y criw cyntaf i ddod dros drothwy'r ysgol i'r wers gyntaf un, fel ti'n cofio'n iawn ma' siŵr. Roedd dy wên yn serennu ar Rhian a finna wrth iti gerdded drwy'r drws, a nath hi rioed bylu tra buos' di hefo ni cofia. A rŵan dy fod di'n athrawes dy hun mae'n siŵr dy fod yn gwerthfawrogi pa mor bwysig ydi cael gwên gan ddisgyblion. Tydi pawb ddim yn gallu gwenu wyddos di. Mae o'n amlwg yn boen ar rai i dy gyfarch ac i gydnabod dy fod wedi bod yn athro arnyn nhw ar un adeg. Rhai disgyblion yn troi i edrach y ffordd arall pan 'da ni'n eu pasio ar y stryd. Swildod ydi peth ohono mi wn i hynny. Ond mae'n drist i feddwl bod yn haws gan rai droi eu penna na rhoi rhyw fymryn o wên wrth basio.

Ti'n cofio falla imi sgwennu atat ti yn dy longyfarch ar gael dy benodi yn llywydd Urdd Gobaith Cymru. Roedd Rhian a finna'n falch o dy weld yn derbyn y fath anrhydedd ac fe ddaethost a dy wên yn ôl inni drwy gyfrwng y papura newydd. Ond mae 'na un wên sy'n troi'n chwerthin lond ein bolia wrth inni adrodd y stori amdanat ti yn ystod y dyddiau cynnar hynny yng Nglanaethwy. Dwi'n gobeithio na fyddi di'n rhy flin hefo fi am ei nodi yma'n dy lythyr i d'atgoffa ohoni, ac i eraill gael mwynhau dy fymryn diniweidrwydd Cymreig.

Roedd gen ti lond ceg o Gymraeg Caernarfon ar ei ora; a hyd yn oed pan oeddat ti'n siarad Saesneg fedrat ti ddim gwadu dy wreiddia. Doeddat ti ddim mwy na rhyw naw oed bryd hynny a ninna wedi'n gwahodd i berfformio yn y Queen Elizabeth Hall yn Llundain hefo'r sioe *Meidas* yn ffeinal y Barclays Music Theatre Awards. Ryw bythefnos yn ddiweddarach roeddan ni'n mynd yn ôl i Lundain, i Neuadd

Albert, i berfformio'r sioe *Branwen* ym Mhroms yr Ysgolion. Roeddan ni wedi ennill un o gystadlaethau Music For Youth yn y Festival Hall y mis Gorffennaf blaenorol ac wedi cael gwahoddiad i agor y cyngerdd ar y nos Lun. Ond tra roeddan ni i lawr yn perfformio'r sioe *Meidas* roedd y Times Ed yn awyddus i dynnu llun ohona chi yn eich gwisgoedd *Branwen* er mwyn rhoi dipyn o hysbys i'r Proms. Does ryfadd felly eich bod i gyd ryw fymryn yn ddryslyd yng nghyntedd y gwesty y bore hwnnw yn gwisgo dillad *Branwen* a chitha wedi dŵad i lawr yn unswydd i berfformio stori *Meidas*.

Yno roeddach chi yn un haid, bron i gant ohona chi, yn eich gwisgoedd coch a gwyrdd a choblyn o gawr mawr melyn yn eich canol. Y Cymry oedd mewn gwisgoedd coch a'r Gwyddelod mewn gwyrdd. Dau gorws bach llawn cynnwrf yn edrych ymlaen am gael perfformio yn Neuadd Albert am y tro cyntaf.

Roedd Rhian a finna'n fwy nerfus na chi ar y pryd mae'n siŵr ac yn teimlo'n reit falch ein bod wedi cael y ffasiwn lwyddiant yn ein blwyddyn gyntaf. Ond os oedd y Saeson wedi gwirioni hefo chi, roedd 'na ddau Americanwr yn dotio fwy fyth arnach chi'n parablu bymthag y dwsin yn y cyntedd y bore hwnnw. Mi arhoson nhw yno am sbel yn llawn cywreinrwydd ac yn methu dallt be goblyn oedd yn mynd ymlaen. Roedd y wraig bron â thorri ei bol isio gwbod pwy oedd y giwed swnllyd 'ma oedd yn gwisgo dillad rhyfedd ac yn siarad iaith ryfeddach fyth.

Mae'n siŵr mai dy wallt melyn a dy wên 'heulwen haf' a'i denodd hi atat fel gwenynen at flodyn menyn. Ac medda hi, mewn acen Americanaidd uchel:

'Gee there honey, you look beautiful in that little kimono. Can I ask you why are you dressed like that?'

'We're having awyr picjys tecyn,' medda chditha a dy wên yn pefrio nôl.

'So tell me then, are you suppose to be Chinese? Is that why you're wearing those kimonos?'

*Elen Robinson, Catrin Jones, Bethan Mair a Lisa Jên
Theatr Gwynedd, 1997*

'O noo, we're not Chanîs,' medda chditha dan ysgwyd dy
ben yn bendant.

'So what's that language you're speaking then dear?'
gofynnodd yn daer.

'We're sbîcing Welsh,' medda chditha, yn methu dallt sut
nad oedd hi'n gallu dyfalu'n syth.

'So why are you dressed like that my blossom?' gofynnodd
hitha.

'Oh!' medda chdi'n bendant, 'that's because we're Irish!'
Yn gwbwl fud, fe aeth yr Americanes a'i gŵr allan trwy
ddrws y cyntedd a mwy o niwl yn ei meddwl nag oedd yna
allan ar strydoedd Llundain y bore hwnnw.

Mor braf ydi dy weld di'n canu hefo Côr CF1 bellach. Mae
hynny wedi rhoi llawer o bleser i Rhian a finna dros y
blynyddoedd; gweld ein cyn-ddisgyblion yn parhau i ganu ac
i gyfoethogi sain corau ac i roi o'ch profiad cynnar i
ddatblygu a hyrwyddo'r grefft mewn corau eraill. Mae'r
rhan fwyaf ohonoch chi'n gwenu arnan ni o hyd. Hyd yn oed
os ydach chi'n cystadlu yn ein herbyn ni weithia. Nid pawb,
mae'n ofid gen i ddeud. Falla bod 'na amball un wedi
cyfarfod â'r hen gythraul yna ar eu ffordd i'r maes ac ynta
wedi cael gair yn 'u clustia. Go damia fo! Ond dwi'm yn
meddwl i chdi ddŵad ar 'i draws o rioed Bethan Mair. Naddo
... rioed.

Mor falch ydwi hefyd dy fod di'n hyfforddi dy ddisgyblion
dy hun erbyn hyn ac yn gyson yn cystadlu hefo nhw yn yr
Urdd a'r Ŵyl Lyfra. Dwi'n cofio chdi'n deud wrtha i beth
amser yn ôl dy fod di'n defnyddio rhai o'r gwersi ges di yng
Nglanaethwy yn yr ysgol. Dwi'n cymryd hynny fel
compliment o'r radd flaena iti gael dallt. Os oedd yna
rwbath oeddat ti'n 'i deimlo ddysgis di yng Nglanaethwy
oedd yn ddigon o werth i'w ddefnyddio eto yna defnyddia fo
ar bob cyfri. Mae ail-gylchu'n digwydd yn amal iawn yn yr
hen joban dysgu 'ma.

Ond dal ati Bethan; i ganu, i ddysgu, ond yn fwy na dim
arall, i wenu. 'Tydi gwên wedi costio dim i neb rioed', fel
bydda mam dlawd yn arfar 'i ddeud stalwm.

Wela i di'n fuan gobeithio.

Cofion cu,

Elfin

Annwyl Sian Arfon,

Wydda ti mai chdi daniodd y sbardun pwysicaf inni gychwyn Glanaethwy? Fe fu sawl sbardun wrth gwrs, tydi rhywun ddim yn cychwyn rhywbeth mor fentrus heb gael sawl cic a hwyth i'r cyfeiriad iawn. Fydda ti ddim wedi sylwi dy fod wedi tanio'r sbardun hyd yn oed, nac yn cofio hynny erbyn heddiw mae'n debyg. Roedd hynny dros un mlynedd ar hugain yn ôl bellach.

Ond mi gofi'n iawn iti fod yn rhan o'r cynhyrchiad *3,2,1* yn Eisteddfod yr Urdd Dyffryn Nantlle, 1990. Roeddwn i wedi derbyn comisiwn i sgwennu'r sioe honno gan Sian arall, sef Sian Eirian, oedd yn drefnydd yr eisteddfod bryd hynny. Roeddwn i wedi gweithio hefo Sian Eirian ar sawl achlysur o'r blaen, ac yn Eisteddfod Dyffryn Ogwen fe fu hi ac Elvey Macdonald yn swnian arna i i gyfarwyddo un o'r sioeau iddyn nhw. 'Mi wna i ar un amod,' oedd fy ateb ar y pryd. A'r amod hwnnw oedd fy mod i'n cael cyfarwyddo sioe i ddisgyblion blwyddyn saith, wyth a naw, sef form one, two a three mewn hen bres. Y drefn arferol fyddai rhoi cyfle i blant ysgolion cynradd lwyfannu pasiant a disgyblion blynyddoedd deg i dairarddeg lwyfannu sioe gerdd. A dyna pam wnes inna swnian i roi cyfle i'r disgyblion fenga yn yr ysgolion uwchradd. Pam dylia nhw golli'r cyfle mwy na neb arall?

Bedair blynedd yn ddiweddarach, pan ddaeth yr eisteddfod i Ddyffryn Nantlle, cefais wahoddiad i lwyfannu sioe blynyddoedd saith, wyth a naw unwaith yn rhagor. Neidiais innau ar y cyfle. Yn Theatr Gwynedd y llwyfannwyd y sioe fel ti'n cofio, a'r ymarferion i'w cynnal yn yr hen Ysgol Segontiwm yng Nghaernarfon. Rhyfedd meddwl fod y naill adeilad a'r llall wedi eu chwalu yn ulw erbyn hyn, ac

Dawns y Tylwyth Teg yn eu gwisgoedd o'r Royal Shakespeare

nad oes ganddon ni ond ein hatgofion o'r lle y buon nhw. Atgofion melys iawn, diolch i'r drefn.

Fel y cofi, disgyblion Ysgolion Syr Hugh Owen, Brynrefail a Dyffryn Nantlle oedd yn y sioe, ac fe ddois i draw i'r dair ysgol ar gyfer y castio. Dwi'n cofio i'r holl frwdfrydedd oedd gen ti fy nharo o'r eiliad gyntaf inni gyfarfod. Mae rhywbeth yn llygaid ambell i blentyn sydd yn gwneud argraff ar athrawon drama yn syth. Llygaid byw yn llawn awyddfryd ydio mae'n siŵr. Rhyw egni sy'n hanfodol i danio a chydio mewn aelodau eraill sydd ddim cweit o'r un anian. Roedd 'na fflach yn dy lygaid a thân yn dy fol o'r cychwyn.

Tydi'r gyllideb i sioeau o'r fath ddim yn uchel iawn (neu doeddan nhw ddim bryd hynny beth bynnag). Roedd gofyn am set eitha cymhleth i'r sioe, ac felly fe wariais i swm go lew i gael y meinwe wedi ei baentio i ddarlunio Llyn Nantlle yn y blaendir a'r Wyddfa yn y cefndir. Doedd gen i fawr o arian ar ôl i wario ar wisgoedd, ac fel yr ydwi wirona ar adega felly, fe benderfynais fod yn gyfrifol am y gwisgoedd fy hun. Ar yr olwg gyntaf roedd gofynion y gwisgoedd yn eitha syml. Roedd y cast wedi ei rannu yn ddau gang, a roeddach chi fwy neu lai yn gwisgo eich dillad eich hunain. Ond roeddach chi hefyd yn gorfod gwisgo dillad ysgol ar gyfer un darn, ac felly roedd angen trefnu bod gan bawb wisg ysgol. Gan fod gwisg ysgol Syr Hugh Owen a Dyffryn Nantlle, ar y pryd, yn eitha tebyg, fe benderfynon ni fynd am y glas tywyll a thei Ysgol Syr Hugh Owen i bawb. Hynny'n dal yn weddol syml, ond yn dipyn o waith trefnu, ffeirio a benthyg. Ond i gymhlethu pethau'n fwy fyth, roedd gen i hefyd gorws o hen wragedd yn y cast yn ogystal ag athrawon, rhith o R.Williams Parry a rhyw ddeg o dylwyth teg oedd hefyd yn dawnsio. I gwtogi mwy fyth ar y gwariant fe benderfynais goreograffyddio'r sioe fy hun ac felly roedd y pwysau o drio sgriptio, cyfarwyddo, coreograffyddio a gwneud y gwisgoedd yn dipyn o faich!

Fe wnes i benwisgoedd a masgiau'r Tylwyth Teg i gyd fy hun, ond doeddwn i ddim yn ddigon o giamstar i gynllunio a gwneud y gwisgoedd iddyn nhw. Doedd dim amdani felly ond neidio i'r car hefo mesuriadau'r Tylwyth Teg a gyrru i lawr i Stratford i logi'r gwisgoedd. Gan fod y Royal Shakespeare wedi llwyfannu sawl fersiwn o *Midsummer Night's Dream*, gwyddwn mai yn y fan honno y byddai fy siawns orau o gael dewis da ar gyfer tylwyth teg. Gwyddwn hefyd yr union liwiau yr oeddwn yn chwilio amdanynt gan mod i newydd baentio'r masgiau i bob un ohonoch y noson cynt.

Mae'r wardrob yn Stratford yn anferth, fel y gelli ddychmygu, ac fe fyddet yn gallu treulio oriau yno dwi'n siŵr. Dwi ddim yn gwbod os wyt ti'n dal â diddordeb mewn gwisgoedd theatrig ond wna i byth angofio dy wyneb di pan ddois i â'r ffrogiau hefo mi i'r ymarfer. A'r wyneb hwnnw, Sian, creda neu beidio, oedd y sbardun.

Roedd Rhian a finna wedi trafod y syniad o gychwyn ysgol ddrama ers blynyddoedd. Bu'n freuddwyd i mi o mhlentyndod, ond fel dwi wedi deud ar sawl achlysur o'r blaen, roedd yn rhaid i Rhian fy ngwthio i wireddu'r weledigaeth. Doeddwn i, i ddechrau, ddim yn siŵr os oedd yna ddigon o frwdfrydedd gan bobl ifanc i fynychu'r math yna o beth. Oherwydd ein bod am gynnal yr ysgol yn Gymraeg, roedd hynny'n lleihau'r nifer o ddarpar ddisgyblion y gallem eu targedu hyd yn oed yn fwy, ac felly roeddwn i wedi rhyw amau o'r cychwyn a fyddai yna ddigon o frwdfrydedd i gynnal y busnes.

'Wel, rŵan ydi'n cyfle ni,' oedd byrdwn Rhian. 'Pam na soni di wrth y cast sydd gen ti yn *3,2,1* am ein syniad i weld faint o ddiddordeb sydd yna?'

Nes i ddim meddwl am beth mor syml â hynny, coelia di fi. A hyd yn oed wedyn, roeddwn i wedi bod yn amheus ar gychwyn y cynhyrchiad a fyddai digon o ddiddordeb gan rai i barhau i ddod i'r ymarferion hyd y diwedd, heb sôn am y pedair sioe oedd wedi eu trefnu yn Theatr Gwynedd. A dweud y gwir, ddaru pawb ddim rhedeg y ras i'r pen yn ôl ym 1990. Dwi'n dal i gofio un nodyn a dderbyniais ar noson agoriadol y sioe, 'I'm afraid Carwen won't be coming this evening.' Roeddwn i'n gegrwth. Roedd y nodyn un frawddeg wedi ei adael ar ddesg y rheolwr llwyfan imi! (O ia, fe benderfynais fod yn rheolwr llwyfan y sioe hefyd wrth gwrs!)

Doedd yr un brwdfrydedd ddim yn rhedeg drwy wythiennau pawb. Does dim disgwyl iddo fod. Ond hynny hefyd a barodd imi amau a oedd yna ddigon o bobl ifanc a fyddai'n dod yn gyson i ymarferion drama, dawns a chân a hynny nid am wythnosau na misoedd, ond am flynyddoedd? Roedd hi'n risg anferth i mi roi'r gorau i'm gyrfa fel actor a chyfarwyddwr ac i Rhian adael ei swydd fel athrawes lawn amser. Ond yn dy wyneb di y gwelais i'r sbardun a barodd imi greu ffurflen a fyddai'n gofyn ichi roi gwybod inni, tasa 'na wersi drama yn cychwyn fis Medi yng nghyffiniau Bangor, faint ohonoch chi fyddai â diddordeb?

Ond yn ôl at y ffrogiau Tylwyth Teg 'na. Doedd gen i ddim digon o gyllideb i ddod â rhyw un neu ddwy ffrog sbâr (rhag ofn). Roedd y deg oedd gen i yng nghefn y car yn gorfod gwneud y tro, doed a ddêl. Ond roedd gen i amheuaeth ynglŷn ag un ffrog. Roedd ei lliw yn berffaith, ond roedd ei chynllun dipyn mwy anarferol na'r lleill. Gan eich bod yn dawnsio tu ôl i feinwe yn un o'r dawnsfeydd, a than olau coedwigol, deiliog yn y llall, fe wyddwn na fyddai'r gynulleidfa yn sylwi fod ei gwneuthuriad a'i chynllun fymryn yn wahanol i'r gweddill. O bosib mai gwisg un o'r cariadon yn Midsummer Night's Dream fydda hi wedi bod yn wreiddiol, gan bod rhwygiadau ac olion gwaed yn rhedeg drwyddi. Ond roedd ei defnydd yn syrthio'n dda, ac roedd ei siâp yn berffaith i'r dawnsfeydd yr oeddwn i wedi eu coreograffyddio. Roeddwn yn byw mewn gobaith y byddai un ohonoch yn fodlon ei gwisgo.

Roeddwn i wedi galw'r deg ohonoch yn unig i'r ymarferion un bore, i gael rhyw orig i ni ein hunain i drio'r gwisgoedd, ac i weld sut roedd y masgiau a'r penwisgoedd yn bihafio wrth ichi ddawnsio. Estynnais bob ffrog yn eu tro gan sylwi ar eich ymateb. Roedd nifer ohonoch yr un maint, diolch i'r drefn, ac fe fyddai modd ffeirio petai un ohonoch yn ffafrio un ffrog yn fwy na'r gweddill. Pan ddois i at y ffrog rwygiedig, fe syrthiodd wynebau pob un ohonoch. Ceisiais innau'ch darbwyllo y byddai hi'n edrych yn dda dan y golau, ond y cyfan ges i nôl oedd distawrwydd llethol. Cysurais fy hun falla byddai yna ryw achubiaeth imi yn Stiwdio Barcud neu Theatr Bara Caws. (Roedd Stratford braidd yn bell i wneud y siwrnai am yr eildro.)

'Neb yn licio honna felly?' meddwn i, a nghalon yn fy sgidia.

A dyma 'na lais bach pruddglwyfus yn dŵad o rwla.

'O, Cefin!' medda chdi, 'dwi 'di bod isio gwisgo ffrog fel 'na ers pan o'n i'n hogan bach!'

Os cofia i'n iawn, roedd y dawnswyr eraill yn sbio'n wirion arnat ti. Dwi'm yn ama' mod inna wedi drwgdybio mai tynnu nghoes i oeddat ti. Ond fe est yn dy flaen:

'Na wir rŵan, dwi wastad wedi dychmygu fy hun yn downsio mewn ffrog fel 'na ers pan o'n i'n ca'l gwersi bale!'

Roedd 'na rwbath yn dy frwdfrydedd di'r diwrnod hwnnw, rwbath yn dy lygaid di, a wnaeth imi feddwl fod yna blant a phobol ifanc allan yna sydd wir yn hoffi dianc i'r byd ffantasïol yma yn eu bywydau. Rhai sydd angen y ddihangfa yna fymryn yn amlach na'r gweddill sy'n fodlon cael eu dogn ohono rŵan ac yn y man trwy dalu am docyn i ddod i weld be fuon ni'n 'i greu yn ystod y misoedd a aeth heibio. Mae nhw'n talu, yn gwylio ac yn clapio, a dyna nhw wedi cael eu gwala a'u gweddill tan y tro nesa. A ninnau yno'n derbyn eu harian a'u cymeradwyaeth a'u beirniadaeth ac wedyn yn encilio i'n stafelloedd gwisgo i feddwl pa ffantasi gawn ni ddyfeisio nesaf ar eu cyfer. Tydio'm yn gwneud i bawb fod yr un fath wrth gwrs, a diolch byth am y gweddill ffyddlon sy'n dal i dalu am y tocynnau yna!

Dwi'n prysuro i ddweud mai i fyd meddygaeth yr es dithau, wedi gadael yr ysgol. Math arall o 'theatr' aeth a dy fryd yn y diwedd. Roedd honno'n freuddwyd gen ti ers pan oeddat ti'n ifanc iawn hefyd os cofia i. Fe est i Awstralia am gyfnod, a gwn dy fod wedi cael gyrfa liwgar a difyr tu hwnt. Ond mi fu's di'n driw iawn i'r ysgol am flynyddoedd hefyd. Mae rhai yn aros hefo ni am dymor, rhai am flwyddyn, ond rydan ni'n llawer mwy dibynnol ar y rhedwyr marathon yna sy'n aros yn y ras hyd y diwedd.

Fu's i ddim mor wirion â chynllunio gwisgoedd i gynyrchiadau'r ysgol fel ti'n cofio. Fe rannais fy nghyllideb yn ddoethach a dwi mor hynod o ddiolchgar i Cêt Smith a Lois Prys am eu holl greadigrwydd dros y blynyddoedd, ac i Tony Bailey Hughes a Sion Gregory am gynllunio'r goleuo a'r sain i'n holl sioeau yn Theatr Gwynedd.

Mae yna gynnwrf mawr ym Mangor ar hyn o bryd am y datblygiad nesaf yn hanes y theatr yn y ddinas, a dwi wir yn gobeithio y byddwn ninnau yn chwarae'n rhan eto yn y siwrnai newydd honno. Ond bydd yr atgofion am yr hen gynyrchiadau a welodd Theatr Gwynedd dros yr holl flynyddoedd yn parhau. Gobeithio'n wir bod rhywun yn rhywle yn hel archif o'r holl hanes a welodd ac a gynhyrchodd yr hen le. Byddai'n resyn i'r holl greadigrwydd gael ei gladdu hefo'r llwch.

Diolch am y sbardun, Sian. Mi fydda i'n dal i'w weld o yn llygaid ambell un o bryd i'w gilydd, ac mae o'n hwb i'r galon bob amser. Y wobr orau y gall unrhyw athro drama ei gael yw llygaid brwdfrydig ac ambell i ebwch o gynnwrf rŵan ac yn y man yn ystod gwers.

Gobeithio dy fod yn cadw'n iawn ac y gwelwn ni di'n fuan yn y cyffiniau yma.

Ein cofion atat,

Annwyl anghenfil cwsg,

Sgwennu sioe oeddwn i y tro cyntaf imi dy weld di. Wyddwn i ddim ám dy fodolaeth di cyn y noson ryfedd honno. Allan o'r teledu y dois di, a doedd 'na neb yno i'n cyflwyno ni; y ddau ddieithryn yn wynebu ei gilydd ar draws y stafell. Ddudis di 'run gair wrtha i, mond sleifio allan o dy 'focs' yn ara deg, heb na rhybudd na gwahoddiad na dim. Mae'n debyg mai felly rwyt ti'n glanio bob amser medda nhw i mi; cyrraedd yn ddisymwth a slei, a'n dal ni i gyd ar ein gwannaf a mwyaf blinedig.

Pan welais i di'r bora hwnnw yn fy stafall fyw roedd y newyddion ymlaen, ac mi ddois di allan o geg y gyflwynwraig ar ffurf pry copyn bach piws, ond yn syth bin wedi iti lanio ar ei desg roeddat ti'n fwy o neidr gantroed ond roedd dy dafod yn barod yn fforchiog ac yn biws gan gynddaredd. Doeddat ti ddim yn flin hefo fi, mond hefo'r ddarlledwraig am ddweud ffasiwn gelwydd am y byd. Roeddat ti wedi bod yn llechu yn y stafell newyddion drwy'r nos yn gwrando ar y newyddiadurwyr yn rhoi eu tro bach Prydeinig ar gynffon y cyfan oedd yn glanio ar eu desgiau. Mi gododd hynny dy wrychyn yn ôl pob tebyg. Doeddat ti prin i dy weld ar y pryd; rhyw bry gwaed o rwbath oeddat ti mae'n siŵr, yn cuddio rhwng y papura. Hawdd iawn y medra ti fod wedi dy wasgu'n shitrwns hyd y tudalenna, ond ches di ddim. Dringo hyd lawes y gyflwynwraig wnes di mae'n debyg, i mewn i'w chlust ac allan drw'i cheg mor gyflym fel na sylwodd hi na'r dyn camera arnat yn metamorffos-eiddio'n bry-cop yn ei cheg, ac yna'n neidr gantroed wrth lanio ar ei desg. Dew! Clyfar 'da chi. Mond yn y Mabinogion ro'n i wedi darllen am betha rhyfadd fel hyn o'r blaen; am Gwydion a Gilfaethwy'n cael eu troi'n garw ac elain a'u danfon i'r goedwig i garu'n nwydwyllt, a'r storm yn chwipio canghennau'r coed fel petaen nhw'n eu cystwyo am eu camweddau. Ai felly mae'r cyfarwydd wedi cael ei straeon gora ers erioed tybad? Aros ar ei draed drwy'r nos i orffen ei stori, a disgwyl nes i ti ymddangos i roi'r clo ar y cyfan? Achos dyna ddigwyddodd i mi pan ddois i ar dy draws di.

Falla nad oeddat ti'n sylweddoli hynny ar y pryd, ond sgwennu sgript i sioe Ysgol Glanaethwy oeddwn i y bore pan 'nes di neidio allan o'r teledu a cherdded tuag ata i. Roeddan ni'n arfer cynnal ymarferion ein sioeau blynyddol drwy wyliau'r Pasg ac yna'n eu perfformio yn Theatr Gwynedd ar ddiwedd yr ail wythnos o'r gwyliau i dai orlawn. Mi fyddwn i fymryn ar ei hôl hi'n sgwennu'r sgript yn aml, ac weithiau fe fyddwn yn dal i sgwennu'r diweddglo a ninna wedi dechrau ymarfer. Doedd hi ddim gwahanol y Pasg hwnnw mae'n rhaid, a dwi'n cofio 'mod i wedi bustachu'n o arw'n trio dŵad â'r cyfan i fwcwl. *Tair Hunllef a Breuddwyd* oedd enw'r sioe arbennig honno, a chred di fi, mi roedd hi'n hunllef hefyd. Bryd hynny roeddwn i'n gyfrifol am fraslunio straeon y gyfres *Rownd a Rownd* hefyd. Fe wnes i'r gwaith hwnnw am wyth mlynedd ar ben fy hun bach ac fe wyddwn fod dwylo'r cynhyrchwyr yn mynd i fod ar agor led y pen ddiwedd yr wythnos yn aros am eu straeon. Er bod gennym sioe ymlaen, ac er bod y pwysa'n drwm, fedr opera sebon ddim gorffwys am eiliad, ac felly roedd yn rhaid imi roi cig ar esgyrn sychion straeon *Rownd a Rownd* yn gyntaf, doed a ddêl!

Mewn cromfachau di-gwsg, felly, y byddwn yn cael cyfle i sgwennu fy sioeau. Mae sawl un wedi gofyn imi pryd ydwi'n cael cyfle i gysgu, ond roeddwn i'n fwy trwmlwythog nag arfer y Pasg arbennig hwnnw, a bu'n rhaid mynd heb gwsg am dair noson yn olynol.

Ni hefyd, wrth gwrs, oedd yn gyfrifol am y marchnata, y coreograffi, dysgu'r caneuon, cyfarwyddo, amserlennu'r ymarferion a thrio bwydo'r teulu a chadw tŷ. Diolch byth fod y plant wedi bod yn rhan o weithgaredd yr ysgol o'r cychwyn. Dyn a'n helpo ni tasa nhw ddim wedi cael rhywfaint o ddiléit eu hunain yn yr hyn yr oeddan ni'n ei wneud. Roeddan nhw wastad y tu cefn inni, a dwi'n ddiolchgar hyd y dydd heddiw iddyn nhw am hynny.

Ond y noson gyntaf honno, pan ddois di draw, roedd y tŷ 'cw fel rhyw 'Gethsemane Thesbaidd'; Tirion a Mirain yn cysgu'n sownd ers tro byd wedi diwrnod hir o ymarfer; Rhian wedi aros yn effro am beth o'r ffordd, ond wedi gorfod cael mymryn o gwsg, gan mai hi fyddai'n agor drysau'r ysgol fore trannoeth er mwyn dod â'r set i mewn; a finna yn effro, wedi gaddo i'r cast y bydda nhw'n cael gwbod be oedd yr olygfa glo y bore trannoeth. Ond nid Thespis oedd yn edrych dros fy 'sgwydda i'r noson honno chwaith, ond ti, o gynhesrwydd y set deledu, yn aros dy giw i chwarae dy ran. Os cofia i'n iawn roeddwn i wedi sgwennu'r llinell glo, a'r cyfan oedd ar ôl i'w wneud oedd ail deipio geiriau'r gân ola ar ddiwedd y sgript. Roeddwn i wedi sgwennu honno ers sbel, ond doeddwn i ddim wedi clywed am *cut and paste* y dyddiau hynny, heb son am ei wneud o! Mae'n rhaid 'mod i wedi dechrau ymlacio wrth weld y diwedd yn nesáu, ac o bosib mod i wedi cynnau'r teledu hefyd. (Tyda chi ddim yn cofio unrhyw fanylion wedi tair noson ddi-gwsg!)

Wyddwn i ddim bod gen ti enw yr adeg hynny wrth gwrs; dieithryn llwyr oeddat ti i mi ar y pryd, wedi glanio'n ddi-wahoddiad ar fy aelwyd. Ac yna, ryw gwta ddeufis yn ôl, clywais rywun ar y rhaglen *Breakfast* yn trafod 'sleep monsters'. Codais fy nghlustiau yn syth, a doedd gen i ddim dewis ond gwrando; doedd gen i ddim amheuaeth chwaith, er mod i'n hanner cysgu ar y pryd, mod i'n gwybod yn union beth oedd gwrthrych eu sgwrs. Rydach chi wedi bod o gwmpas ers cyn co medda nhw, ac wedi bod yn llechu yng nghilfachau'r dychymyg, yn aros yn amyneddgar am eich cyfle i wneud eich ymddangosiadau prin dros y canrifoedd. Sgwn i ai dyna welodd Robert Graves yng Nghricieth 'slawar dydd pan oedd o'n sgwennu 'Welsh Incident'?

'But that was nothing to what came out
of the sea caves in Criccieth yonder ...
Things never seen or heard or written about ...'

Mae'n bosib 'mod i'n hela sgwarnog go iawn yn y fan yna,
ond synnwn i damad nad ydi beirdd ac artistiaid yn dŵad ar
eich traws chi weithia. A hyd yn oed os nad chi a ysbryd-
olodd y gerdd yna gan Robert Graves, gwn fod cannoedd o
lenorion wedi'ch cyfarfod wyneb yn wyneb ar ryw ben o'u
taith. Ambell un ddim wedi'ch nabod efallai, ond does gen i
ddim amheuaeth eich bod wedi ymweld â sawl un yn eich
dydd i roi rhyw broc bach i'w dychymyg. Yn sicir tydi Goya
ddim yn eich gwadu yn ei ddarlun 'El sue o de la razón
produce monstruos'. (Sgwn i ai 'Blodeuwedd' ydi honna sy'n
hofran uwch ei ben?)

El sue o de la
razón produce
monstruos.
Mae cwsg rheswm
yn esgor ar
anghenfilod.
Francisco de Goya.

Mae rhai wedi ngalw i'n *workaholic*, eraill wedi ngalw i'n ffŵl. Dwi ddim yn siŵr iawn os ydyn nhw'n iawn. Dwi, fel pawb arall, wedi cael ysbeidiau go hir o laesu dwylo a diogi. Ond pan dwi 'di bod yng nghanol y bwrlwm o weithio, ac wedi gorfod aberthu oriau cwsg a'u troi yn oriau gwaith, dwi wedi bod yn gyfarwydd iawn â'r dehongliad uchod. Tybed wyt ti'n nabod un neu ddau ohonyn nhw?

Ta waeth, roedd dy ymadawiad o'r tŷ acw y bore hwnnw yr un mor rhyfedd â dy ddyfodiad. Wedi iti droi'n neidr gantroed ac ymlusgo oddi ar y ddesg, fe ddoist ti allan o'r teledu gan drawsnewid yn anghenfil llwydwyrdd. Fesul un bawen werdd, rychiog, gosodaist dy draed yn ofalus ar y carped o'th flaen a'th ddwy lygad yn troi i bob cyfeiriad i gynefino â'th amgylchfyd newydd. 'Tŷ diarth,' medda ti wrthat ti dy hun, 'pam dwi 'di nanfon i fan hyn o bob man yn y byd?' Anelaist dy ddwy lygad marblis tuag ata i, a sodro d'olygon yn syth i mewn i'm meddwl dryslyd. Roedd dy dafod fforchiog yn ddu-las erbyn hyn, a mymryn o lafoer yn syrthio'n ddafnau pefriog o'th weflau, gan fwydo cornel o ngharped â dy lysnafedd llugoer. Dim gair o gyfarchiad, dim ond syllu'n fud, ac wedi un anadliad tyfn rhyfeddol, dyma ti'n torri gwynt a throi yn ddyn bach penwyn o'r enw Wilbert. Hefo un amnaid glên mi roist wahoddiad imi neidio ar siglen anferth oedd wedi ymddangos o rywle. Roedd gen i siglen ar y llwyfan yn y sioe *Pedair Hunllef a Breuddwyd*, ac mae'n rhaid dy fod di'n gwybod hynny ar y pryd. Wedi imi neidio arni fe'm gwthiaist yn dyner ac yn araf, araf iawn, ymhellach ac ymhellach, yn uwch ac yn uwch; mi fedrwn i hedfan allan drwy'r gwydrau Ffrengig ac allan uwch ben y coed afalau at yr eryrod a'r cymylau. Ac mewn llais bas, melodaidd, yn union fel llais Wilbert Lloyd Roberts gynt, fe sibrydaist yn dawel yn fy nghlust; mi fydd popeth yn iawn 'chi Cefin ... gewch chi weld.'

A do, fe aeth y sioe yn ei blaen yn iawn. Mi roedd yn 'alright on the night,' chwadal y Sais. Diflannaist tithau yn ôl i'r set deledu, a ddoist ti ddim ar fy nghyfyl byth wedyn.

Ambell anghenfil arall wedi ymweld â mi rŵan ac yn y man cofia, ond yr un ohonyn nhw mor eglur â chdi.

Doedd neb yn fy nghredu i y bore wedyn dy fod di wedi galw, er imi greu darlun byw iawn ohonat ti i bawb yn eu tro fel roeddan nhw'n glanio i frecwast. Roedd mymryn o staen dy lafoer yn dal yn wlyb ar y carped, ond doedd neb yn fodlon derbyn mai chdi oedd yn gyfrifol. Yr hen gi ffyddlon gafodd y bai am y staen. Ond diolch iti am alw; er rhyfedded d'ymweliad, roedd yn braf cael treulio rhyw ysbaid yn dy gwmni, yn enwedig i gael dy glywed di'n dweud y byddai 'popeth yn iawn'.

Nos da Wilbert!

Cefin

Mirain, Eleri, Lowri, Caryl a Beth
Eisteddfod Llanelwedd, 1993
Llun: Tegwyn Roberts

Annwyl Beth (McBryde),

Mi ges i air hefo dy frawd mawr yn Eisteddfod Wrecsam y llynedd ac mi ddudodd o wrtha i dy fod di'n danfon dy ymddiheuriadau nad wyt ti wedi sgwennu na galw ers sbel. Eglurais innau wrtho mai fy nhro i oedd sgwennu atat ti mewn gwirionedd, gan imi dderbyn text gennyt yn ddiweddar ac nad oeddwn i wedi cael cyfle i'th ateb (eto). Ond mynnodd dy fod yn bendant mai dy dro di oedd hi. 'D'es i ddim i ddadla'n ormodol hefo fo gan ei fod yn cario anferth o gleddyf ar y pryd, a chan nad oedd gen i ddim byd i'm hamddiffyn yng nghefn llwyfan y pafiliwn, dim ond copi o'r cyfansoddiadau, mi gaeais fy ngheg yn drap! Pwy dwi i anghytuno hefo cyn chwaraewr a hyfforddwr tîm rygbi Cymru sy'n dal y cleddyf mwya welis i rioed?

'Da ni wedi colli cysylltiad ers sbel yn do Beth? Ond wyddos di be? Pan mae cyfeillgarwch yn cydio, tydi amser yn rhydu na meirioli dim iot arno. Mae hynny'n wir am gannoedd o'm cyn-ddisgyblion erbyn hyn, a dwi'n gobeithio na fydd neb dicach 'mod i mond wedi llwyddo i sgwennu llythyr at ambell un ohonoch yn y gyfrol yma. Mae myrdd o rai tebyg yn fy mhen i, ac, mewn byd delfrydol, fe garwn i sgwennu cannoedd eto. (Falla daw Gwasg y Bwthyn yn ôl ata i pan fyddwn ni'n dathlu'r pump ar hugain, pwy a ŵyr?)

Ces y fraint o dy ddysgu am sbel yn Ysgol y Garnedd, ymhell cyn iti ymuno â Glanaethwy; dy dad yn brifathro Ysgol Cae Top a dy fam yn dysgu Ymarfer Corff yn Ysgol Tryfan. Roeddat ti eisioes yn ddawnswraig fach dda, fel dy chwaer, Naomi, a ches y fraint o weithio hefo'r ddwy ohonoch chi ar sawl cynhyrchiad.

Tri rheswm pam dwi'n sgwennu atat ti Beth. Yn gyntaf

am dy fod di wedi bod mor driw. Nid yn unig i'r ysgol, ond fel ffrind hefyd. Fel ti'n gwbod erbyn hyn, mae'n siŵr, does dim yn y byd yn well na ffrind ffyddlon, ac mae'n dda gen i ddeud bod gen i ffrindiau hynod o driw.

Yr ail reswm dwi'n sgwennu atat ydi i ddeud wrthat ti gymaint roeddwn i'n mwynhau dy hiwmor. O'r holl ddisgyblion dwi wedi eu dysgu dwi'n berffaith siŵr mai chdi wnaeth imi chwerthin fwyaf. Mae gen ti synnwyr digrifwch cwbwl wreiddiol, a'r hyn sy'n ei wneud yn arbennig yw ei fod yn hiwmor cwbwl onest. Oherwydd hynny, mae'n unigryw. Dwyt ti'n efelychu neb ond chdi dy hun. Roedd yn rhaid bod gen ti synnwyr digrifwch i fentro gofyn i dy frawd a finna ganu deuawd yn dy briodas! Does ryfedd na ddaeth o ar gyfyl Glanaethwy! Waw! Nes i fentro mymryn gormod yn deud hynna dŵad? Fydd rhaid imi wynebu'r cleddyf 'na eto Steddfod nesa'n bydd!

Ond y prif reswm wrth gwrs yw am iti fynd yn athrawes ddrama. Does dim byd sy'n rhoi mwy o bleser i athro drama na gweld un o'i gyn-ddisgyblion yn mynd i ddysgu drama hefyd. Mae dipyn go-lew o'n cyn-ddisgyblion bellach yn athrawon, ond mae'r ffaith i ddyrnaid go dda ohonoch chi fynd yn athrawon cerdd neu ddrama yn rhoi llawer mwy o foddhad i mi wrth gwrs.

Dwi'n cofio bod Norah Isaac am i minnau fynd yn athro drama yn syth ar ôl gadael Coleg y Drindod. Ond wnes i ddim. Er imi fwynhau fy holl gyfnodau ar Ymarfer Dysgu yng Nghaerfyrddin, Llanelli a Bancffosfelen, fe es i ryw stâd o banic yn ystod fy nhymor olaf o weld fy hun yn llithro i mewn i swydd naw tan bump am weddill fy mywyd. Fy achubiaeth ar y pryd oedd fod cwrs actio ôl-radd yn y Gymraeg ar fin cychwyn yng Ngholeg Cerdd a Drama Caerdydd. Cwrs a ddaeth i ben ar ôl sbel, yn anffodus. Tybed a oes yna unrhyw glustiau a all wrando ar Fwrdd y Coleg erbyn hyn a allai gynnig ei ailsefydlu? Mae gwir ei angen arnom. Dyma'r cwrs a roddodd gyfle i actorion, cynhyrchwyr ac awduron megis Mei Jones, Ifan Huw Dafydd, Sion Eirian a Nia Ceidiog. Diflannodd y cwrs dros nos a cholli'r cyfle i'r coleg fod yn sefydliad llawer Cymreiciach yn sgîl hynny. Mae'r coleg yn gwneud gwaith arbennig o dda, ac mae'r adnoddau newydd sydd yno yn creu nythfa wych i dalent y dyfodol. Trueni o'r mwya na fyddai'r sefydliad yn creu lle i wythïen Gymraeg fanteisio mwy ar ei arbenigedd a'i adnoddau.

Ta waeth, siom fawr i Norah oedd fy ngweld yn mynd i Gaerdydd o'r Drindod yn hytrach na mynd ar f'union o flaen dosbarth o blant. Yno roedd fy lle i, yn ei barn hi, a chynta'n byd yr awn i i ddysgu, gorau'n y byd. Ond fel arall y bu hi wrth gwrs, a phan ddaeth Wilbert Lloyd Roberts i lawr i'r Coleg i Gaerdydd i chwilio am actorion craidd newydd i'w gwmni, fe wnaeth Norah hithau ei gorau glas i'm cadw mewn stafell ddosbarth. Roedd ganddi rywun yn cadw llygad arna i i lawr yn y ddinas mae'n rhaid (Eirlys Britton dwi'n ei hamau fwyaf!) a chyn i'r inc sychu ar fy nghytundeb hefo Cwmni Theatr Cymru roedd Norah wedi ffeindio tair swydd dysgu imi! Dyna iti pa mor benderfynol mae athro drama'n gallu bod.

Mi dybiet y byddai Norah yn falch o ngweld i'n mynd yn actor at Gwmni Theatr Cymru, a dwi'm yn ama' y daeth i ddygymod â hynny ar ôl sbel. Ond yr hyn oedd yn ei chorddi hi fwyaf oedd ei bod wedi bod yn diwtor arna i pan oeddwn i ar Ymarfer Dysgu yn Ysgol y Dderwen, Caerfyrddin tra roeddwn i yn fy nhymor cyntaf yn y coleg. Roedd Norah o'r farn bod gen i'r potensial i fod yn athro arbennig. Dilynodd fy nghamau yn y coleg wedi hynny hefo llygaid barcud. Mi wyddai 'mod i hefo gormod o heyrns yn y tân fel myfyriwr, ac yn llosgi'r gannwyll bob pen, ond fe gymrodd fi dan ei hadain a sicrhau 'mod i'n pasio f'arholiadau i gyd. Cefais A+ ar fy ymarfer dysgu a doedd athro A+ ddim yn mynd i wastraffu ei egni yn unman arall ond o flaen dosbarth o blant.

Felly pan gafodd hi achlust mod i'n mynd i ddiflannu nôl i'r gogledd i fod yn actor bach tlawd fe wnaeth bopeth o fewn ei gallu i'm rhwystro.

Dwi'n falch na wnes i wrando arni achos dwi'n gwbod na fedrwn i, yn wahanol iawn i chdi Beth, fod wedi ymdopi â sŵn clychau a choridorau a staffrwms a ffurflenni. 'Da ni wedi gwneud ein siâr o waith peripatetig cofia, ond mae'r athrawon rheiny'n cael denig o'r ysgol yn gynt na'r athro llawn amser fel ti'n gwbod. Ac er bod Rhian a Lowri a finna wedi llenwi tomenni o ffurflenni marcio (rhyw goedwig neu ddwy o bosib) tydio'n ddim i'w gymharu â gwaith papur athro ysgol-bob-dydd.

Ond roedd Norah wrth ei bodd pan glywodd hi bod gan Rhian a finna fwriad i gychwyn ysgol ddrama. Pymtheg mlynedd wedi iddi hi wneud ei gorau i fy mherswadio i fynd i ddysgu roeddwn i rŵan yn agor fy ysgol fy hun! Mae'n debyg bod hynny wedi bod yn newydd da iawn i Norah druan. Falla mod i wedi mynd ryw ffordd ryfedd iawn o'i chwmpas hi ond o'r diwedd roedd ei hathro A+ yn mynd i ddysgu!

Mae gen i bwt o lythyr adra a dderbyniais ganddi sy'n dweud y cyfan dwi'n meddwl. Roedd hi wedi cael gwahoddiad i ddod yn westai imi ar y rhaglen *Penblwydd Hapus*, (rhyw fath o 'This is Your Life' Cymraeg nôl yn y nawdegau) ond roedd Norah yn rhy fregus i ddod i fyny i'r stiwdio yng Nghaernarfon, a dyna pam y danfonodd hi'r 'pwt o lythyr' yma ata i. Mae o'n gor-ganmol ac yn hynod deimladwy, ond felly mae athrawon drama hefo'u cyn-ddisgyblion ti'n gweld. Nhw sy'n mynd i gario'r hudlath yn ei blaen a'i phasio i'r genhedlaeth nesa, ac felly fe gymerwn ni bob mathau o gamau i sicrhau bod y dylanwad yn parhau.

Tybed ddoi di nôl i Gymru i ddysgu rywbryd Beth? Mae Rhian a finna'n ysu i basio'r hudlath yn ei blaen i rywun. Roedd Lowri, sy'n dysgu acw ers blynyddoedd bellach, a chditha yn y coleg hefo'ch gilydd yn toeddach? Yn nabod eich gilydd yn iawn ers sbel. Be amdani?

Wel! Dy dro di ydi hi rŵan, yn bendant, i gysylltu. Ac os na fydda i wedi clywed gen ti erbyn y tro nesa y gwela i'r boi mawr 'na hefo'r cleddyf, wel, does wbod be ddigwyddith!

Cofia alw! A chofion fil,

Annwyl Gareth Glyn,

Dim ond tra'n sgwennu fy llythyr at Beth McBryde y cofiais am y stori fach hon. Er byrred ydi hi mae hi'n werth ei dweud. Roedd Beth yn rhan o'r cynhyrchiad cyntaf a lwyfannodd yr ysgol a thithau'n gyfarwyddwr cerdd arno. A thra dwi wrthi mae'n gyfle imi hefyd i ddiolch iti am yr holl waith wnest ti yn ystod y blynyddoedd cynnar wedi inni agor yr ysgol. Pan ymunodd Einion Dafydd hefo ni ar y staff fel trefnydd cerdd doedd dim cymaint o alw am dy wasanaeth, ond bu dy fewnbwn creadigol yn y cyfnod cychwynnol yn bwysig iawn. Ond nid dy waith cyfansoddi a gafodd yr ysgol allan o dwll go ddyfn y bu inni dyllu ein hunain iddo unwaith; ond dy ddawn cyfeilio.

Dwi ddim yn gwbod os wyt ti'n cofio'r digwyddiad, ond mis Hydref 1993 oedd hi beth bynnag. Dim fod dyddiad felly'n mynd i ysgwyd rhyw lawer ar olwynion dy gof, ond falla os duda i'r 'Queen Elizabeth Hall,' a 'Magdalen,' efallai y bydd ambell un o'r olwynion yn cychwyn troi?

Roeddan ni wedi ennill y brif wobr yng nghategori'r oedran ieuengaf y flwyddyn flaenorol yn y Barclays Music Theatre Awards. Roedd y dosbarth hŷn wedi dod yn ail agos yn eu hoedran hwythau hefyd, ac felly y nod yn 1993 oedd rhoi'r cyfle iddynt hwythau i anelu am y brig.

Er hynny, fe lwyddodd y ddau grŵp i fynd drwodd i'r rowndiau terfynol unwaith eto yn 1993. Roedd y beirniaid yn dewis chwe cwmni oedd wedi cystadlu drwy Brydain i berfformio yn y ffeinal; chwe grŵp yng nghategori'r seniors, a chwe grŵp yn y juniors.

Fe wyddwn, o'r feirniadaeth a gawsom y flwyddyn flaenorol, y byddai'n rhaid imi wella ar un elfen o'r cyflwyniad, sef y cyfeiliant. Er bod y criw ieuenga wedi ennill y brif wobr y flwyddyn honno, cyfeiriodd y beirniaid at fy nghyfeilio tenau a'r diffyg cadernid. Gan mai wedi ail-bobi rhyw gân actol ar gyfer yr achlysur yr oeddwn i y flwyddyn honno, doeddan ni ddim wedi anelu am unrhyw wobr, ond fe gydiodd holl ysbryd ein canu yng nghalon y dorf a daethom adref hefo rhesiad o wobrau. Es i fymryn mwy o ddŵr poeth hefo'r criw hŷn bryd hynny hefyd. Rhyw fersiwn go ryfedd o'r gân agoriadol o'r sioe *Cats* oedd gen i yn agorawd i'r cynhyrchiad. Roedd gweddill y gerddoriaeth yn wreiddiol yn y sioe honno ond tybiais fod yr alaw agoriadol o *Cats* yn gweddu i agoriad ein sioe ninnau. Gan mai ar farddoniaeth T.S.Eliot. y seiliwyd y sioe Cats, a chan na freuddwydiais y byddai Syr Andrew Lloyd Webber yn agos i'r gystadleuaeth, thrafferthais i ddim i drefnu hawlfraint i'r gân; wedi'r cyfan, dim ond rhyw hanner cân yr oeddwn i wedi ei dwyn, pa angen am hawlfraint oedd i beth felly? Roedd T.S.Eliot yn gorwedd yn ei fedd ers blynyddoedd. Ond o'r holl ganeuon sydd yn y sioe Cats dyw geiriau un ohonynt ddim yn perthyn i'r diweddar T.S. O bosib dy fod di'n gwbod hynny'n barod Gareth, ond wyddwn i ddim nad y fo 'sgwennodd 'Jellicle Cats'. Beryg dy fod di'n gwbod hefyd pwy 'sgrifennodd y lyrics hynny; ia, neb llai na chadeirydd y panel beirniaid ei hun, Mr Richard Stilgoe gyfeillion! Lwc ar y diân na wyddwn i ddim o hynny cyn inni gystadlu neu fyddwn i ddim wedi gallu chwarae nodyn o'i gân enwog. O bosib, un o'i ganeuon enwoca fo! A dyma fi, ar y llwyfan yn Llundain, yn ei chwarae hi'n wirioneddol wael yn ei ŵydd a heb unrhyw fath o hawlfraint i wneud hynny!

Ond 'dŵr dan bont' oedd hynny i gyd wrth gwrs. Y flwyddyn ganlynol, roeddan ni yno yn cyflwyno gwaith cwbwl wreiddiol hefo'r criw hŷn. Detholiad o'r sioe gyntaf inni ei llwyfannu fel ysgol, sef 'Magdalen', oedd yr arlwy, a ninnau'n edrych ymlaen i weld beth fyddai ymateb y beirniaid. Tudur Dylan a finna oedd wedi sgriptio a chditha wedi cyfansoddi pob nodyn ohoni, felly ewch nôl i gysgu Mr Hawlfraint, a chroeso i'r llwyfan Mr Gareth Glyn a'i fand. O oedd! Roedd ganddon ni fand i'r criw hŷn y flwyddyn honno.

Gan mai hefo'r dosbarth hynaf yr oeddan ni wedi anelu uchaf yn 1993, bu'n rhaid i'r criw iau fy nioddef i yn cyfeilio am flwyddyn arall. (Dwi'n credu mai ar ôl y gystadleuaeth honno y gwnes i ymddeol o fod yn gyfeilydd gyda llaw!)

Wel! Dwi'n deud 'band', ond piano, bas a drymiau oedd ganddon ni mewn gwirionedd, ond o'i gymharu â f'ymdrechion pitw i i gynnal pethau roedd hynny'n 'gerddorfa'.

Hanes rhyw glinic yn brwydro i gadw i fynd yn erbyn pob caledi oedd ganddon ni yn y pnawn yn yr adran 'cynradd'. Pob mathau o gleifion yn dod yno i gael eu gwella o'r clefydau rhyfeddaf. Mymryn o hiwmor, triciau gweladwy, canu tri llais dros bob man a thynnu'r lle i lawr. Doeddan ni ddim yn disgwyl ennill am yr ail flwyddyn yn olynol, yn enwedig a ninnau wedi rhoi mwy o egni i fireinio'r rhai hŷn, ond yr un fu'r patrwm – y criw iau yn ennill a'r cyfeiliant yn cael ei ddarnio unwaith eto gan ddweud bod yr ysgol yn haeddu gwell. Fe wyddwn i hynny'n iawn wrth gwrs, toeddwn i ar fin ymddeol! Ac roedd Einion Dafydd, ein trefnydd cerdd newydd, hefo ni yn y neuadd yn gwneud nodiadau ar yr hyn fydda gofyn iddo fo ei wneud o hynny mlaen. Dwi'n credu mai un llinell arhosodd yn y cof o'r feirniadaeth honno oedd 'What a pity you didn't have a drummer. The show would have benefited from a little percussion, especially in the finale.'

'O wel,' meddwn i wrthyf fy hun, 'aros di tan heno washi, ac mi gei di byrcyshiyn, Mr Stilgoe! O cei! Watch this space.'

Ond bu camddealltwriaeth dybryd yn do? Yn syth wedi i'r criw fenga floeddio'u buddugoliaeth ac i 'Hen Wlad Fy Nhadau' gael ei morio hyd y South Bank fe ofynnodd y drymiwr i Einion os oedd ganddo fo amser i fynd allan i chwilio am baned. Tybiodd Einion druan y byddai'n iawn i'r creadur gael rhyw bum munud bach iddo fo'i hun, a dyna pryd y'n galwyd ninnau i'r llwyfan. Doedd y ffasiwn beth â ffôn symudol ddim wedi cydio yn y byd na'i frawd bryd hynny, mwy nag yndda inna. Yn anffodus, doedd ein drymiwr bach ni, yr oeddan ni wedi talu drwy ein trwyna am ei lusgo i lawr i Lundain ar drên a thalu am ddwy noson mewn gwesty, yn ogystal â ffi cyfradd Undeb y Cerddorion iddo, yntau chwaith ddim wedi buddsoddi mewn ffôn symudol o fath yn y byd. Bu chwilio a bloeddio, rhedeg ac ymddiheuro. Ond er inni erfyn yn daer am gael peidio ymddangos yn gyntaf ar y llwyfan, i roi cyfle inni chwilio dipyn, doedd 'run o'r grwpiau eraill yn gyflawn chwaith.

'I'm afraid we have no choice,' oedd y frawddeg yr oeddwn yn ei chlywed, ond yn rhyw led obeithio nad oeddwn i wedi ei chlywed yn iawn. 'We have to start the competition, now,' meddai Larry Westland, y trefnydd, a'r peth nesa roedden ni'n cael ein cyflwyno i'r dyrfa fawr yn y Queen Elizabeth Hall, a minnau'n rhuthro i gael y cast i gyd ar y llwyfan yn dal i ryw fyw mewn gobaith y gwelwn i ben melyn, cyrliog y drymiwr ymhlith gweddill y straglars oedd yn dal i hanner dathlu buddugoliaeth y criw iau. Ond wnes i ddim ... gwaetha'r modd.

'Dim golwg ohono fo mae arna i ofn, Gareth,' medda finna, gan gofio fy ngeiriau wedi'r feirniadaeth yn gynharach: 'Aros di tan heno ac mi gei di byrcyshiyn, Mr Stilgoe! O cei! Watch this space, washi.' Fe lyncais bob gair o'r frawddeg fach yna a suddodd pob sillaf i'm sodlau blinedig, oedd yn bynafyd fel dwn i ddim be ar ôl yr holl redeg.

A gwylio'r 'space' y bûm i drwy gydol y perfformiad wrth gwrs. Y gofod hwnnw lle roedd 'na ddrymiwr wedi bod yn waldio yn yr ymaferion y noson flaenorol, ond heno'n mwynhau y banad goffi ddrutaf imi dalu amdani i neb erioed. Gobeithio i'r nefoedd ei fod o wedi ei mwynhau!

Ta waeth! Bu'n rhaid imi groesi mysedd a gobeithio'r gorau a'th adael dithau a'r baswr druan i geisio ymdopi, y gorau y gallech chi, ar lwyfan y South Bank.

Dwi'n gwbod, Gareth, dy fod yn gallu siarad yn gyflym; mae'r genedl gyfan yn gwybod hynny, ond falla na tydyn nhw ddim yn gwbod dy fod di hefyd yn gallu bod yn gerddorfa. A'r noson honno fe chwaraeaist ddwbwl y nodau roeddat ti'n arfer eu chwarae. Fe droiaist ti dop y piano a'r llwyfan yn set o ddrymiau ac yn symbalau drwy eu waldio a'u sathru hefo dy fysedd, dy ddwylo a'th draed, ac fe greaist yr high hat mwyaf effeithiol imi ei glywed erioed trwy ychwanegu dy 'Tss, tss ah! Tss, tss ah' gyda dy ddannedd a'th dafod.

Cest dy ganmol i'r entrychion dwi'n falch o ddeud; dy gyfeilio a'th gerddoriaeth. A do, fe ddaethom ninnau adref o Lundain ddwy fil o bunnau yn gyfoethocach ar ôl ennill y brif wobr yn y ddwy adran. Wel ... dwy fil o bunnau, minws ffi ambell gerddor ... ac ambell baned o goffi falla.

Ac felly diolch iti. Nid yn unig am yr holl ganeuon a'r profiadau a gawsom ni yn dy gwmni, ond am yr esgus i ddeud y stori fach yna hefyd. Cawsom y fraint o ganu yng nghyngerdd dathlu dy ben-blwydd yn chwe deg oed llynedd a bu hynny'n bleser hefyd.

Hir oes iti Gareth, a gobeithio y cawn gyd-weithio eto cyn bo hir.

I'r dyddiau da,
Hwyl

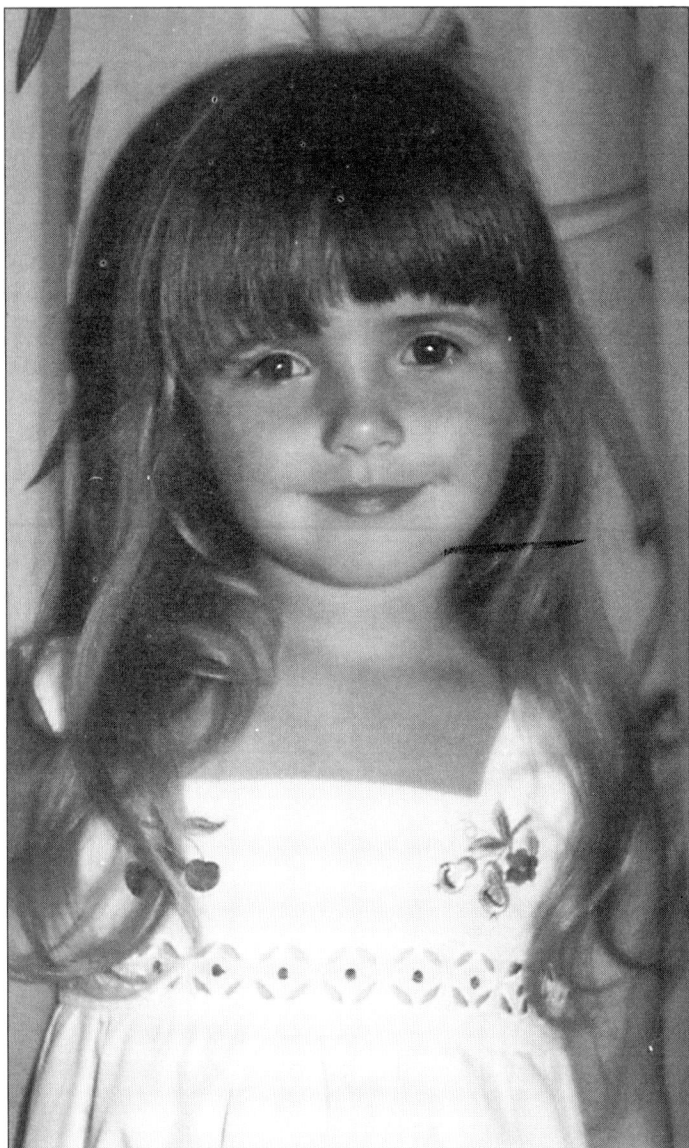

Mirain yn ddwy oed

Annwyl Mir,

Dwi'n cyflwyno'r llyfr yma i chdi am nifer o resymau, ond mae un o'r rhesymau hynny yn llawer pwysicach na'r gweddill.

Y rheswm amlwg, wrth gwrs, ydi mai chdi ydi'r unig un o'r teulu sydd ar ôl nad ydwi wedi cyflwyno llyfr iddyn nhw! Mi gyflwynais fy nofel gyntaf, *Brwydr y Bradwr*, i Rhian, ac er cof am Amranwen, ei ffrind, fel ti'n cofio. Ac mi gyflwynais fy ail nofel er cof am Mam a Dad, a chyflwynodd dy fam a finna'n cyfrol *Perffaith Chwara Teg* i Iris a Jac (Nain a Taid Caernarfon) a'r gyfrol hwiangerddi *Taro Deuddeg* i Tirion a Sioned ac Efan Jac. Ac felly dim ond chdi oedd ar ôl!

Mi fedra i dy glywed di'n deud rŵan 'Ia, wel… Typical! Fy nghadw i'n aros tan y diwadd.'

A falla mai dyna oedd y rheswm wrth gwrs. Gan mai chdi oedd cyw ola'r nyth, roedd yn gorwedd yn naturiol felly i chdi aros tan y diwedd. (Diolcha felly na chawson ni ddeg o blant, ne mi fyddat ti'n disgwl tan Sul y Pys!)

Dwi'n cyflwyno'r llyfr yma iti hefyd am dy fod yn licio derbyn llythyrau ac e-byst. Tra roeddwn i'n gweithio i lawr yn Llanelli a Chaerfyrddin roedd yr e-bostio rhyngom wastad yn codi fy nghalon os oedd petha braidd yn anodd. Weithia roedd eu cynnwys yn ddigri ac yn llawn o dy hiwmor unigryw, ac weithiau'n ddwys ac yn emosiynol, ond bob amser yn ffraeth ac yn ddifyr i'w darllen.

Dwi dan fymryn o bwysau'n cyflwyno'r gyfrol yma i chdi felly, gan dy fod yn gwbod yn iawn be sy'n gneud sgwennu da. Ac er fod llythyru'n rwbath sy'n prysur fynd allan o ffasiwn, dwi'n gwbod hefyd y byddi'n rhoi pob un gair sydd yma dan dy chwydd-wydr ac yn astudio pob un wan Jac ohonyn nhw'n fanwl cyn deud dy farn!

Rŵan mod i'n meddwl am y peth, mae trafod llythyr yn swnio bron fel trafod y deinosoriaid erbyn hyn. Byth ers i e-bostio, trydar, blogio a ballu ddod i ffasiwn mae'r arfer o afael mewn beiro a thamaid o bapur wedi mynd yn beth digon prin yn ein plith. Ac eto, mi fydda i wrth fy modd yn clywed amlen yn syrthio'n glewt drwy'r post hefo fy enw arno, a dim arlliw o ddiwyg bil na dirwy am or-yrru ar ei gyfyl. Amlen wen, gan amlaf, hefo llawysgrifen mewn inc, a digon o afael ynddo i wbod y bydd angen pori dros ei gynnwys.

Ac eto, tydi'r pori ddim wedi bod yn beth pleserus bob amser. Mae cynnwys ambell un, fel y gweli o'r dyrnaid sydd yma, wedi bod yn ddigon pigog ar brydiau. Ond rwyt ti, fel ninna, wedi hen arfer â hynny erbyn hyn, yn do Mir? Mae siwrna'r ysgol wedi bod yn ddigon hir rŵan inni i gyd ddysgu 'na cheir y melys heb y chwerw'. Dygymod â hynny ydi'r gamp bob amser.

Ond dwi'n cyflwyno'r llyfr yma iti'n bennaf am iti fod yno o'r cychwyn yn deg hefo Rhian a finna, yn gefn inni drwy'r cyfan oll. Ac er iti fudo i Lundain ddeng mlynedd yn ôl bellach, rwyt ti'n dal yn driw i bopeth a wnawn ni yn yr ysgol. Mi ddoi di yma i'n helpu hefo'r coreograffi os bydd angen ac yn glust i wrando ac yn farn werth talu sylw iddi pan fo gwir angen hynny.

Roeddat ti'n naw oed pan gychwynnon ni Glanaethwy, a dwi ddim yn meddwl inni gael disgybl mwy brwdfrydig erioed. Dwi ddim yn credu iti golli 'run cyngerdd na sioe o'r cychwyn cyntaf. Ac ar wahân i'r cyfnod pan ges di'r *glandular fever* felltith hwnnw dwi ddim yn credu iti golli gwers erioed chwaith.

Chdi hefyd, Mir, oedd y gollwraig orau a welais i yn fy mywyd. Wna i byth dy anghofio di'n cystadlu ar ryw unawd mewn gŵyl gerdd ym Mwlgaria flynyddoedd maith yn ôl. Roeddat ti wedi cael gwahoddiad i fynd yno wedi dy lwyddiant yn Eisteddfod yr Urdd a chawsom fynd â'r côr yno i berfformio yn sgîl hynny. Pan gyhoeddwyd y gwobrau cyntaf, ail a thrydydd ar yr unawd chdi oedd y mwyaf brwdfrydig dy gymeradwyaeth dros y cystadleuwyr eraill, er na ches di dy enwi yn y ffrâm o gwbwl. Yr hyn nad oeddan ni'n ei sylweddoli ar y pryd oedd fod yna arfer ym Mwlgaria i roi'r brif wobr ar wahân i'r gwobrau cyntaf, ail a thrydydd, ac fe ddoist i'r brig wedi'r cwbwl. Ond y wobr orau o ddigon i mi y noson honno oedd dy weld mor hael dy gefnogaeth i bawb arall. Ac mae hwnnw yn rhinwedd ynot ti o hyd, diolch i'r drefn. Mae dy ffrindiau agos i gyd yn tystio i hynny.

Fydda i wastad yn tynnu sylw cynulleidfaoedd at y ffaith ein bod yn canu cryn dipyn am gyfeillgarwch hefo'r côr; mae hi'n thema sy'n codi dro ar ôl tro ar ôl tro yn ein rhaglen. Ond o'r holl ganeuon sy'n disgrifio cyfeillgarwch mi wyddost mai rhai o'm hoff eiriau i yw trydydd pennill 'Bridge Over Troubled Waters'.

> Sail on silver girl,
> sail on by ...
> Your time has come to shine,
> All your dreams are on their way,
> See how they shine.
> If you need a friend,
> I'm sailing right behind.

A dyna wyt ti wastad wedi'i 'neud, Mir. Ti wedi bod reit tu cefn i gymaint o dy ffrindia. Weithia mi fydda i'n gwaredu nad wyt ti wedi canolbwyntio mwy arnat ti dy hun, ond nid dyna ydi dy natur di o gwbwl. Does yna ddim byd yn ymwthgar amdanat ti. Ac er fod angen bod yn ymwthgar o bryd i'w gilydd yn y proffesiwn yr w't ti yn rhan ohono, waeth i rywun heb a mynd yn groes i'w natur chwaith.

Mae rhai yn deud mai nodwydd yn llawn cyffuria ydi'r 'silver girl' yn y gân, ond dwi'n ei chael hi'n anodd iawn i gredu hynny fy hun. Cân am gariad a chyfeillgarwch ydi hi, ac am fod y tu cefn i'r rheiny ti'n eu caru a'u parchu. Ond dyma fy nghyfle inna i'w ddeud o wrthat ti rŵan Mir ... 'Sail on by!'

Dwi am fanteisio ar y cyfle yma hefyd i ddiolch iti am ein cael ni allan o gornel go fain ar y gyfres *Last Choir Standing* bob wythnos drwy wyliau ha' 2008. 'Gwyliau ha'!' glywa i chdi'n gofyn, 'Pa wyliau ha'?' Wel ia, hollol. Mi fydda i'n sôn dipyn am y gyfres honno'n nes ymlaen yn y gyfrol, ond dwi jest isio deud na fydda'n llwyddiant ni ddim wedi bod yn bosib yn 2008 oni bai am dy glust a dy ddychymyg cerddorol di.

Fel ti'n cofio, pan gyrhaeddon ni rownd y pymtheg olaf, fe gawson ni wbod yn ddigon plaen na fydda ni'n gallu canu unrhyw gân Gymraeg o hynny allan. 'You'll never get people to vote for you if you keep singing Welsh songs,' oedd y byrdwn oeddan ni'n ei glywed o bob cyfeiriad. Mi suddodd fy nghalon wrth imi sylweddoli nad oedd 'run o'r caneuon oeddan ni'n eu gwbod yn barod yn da i ddim ar gyfer y gyfres yma felly. Ninnau, yn ein diniweidrwydd, wedi rhoi rhesi o alawon gwerin, ac un neu ddwy gerdd dant hyd yn oed, ar ein rhestr o ganeuon y byddem yn awyddus i'w canu ar y rhaglen! Dim ond yn raddol yr oedd yn gwawrio arna ni mai rhyw fath o *X-Factor* i gorau oedd hon, a bod gofyn inni ddechrau o'r dechrau o safbwynt *repertoire*. Ond roedd y felin gyfryngol yn ddi-drugaredd. Yn syth wedi pob rhaglen roedd angen gwbod pa ddwy gân fydden ni'n eu canu yr wythnos ganlynol, a ninna prin wedi cael cyfle i ddathlu ein llwyddiant hyd hynny. Yn wahanol i'r corau eraill doeddan ni ddim hefo unrhyw fath o gân wrth gefn, heb sôn am gael copi ohoni, heb sôn am unrhyw fath o drefniant na dehongliad. Roedd pob cân ar ein rhestr wedi cael yr ysgwydd ac roedd dy fam a finna'n fud am unwaith yn ein bywydau.

A dyna lle 'nes di gamu i'r bwlch, diolch i'r drefn. Hefo'r holl brysurdeb o drefnu a dysgu caneuon o un wythnos i'r llall roeddan ni'n cael ein cefnau yn erbyn y wal bob nos Sadwrn pan oedd y cyflwynwyr yn cyhoeddi bod 'Eezgol

Glaneethwee' drwodd i'r rownd nesa. Ond rywsut, rywfodd, fe ddoist i fyny hefo syniadau bob gafael. Ar y bore Sul roeddat ti'n dal y *tube* i lawr i'r siop gerdd yn Covent Garden, ffeindio'r dots a chyrraedd yn ôl yn swyddfa'r cyfarwyddwr cerdd yn y BBC mewn pryd i olygu'r ddwy gân i lawr i ddau funud a deng eiliad hefo'r newid cyweirnodau a chrynhoi brawddegau a geiriau i gyd yn eu lle ac yna sefyll wrth y meic i recordio fersiwn gyflym ohoni i'w danfon i'n trefnydd cerdd. Roedd Rhian a finna'n gyrru adra wedyn i drefnu'r ymarferion a chditha'n ein dilyn fore trannoeth i wneud yr holl nodiadau coreograffyddol fel roeddan ni'n eu derbyn ac i hyfforddi a mireinio symudiadau pawb arall erbyn y penwythnos canlynol.

Nid dy reddf a dy ddawn oedd ar waith yn unig, ond dy gefnogaeth i dy rieni a'u breuddwyd hefyd. Yn wir, fydden ni byth wedi gallu gwneud hynny hebddot ti, ac fe wnest ti'r cyfan yn gwbwl ddi-rwgnach a di-dâl. Dwi'n sylweddoli fod yr holl brofiad wedi rhoi boddhad mawr iti, fel y gwnaeth o inni i gyd, ond fydda 'na ddim llawer wedi bod yn fodlon rhedeg yr ail filltir fel wnes di, a'i wneud hefo'r ffasiwn raen a phroffesiynoldeb.

Dwi'n tewi rŵan Mir, gan mod i'n gwbod fod yn gas gen ti nghlywed i'n dy ganmol. Er iti ddweud ar sawl achlysur dy fod di wedi cael mwy o gerydd gen i yn yr ysgol nag unrhyw ddisgybl arall a fu drwy ddrws Glanaethwy erioed, dwi'n gwbod fod derbyn canmoliaeth hefyd wedi bod yn beth cymhleth ar brydiau. Dwi ddim yn nabod un plentyn sydd wedi bod yn gwbwl gyfforddus yn cael ei riant yn athro arno. Ac mi ges di ddau!

Dwi am orffen drwy ddyfynnu cân sgwennis i ryw chydig ar ôl iti symud i Lundain i fyw. Roeddwn i'n colli dy lais yn canu o gwmpas y tŷ 'ma, yn colli dy egni yn y dosbarthiadau, ond, yn fwy na dim, yn colli dy gwmni o ddydd i ddydd. Dim byd gwahanol i unrhyw riant arall pan ma'u plant yn gadael y nyth wrth gwrs. Ond fe daniodd ddigon ar fy nychymyg i sgwennu'r pwt bach yma iti, a rŵan dyma gyfla i'w

chyhoeddi hi wrth gyflwyno'r gyfrol yma iti am dy
ymroddiad ac am fod yn Mir ...

Fy holl gariad,

Dad x

ON. Fe ges ganiatâd Dewi Pws i ddefnyddio'r delweddau a'r
hen drawiadau o'r gân 'Nwy yn y Nen'. Diolch Dewi.

MWY NA DY LIW

I ble'r es di Las y Dorlan
wedi i ddrws yr eglwys gloi?
Plant yn gadael am y ddinas,
tithau'n sydyn wedi ffoi.
Pam yr es di mor ddi-rybudd,
wedi mynd ers amser hir,
gadael dorlan heb dy liwiau,
pam na 'nes di ddal dy dir? ... dal dy dir ...

Dwi'n colli mwy na dy liw,
mwy na dy gân,
dwi'n colli'r ffaith nad wyt ti yma'n
rhan o fyd yr adar mân.

Pam yr es di Las y Dorlan,
nawr mae'r ysgol heb ei chân?
Dim ond eco rhwng ei muriau
a'i theganau'n deilchion mân.
Oedd y mudo'n rhan o'r patrwm,
wyt ti'n fodlon deud y gwir?
Er fod hwnnw weithiau'n brifo,
pam na 'nes di ddal dy dir ... dal dy dir ... ?

Yn colli mwy na dy liw,
mwy na dy gân,
dwi'n colli'r ffaith nad wyt ti yma'n
rhan o fyd yr adar mân.

Pam na ddoi di Las y Dorlan,
nôl o'th guddfan yn y dre?
Gwn mai yno'r est i guddio;
yn y wlad y mae dy le.
Chei di'm llonydd yn y ddinas
tydi'r coedydd ddim yn ir,
ac mae'n anodd iti glywed
lleisiau'n erfyn 'Dal dy dir' ... dal dy dir ...

Yn fwy na dy liw,
a mwy na dy gân,
yw'r ffaith nad wyt ti yma heno'n
rhannu byd yr adar mân.

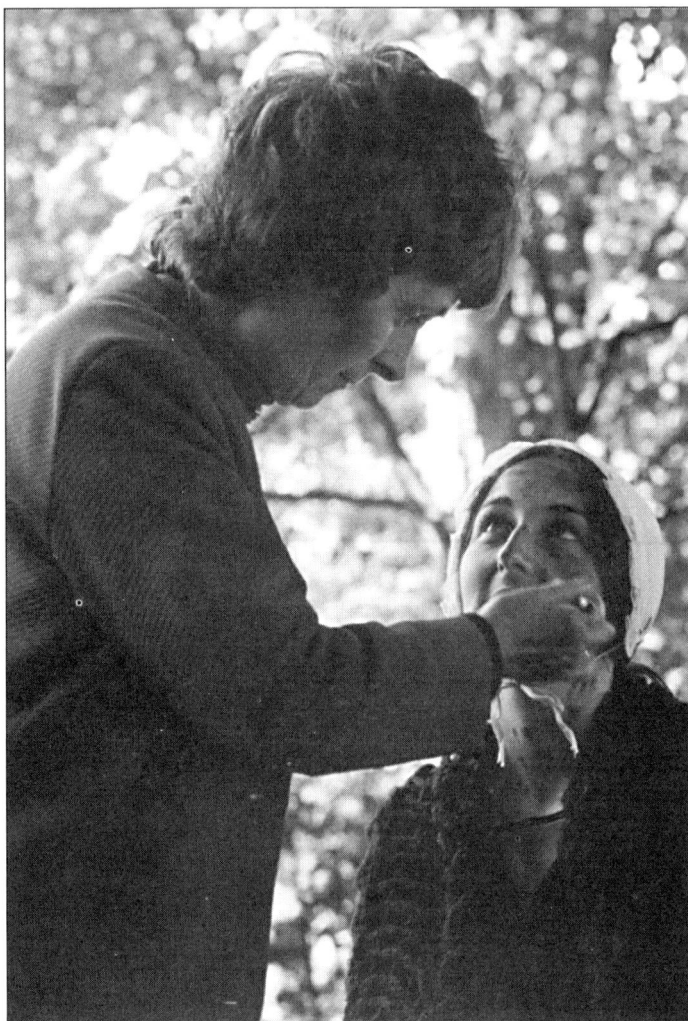

Norah yn coluro Eirlys Britton,
Sain Ffagan, 1976

Annwyl Norah,

Tair merch sy'n bennaf gyfrifol am Glanaethwy yn fy marn i, sef Rhian, Mam a chitha. Rhian roddodd yr hwyth cyntaf i wthio'r cwch i'r dŵr, Mam roddodd y sylfaen imi yn fy helcid o wers i wers ac o steddfod i steddfod. Ond, yn bendifaddau, chi roddodd imi'r sylfeini cywir ar gyfer y swydd.

Roeddech chi'n diwtor arna i yn ystod fy nghyfnod ymarfer dysgu cyntaf yn Ysgol y Dderwen, Caerfyrddin nôl ym 1976 a dwi'n cofio eich ymweliad cyntaf i ngweld yn cyflwyno gwers farddoniaeth. 'Dawns y Dail' oedd y gerdd ddewisais i ac roeddwn i wedi cyfuno rhyw chydig o ddrama hefo'r wers farddoniaeth ac yn meddwl mod i'n ofnadwy o glyfar.

Roeddwn wedi gofyn i'r plant ddod â menig o wahanol liwiau hefo nhw i'r ysgol y diwrnod hwnnw i'w gwisgo yn ystod y wers – 'Rhai mewn melyn, gwyrdd a choch, a rhai mewn porffor hardd.' Roedd gen i ddarn o gerddoriaeth i gyd-fynd â'r gerdd hefyd (adrodd i gyfeiliant) ac roeddwn i'n eitha hyderus yn coreograffyddio'r ddawns liwgar tra roedd rhai o'r disgyblion yn darllen y penillion i sŵn pibau a gwynt lled-ddramatig.

Wnaethoch chi ddim bod yn or-feirniadol, chware teg ichi, er imi gael gwbod ymhell cyn hynny y gallai'ch tafod fod yn eitha miniog ar adegau. Ond roeddech chi o'r farn nad tu ôl i hualau desg y dylai unrhyw wers ddrama gael ei chyflwyno ac felly fe beroch i'r disgyblion, a minnau yn eu plith, symud y desgiau i'r naill du a chyflwyno'r dail drwy gael yr holl gorff i fod yn rhan o'r dehongli.

A chi oedd yn iawn wrth gwrs. Yr hyn nad oeddwn i wedi ei ddisgwyl oedd ichi fy ngwneud innau'n ddeilen (grynedig) ymhlith y dawnswyr! Fe rannoch chi'r dosbarth yn ddail o wahanol liwiau oedd yn cael eu chwythu gan wynt mileinig y Gogledd, gwynt hyrddiol o'r Gorllewin, a gwynt anwadal y Dwyrain. Ond o diar! Doedd dim rhagor o ddail ar ôl i gael eu chwythu gan wynt tyner y de. Pwy allen ni gael i fod yn ddeilen i'w chwythu gan wynt y de felly? Pan laniodd y geiniog yn y diwedd, ac iddo wawrio arna i mai fi oedd y 'ddeilen' dan sylw, bu bron imi farw yn y fan a'r lle.

Dwi ddim yn gwbod os oeddech chi'n ymwybodol o'r ffaith 'mod i wedi cael blynyddoedd o wersi dawnsio (diolch i Mam) ac y gallwn i'n wir fod yn ddeilen fach wywedig yn cael ei chwythu'n dyner gan awel o'r de, ond nid o flaen y plant! Na ... wir ... mewn darlith ddrama, falla – neu ar ben y bwrdd yn y Ceffyl Du ar ryw noson go wyllt, ond plis Norah – nid o flaen y plant!

Ond doedd gen i ddim dewis. Pan waeddodd gwynt yr Hydref, a chredwch chi fi – 'Mae'n waeddwr heb ei ail!' bu'n rhaid i 'Mr Roberts' ddeintio'n sgafndroed o flaen rhyw drigain o ddisgyblion nawmlwydd oed Ysgol y Dderwen.

Roedd fy ffrindiau'n dal eu hochrau yn y dafarn y noson honno wrth imi adrodd fy hanes yn 'crino' o flaen dosbarth o blant i gyfeiliant pibau'r gwynt. Ond wnes i ddim marw'n llwyr chwaith yn naddo Norah? Dwi'n cofio chi'n trio mherswadio i i ymuno hefo'r adran ddrama yn syth wedi'r wers honno. Ac er na wnes i ildio i'ch cais drwy gydol fy nhair blynedd yn y Drindod fe roddodd eich arweiniad a'ch cefnogaeth gryn dipyn o hyder imi dros y dair blynedd y bûm yno'n astudio.

Dwn 'im a fyddwn i'n gwneud i athro drama ddawnsio o flaen dosbarth o blant ar ei wers gyntaf chwaith cofiwch, ond wnaeth o ddim drwg imi serch hynny. Mae'n rhaid i rywun neidio i ochr tyfna'r pwll ar adegau; mond iddo allu nofio'n weddol.

Buoch yn gefnogol iawn o'n gwaith yng Nglanaethwy ar hyd y blynyddoedd, ac roedd y llythyr a ddanfonoch imi pan oeddwn yn recordio'r rhaglen *Penblwydd Hapus* yn lleisio hynny yn eich arddull unigryw chi. Diolch ichi amdano

Norah. Mae'r llythyr yn hongian ar fur fy swyddfa yng Nglanaethwy erbyn hyn, sy'n profi gymaint mae geiriau cyn-hyfforddwr yn ei olygu i rywun.

Cawn air eto rwy'n siŵr!

Cefin

Annwyl Cefin,

Fy rhodd i chi ar yr achlysur arbennig hwn yw gair o werthfawrogiad o'r fraint a gefais o ddod i'ch adnabod fel myfyriwr disglair ei dalentau oedd yn troi pob sesiwn ddarlith yn fwyniant pur. Daw atgofion lu i'r meddwl wrth gofio am y gweithgareddau celfyddydol arbrofol di-ri a gynllunnid ac a berfformid gennym. Do, cafwyd hwyl ysgubol a digon o waith caled wrth gwrs, ond gwefr bob amser oedd ymgyrraedd at y nod.

Bellach, Cefin, chi yw'r athro, – y 'gwyddon ddewin,' – sy'n meithrin talentau'r ifanc yn eich ysgol unigryw yng Ngwynedd. Dewisoch eich llwybr. Bydd yn ddylanwad ar genedlaethau o ieuenctid Glanaethwy i'w tywys i ddehongli'n hyderus a chaboledig geinion llên a chân.

Norah.

Edward Elwyn, Richard Stilgoe a Mirain,
Queen Elizabeth Hall, 1993
Ar ôl ennill y Barclays Music Theatre Award y cawsom
wahoddiad i ymddangos ar Blue Peter.

Annwyl Peter (Blue),

Mae blynyddoedd bellach ers inni ymddangos ar eich rhaglen a chawsom y fraint o ddod i lawr i Lundain ddwywaith i'w recordio. Roeddwn i wedi meddwl sgwennu atoch chi bryd hynny i ddiolch ichi am y profiad ond tydi fy Saesneg i ddim yn arbennig o dda a chefais draed oer yn y diwedd a rhoi'r ffidil yn y to. Ond dyma gyfle i wneud iawn am hynny heddiw, ac er y bydd hwn yn lythyr Cymraeg dwi'n siŵr fod gan y BBC rywun yn rhywle fedar fynd i'r afael â'i gyfieithu ichi.

Isio deud wrtha chi ydwi gymaint o argraff wnaeth eich adran wisgoedd arnom pan oeddan ni acw'n ffilmio, ac ymddiheuro am y llanast. (Mwy am hynny'n nes ymlaen!)

Mae canolfan y BBC yn White City yn le go fawr. Pan gawson ni'r cyfle i ddychwelyd yno flynyddoedd yn ddiweddarach i recordio'r gyfres *Last Choir Standing* doedd o ddim yn teimlo fel ein bod ni yn yr un lle o gwbwl. Ond gan fod acw gymaint o stiwdios a stafelloedd colur a gwisgo mae'n siŵr nad oeddan ni yn yr un lle wrth gwrs. Rhwng hynny a'r ffaith fod yna bymtheg mlynedd a mwy rhwng y naill ymweliad a'r llall fe allwn daeru ein bod ni mewn adeilad hollol wahanol. Roedd y tu allan yn edrych mwy neu lai yr un fath ond roedd y tu fewn yn hollol ddiarth. Mae o'n un o'r canolfannau Llundeinig hynny rydan ni'n ei weld yn achlysurol ar ein sgriniau, ac felly 'da ni'n rhyw lun o feddwl ein bod yn nabod y lle yn iawn pan laniwn ni yno. Ond tydan ni ddim wrth gwrs, yn y meddwl a'r dychymyg mae'r adnabyddiaeth i gyd wedi bod.

Mae'r adeilad yn grwn hefyd yn tydi? A dwi wastad wedi cael y trafferth rhyfedda mewn adeilada crwn. Dyna chi'r Albert Hall, mae hwnnw'n adeilad crwn hefyd, a dwi wedi mynd ar goll yn hwnnw ddega o weithia hefyd.

71

Y trafferth hefo adeiladau crwn ydi na tydach chi byth yn cyrraedd i unman. Mi ellwch ddal i gerdded a byth yn siŵr lle ydach chi. 'Da chi'n gwbod eich bod wedi pasio ambell i ddrws neu fynedfa o'r blaen ond eto, tydi'r union un 'da chi'n chwilio amdano ddim yn dŵad i'r fei ar y trydydd, pedwerydd na'r pumad tro. Ffordd arbennig o dda o golli pwysa, ond ffordd well fyth o golli'ch limpyn a mynd i banic llwyr yn y diwadd.

Ond yr hyn dwi'n ei gofio fwyaf am ein hymweliad i recordio'ch rhaglen chi, Peter, ydi inni gael stafelloedd gwisgo oedd i lawr yn ngwaelodion Broadcasting House yn rhywle, a bod angen y lifft i fynd yno. Pan nad oes lle i ddim ond rhyw bedwar i fynd i lawr ar y tro, mae'r broses o symud cast cyfan o blant a'u gwisgoedd a'u hyfforddwyr a'u gwarchodwyr i fyny ac i lawr o'r stiwdio i'r stafell wisgo ac yna yn eu holau yn gallu bod yn broses go ddiflas ar ôl sbel. Ond ta waeth, amynedd oedd pia hi, ac fe ddefnyddiwyd pinsiad go helaeth ohono y diwrnod hwnnw, credwch chi fi.

Sioe *Y Brenin Meidas* oeddan ni'n ei berfformio acw, a hynny ar ôl ein llwyddiant yn y Barclays Music Theatre Awards. Cast o ryw bedwar deg o blant mewn gwisgoedd lliwgar aur, coch, melyn a gwyrdd a'r cyfan yn cael ei gyflwyno mewn Cymraeg Glân Gloyw. Roeddan ni'n ei hystyried hi'n fraint cael bod ar un o raglenni plant mwyaf poblogaidd y wlad, a chawsom fathodyn yr un yn y fargan! (Roeddwn wedi ysu am gael Bathodyn Blue Peter ers pan o'n i'n blentyn, ac er mod i'n dri deg saith yn cael un yn y diwedd roeddwn i'r un mor gynhyrfus!)

Ta waeth, fe'n hebryngwyd i'r stafelloedd gwisgo a gofynnwyd inni fod yn barod i ymarfer mewn hanner awr. Doedd dim angen coluro, mond i'r camerâu gael gweld y lliwiau a'r patrymau ac fe allen ni wedyn newid y plant yn ôl i'w dillad eu hunain nes y recordiad ei hun, a dyna a wnaed – dim problem.

Aeth yr ymarfer yn iawn a dewiswyd dau o'r plant i wneud cyfweliad byr hefo'ch cyflwynwyr clên a chyn ichi ddweud 'and this is one we prepared earlier' roedd hi'n amser te. Cyfle i bawb ymlacio a chael paned a sgonsan (digon sych). Ond roedd hi am ddim, felly diolch ichi 'run fath yn union.

'Right then – can we have everyone back in studio for five o'clock in costume please. The show is live as you all know, so please be on time and ready to go. Good luck everyone!'

Ni oedd ymlaen gyntaf ar y rhaglen (fyw!). Felly nôl â ni, fesul pedwarawd, i lawr i'r dwnjwn i newid ac i goluro y tro yma.

Mamau sydd yn helpu fel arfer mewn ysgol berfformio. Gwneud gwisgoedd, gwerthu raffl, trefnu taith feics, pwyllgora, coluro, stiwardio cyngherddau, gwneud cacennau i'r bore coffi, trefnu'r bore coffi a bwyta'r cacennau yn y bore coffi. Mae ambell i dad wedi ymuno'n ysbeidiol yn y pair i gario ambell brop a sglaffio ambell sgonsan, ond merched, ar y cyfan, sydd wedi bod yn gefn inni ar hyd y blynyddoedd. Ond, yn yr un modd, y merched sydd angen fwyaf o sylw hefo'u colur a'u gwisgoedd hefyd.

Y diwrnod hwnnw fe gawson ni ddwy stafell wisgo anferth ganddoch chi os cofiwch chi Peter. Y naill yn un pen o'r coridor a'r llall y pen arall. Roedd y mamau wrthi fel lladd nadroedd yn cribo gwalltiau, smwddio bratiau a phowdro wynebau, pob un wan jac ohonyn nhw yn stafell y merched. Roedd y bechgyn wedi cael ordors i newid i'w gwisgoedd ac aros yn hogia da nes deuai rhywun i'w nôl nhw. Llusgais eu gwisgoedd i'r stafell ac wrthi'n hongian eu dillad yn rhes oeddwn i pan ges alwad i fyny i'r stiwdio i gael un gair cyflym hefo'r cyfarwyddwr.

'Reit ta hogia, dyma nhw'ch dillad chi. Newidiwch reit sydyn a mi fydda i i lawr mhen dau funud.'

'Iaaawn,' medda'r hogia'n un fflyd a ffwrdd â mi i fyny i'r stiwdio.

Pan oeddwn i'n gadael y stafell wisgo roedd popeth mewn trefn go daclus a'r hogia'n ymddangos fel tasa nhw wedi gwrando ar yr hyn roeddwn i wedi'i ddeud. Ond yn y munudau rhwng yr ymadael a'r dychwelyd fe ddigwyddodd mwy o ddrama nag a welodd Glanaethwy drwy ambell i dymor.

Roedd y mamau i gyd yn tendio'r merched, roedd yr athro wedi gorfod ymadael ac roedd y bechgyn yn rhydd mewn stafell wisgo anferth yn ddyfn yng nghilfachau pellaf y Gorfforaeth Ddarlledu Brydeinig yn Llundain. Lle delfrydol i chwarae gêm ac i fod yn fentrus.

Mi ddudodd yna dderyn bach wrtha i mai Edward Elwyn oedd wedi cael y syniad am y gêm. Mae Edward yn gyfreithiwr erbyn hyn felly mae'n well imi watsiad be dwi'n 'i ddeud. Ond gan mai Edward hefyd oedd wedi cael y syniad o chwara'i utgorn tu allan i westy yn Llundain am chwech o'r gloch y bore ar drip blaenorol ac wedi deffro trigolion y stryd gyfan; a chan mai Edward oedd ar un amser wedi chwarae gêm go ddrygionus yng nghefn y bws ar yr M1 ar drip arall pan fu rhaid stopio'r bws gan blismon er mwyn rhoi terfyn ar y chwarae, doedd gin i ddim llawer o reswm dros amau fy neryn bach. Dwi'n cofio Anna Daniel, mam Edward (ac un o'r helpars gorau a gafon ni yng Nglan-aethwy erioed), yn dod i ochr y llwyfan yn Neuadd Ogwen yn llawn cynnwrf yn chwifio'i breichiau arna i fel roeddwn i yn cyflwyno'r Gân Actol. Rhyw fath o chwifio breichiau yn trio deud 'Na, na ... dim y Gân Actol,' oedd y migmans ac felly fe ofynnais i'r gynulleidfa f'esgusodi i am funud bach ac es i ochr y llwyfan i ofyn i Anna beth oedd yn bod.

'Edward,' medda hi, 'oedd o'n teimlo dipyn bach yn boeth.'

'Lle mae o?' gofynnais.

'Mae o wedi mynd i'r afon am swim.'

Ond os nad chdi, Edward, feddyliodd am y gêm yn Stafell Wisgo D13, Broadcasting House, White City, LONDON WPS 2BAD yna cymer air hefo fy neryn bach i wnei di?

Roedd hi'n swnio'n gêm ddifyr iawn, ond hynod o beryglus, ac yn gofyn am drwbwl.

Yn syth wedi ichi newid mae'n rhaid bod un ohonoch chi wedi gweld rhesiad o hangers gwag yn hongian ar y rêl ddillad ac wedi cael syniad. Gan fod y stafell wisgo mor fawr, a digon o bileri i guddio tu ôl iddyn nhw, y syniad oedd defnyddio'r hangers fel taflegrau a cheisio hitio'r rhai oedd yn mentro rhedeg o'r naill bilar i'r llall. Ond wedyn, ar ôl diflasu ar hynny, dyma rywun yn cael syniad gwell – 'Be am ei chwarae hi hefo'r gola off?'

'O iaaaaaa ... wrth gwrs ... gêm lot gwell yn y tywyllwch!'

I dorri stori hir fymryn yn fyrrach fe redodd un ohonoch chi yn syth i mewn i bilar ac fe gafodd un neu ddau arall ohonach chi waldan go gas hefo'r hangers. Wel, dyna sydd i ga'l am redag ffwl pelt mewn stafell llawn pileri yn y twllwch!

Panics. Gweiddi. Taro. Crio. Poen ... GWAAAED!

Ac yn y gyflafan penderfynwyd cynnau'r golau i weld maint y difrod. Roedd trwyn Huw Owens yn gwaedu, ac roedd Steffan a Hywyn wedi cael ambell sgriffiad hefyd. Ond roedd y rhan fwyaf o'r dagrau yn deillio o ofn cael eu dal a'r gwisgoedd gwyrddion yn un stremp o waed coch (gwladgarol iawn os ca i ychwanegu).

Syniad! Mae dŵr oer yn cael gwared o waed, cofiodd un o'r hogia.

Gan ein bod i lawr yn y dwnjwn roedd y dŵr yn llifo i'r sinc fel tasa pwysau'r Niagra ei hun uwch ein pennau. O ganlyniad, fe dasgodd y dŵr, nid yn unig dros y trwynau a'r breichiau clwyfedig ond dros y gwisgoedd i gyd hefyd. Ac nid yn unig dros wisgoedd y tri oedd yn gwaedu, ond dros weddill y bechgyn i gyd.

Ac felly y cefais i'r hogiau pan ddychwelais i'r stafell wisgo ar ôl cael gair am bum munud hefo'r cyfarwyddwr. Y cwbl ohonyn nhw yn wlyb at 'u crwyn ac ambell un yn igian crio a'u clwyfau'n dal i redeg ryw fymryn. Daeth galwad dros yr uchelseinydd.

'Could we have Eezgol Glaneethwi and the presenters to the studio please. Glaneethwi and the presenters please. On the air in five. Thank you ... oh, and ... Good Luck everyone!'

'Wel, wnaeth dŵr ddim niwed i neb erioed yn naddo?'

fe'ch clywaf chi'n deud. Ond ar ôl teithio yr holl ffordd i lawr i Lundain i ymddangos ar deledu cenedlaethol ar oriau brig doeddwn i ddim, be fydda'r Sais yn ei ddisgrifio, yn fwni hapus iawn. Fyddai'r cyfarwyddwr ddim yn hapus chwaith wrth gwrs, tasa fo wedi gweld corws o fechgyn yn canu ar lawr ei stiwdio yn wlyb diferol, gwaed yn tasgu o'u trwynau a hwnnw'n cael ei olchi gan ddagrau hallt, a hynny ar un o'r rhaglenni plant saffaf a di-frycheulyd a welodd y Deyrnas Unedig erioed!

Roedd yn rhaid deud y gwir. Doedd gen i ddim dewis ond hysbysu'r mamau oedd yn dal i ditifetio'r genod o'r sefyllfa a rhedeg i ddweud wrth yr adran wisgoedd fod set gyfan o siwtiau gwyrddion ar ei ffordd i'r sychwr y funud honno. Welais i erioed fand o weithwyr yn symud mor gyflym. Safai'r hogiau'n un rhes yn 'u tronsiau a'u festiau y tu allan i'r wardrob ac fel roedd un pâr o drowsus a thop yn cael ei chwipio am un ohonyn nhw roedd y pâr nesa'n mynd o dan yr haearn smwddio. Dwi wir ddim yn gor-liwio'n deud fod y siwt ola'n llythrennol yn cael ei thaflu mlaen a'i pherchennog yn cael ei lusgo i'r stiwdio fel roedd eich alaw enwog chi'n cael ei chwarae Peter.

'And here we have the winners of that very competition ... Welcome to the studio ... 'Midas' ... and Eezgol Glaneethwi!'

Wel, ganddoch chi, a'ch gweithwyr, oedd y 'golden touch' y diwrnod hwnnw, dwi'n prysuro i ddeud, a does gen i ond diolch yn fawr iawn ichi Mr Blue, am eich sydynrwydd a'ch cymorth.

Yn gywir a didwyll iawn,

Clfin Blts

ON. Gyda llaw, dwi wedi colli fy mathodyn cofiwch. Tybed a oes modd cael un arall yn ei le? Maddeuwch fy hyfdra. Hwyl.

Annwyl R Alun Evans,

Mae'n siŵr y cewch fymryn o sioc o dderbyn llythyr gen i, ond roedd yn rhaid imi gael ysgrifennu pwt atoch. Roeddwn i'n benderfynol o wneud, tasa fo mond er mwyn cael y cyfle i ddiolch ichi am arwain ein heisteddfodau a'n gwyliau cerdd hefo'r ffasiwn urddas dros yr holl flynyddoedd. Mae ganddon ni arweinyddion go lew sy'n medru erfyn gystal â neb ar i bobl ffeindio'u seddau mor gyflym â phosib, a chau'r drysau yn y cefn os gwelwch chi fod yn dda, ond dwi ddim yn meddwl y daw 'na neb i lenwi eich wellies eisteddfodol chi, Alun. Hyd yn oed ar yr adegau hynny pan fyddai'r eisteddfod yn rhedeg yn fuan, ac weithiau yn wirion o fuan, lle y bu'n rhaid ichi lenwi ac ymestyn a pharablu am allan o hydion, doedd o byth yn teimlo felly pan fyddech chi wrth y llyw. O bosib i chitha, fel pob arweinydd arall, ambell waith, orfod ein gadael i siarad ymysg ein gilydd am sbel, ond pan fyddech chi'n dychwelyd at y meic a chôr Llanbedirnodyn yn dal hefo aelodau yn sdyc yn y traffig, fe lwyddech i'n haddysgu a'n hadlonni heb inni sylwi mai poliffila clyfar iawn oedd y cyfan. Fe roesoch chi'r ffidil yn y to yn llawer, llawer rhy fuan Mr Evans, ac ae'n dda eich gweld chi'n dal i arwain ambell seremoni a sesiwn o'r llwyfan o bryd i'w gilydd o hyd.

Ond dwi am gyfeirio at un cyngerdd yn benodol lle nad aeth pethau cweit mor esmwyth â'r arfer. O bosib mai fi oedd y bai mewn gwirionedd, ond fe ddaethoch ata i y bore canlynol i ymddiheuro am y *faux pas* chware teg ichi.

Eisteddfod Llangollen 2001 oedd hi, er o bosib na fydda hynny yn canu unrhyw glychau i chi yn syth bin. Roeddan ni newydd ennill cystadleuaeth y côr ieuenctid, ac fe'n gwahoddwyd i ganu yn y cyngerdd rhyngwladol y gyda'r nos hwnnw. Gan nad oeddan ni wedi breuddwydio y bydden ni'n ennill, roedd y trefniant bysus i fynd adra eisioes wedi ei wneud, ac felly fe eglurais i drefnwyr y cyngerdd y gallen ni aros i roi eitem neu ddwy os caem ni ganu'n gyntaf; a dyna fu'r trefniant.

Chi, os cofiwch chi, oedd yn arwain y noson arbennig honno, ac fe ddaethoch i gefn y llwyfan i'n llongyfarch a holi am ein rhaglen. Cawsom rhyw air cyflym, brysiog, ac fe egluroch y byddech chi'n galw'r côr i'r llwyfan yn gyntaf cyn galw ar y cyfeilydd a'r arweinydd. O fewn dim roedd hi'n amser cychwyn. Roedd y côr yn dal i ryw hanner dathlu eu buddugoliaeth pan glywson nhw enw'r ysgol yn cael ei gyhoeddi o'r llwyfan. Fe dybiais i, a hwythau, mai galwad inni fynd ymlaen i ganu oedd hwnnw. Ond 'howld on Dafydd John' medda fi wrthyf fy hun, roedd gan yr arweinydd gyhoeddiadau i'w gwneud yn gyntaf. Rhy hwyr, roedd hanner y côr wedi cychwyn i'r llwyfan a lleoli eu hunain ar y rostra. Yr hyn na sylweddolon ni ar y pryd, wrth gwrs, oedd fod yna un anthem fechan angen ei chanu ar gychwyn y cyngerdd, na wydden ni ddim byd amdani. Doeddach chitha, o bosib, ddim wedi'n galw ymlaen yn swyddogol, ond ta waeth, roedd y côr yno yn sefyll yn dalog yn barod i berfformio pan darodd yr organydd 'God Save the Queen'. Roeddwn i yn saff yn yr esgyll hefo Annette ar y pryd, ond roedd y côr cyfan ar y llwyfan, a phob aelod hefo'i benbleth bach personol ei hun beth i'w wneud nesaf.

Chanodd yr un ohonyn nhw air o'r anthem o'i dechrau soniarus i'w diwedd buddugoliaethus fel y cofiwch chi Alun. A'r cyfan allwn i ei wneud oedd edrych arnyn nhw o'r esgyll a nghalon i'n gwaedu drostyn nhw. Dwi'n siŵr eich bod chithau wedi synhwyro'r cyfyng-gyngor yr oeddan nhw ynddo, ac fe allwn weld y cwynion yn dod o bob cyfeiriad; a doedd hi ddim yn hir iawn cyn bod y blwch llythyrau'n tywallt beirniadaeth mewn amlenni bach gwynion ar y coco-matin acw!

'We much enjoyed yet another outstandingly successful and enjoyable week of the International Musical Eisteddfod, a visit to Llangollen we look forward to each year not only for our own enjoyment but to be able to play a small part in supporting this truly international event.

How sad that this atmosphere was destroyed at the start of the Wednesday Evening Concert by the political statement that your British girls were obviously told to make by refusing to sing the British National Anthem. Everyone I spoke to, Welsh or English, thought it deplorable that this event in particular should be used in this way and, I believe, to be an antithesis of everything that the Eisteddfod stands for.'

Wrth edrych ar y côr yn sefyll yno'n fud mi allwn deimlo bod carfan o'r gynulleidfa'n mynd i ddychwelyd i'w carafanau ar eu hunion y noson honno i hogi eu pensiliau a dechra bwrw'u llid ar bapur. Dwn 'im os bydda aelodau'r côr, yn enwedig yr hogia, wedi bod yn hapus o gael eu galw yn 'British girls' cofiwch, ond fe ddarllenais i gynnwys pob un llythyr o gŵyn a dderbynion ni iddyn nhw, fel y bydda i'n ei wneud hefo unrhyw feirniadaeth neu sylw. Roedd y llythyrwr yn credu bod yr arweinydd yn amlwg wedi deud wrth ei gôr am gadw'n fud yn ystod yr anthem. Ond 'nes i ddim y ffasiwn beth wrth gwrs. Dewis pob unigolyn oedd ar y llwyfan yna oedd cau eu cegau'n drap a pheidio canu sillaf. Daeth ambell i sylw go ddifyr o'n trafodaeth ar gynnwys y llythyrau.

'Do'n i'm yn gwbod y geiria beth bynnag 'chi Cefin,' oedd ymateb un.

'Pam ma' nhw'n canu anthem Lloegar beth bynnag, ma holl wledydd y byd yn dŵad i Langollan tydyn – pam canu anthem mond un wlad a dim y gweddill?'

'Dwi'n gwbod anthem Ffrainc!' medda un arall, fel tasa hynny'n mynd i ddatrys pob problem.

Dwi ddim yn siŵr os ydi anthem y Frenhines yn dal i gael ei chanu yn Llangollen erbyn hyn; mae blynyddoedd ers i mi ei chlywed hi yno beth bynnag. Mae rhywun yn ei chlywed hi'n llai a llai amal erbyn hyn fel mai prin yr ydw i yn cofio'r geiriau'n iawn – er symled ydyn nhw! Fe'i clywais hi'n cael ei chanu cyn y gêm rhwng Cymru a Lloegr yn ddiweddar a hynny ar ôl i gefnogwyr Cymru forio canu ein hanthem ein hunain. Onid anthem Lloegr ydi hi bellach felly dudwch, ac nid 'our British National Anthem' fel yr awgryma'r llythyrwr?

Ond mae angen bod yn ofalus o deimladau pawb dan amgylchiadau fel hyn wrth gwrs. Fedrwn ni ddim newid y balchder a deimla unrhywun wrth glywed eu hanthem hwy yn cael ei chwarae. Fedrwn ni chwaith ddim troi'r cloc yn ôl a deud wrth y côr am beidio mynd ar y llwyfan nes y bydd gweddill y gynulleidfa wedi canu nerth esgyrn 'u penna i erfyn ar i Dduw gadw'u brenhines 'nobl' chwaith. Tydi pawb ddim yn gwirioni 'run fath.

Gyda llaw Alun, ces fy nghyhuddo hefyd o greu polisi yn yr ysgol oedd wedi dwyn gwarth ar Eisteddfod Llangollen:

We believe that whoever was responsible for this policy has not only let your college down but also the reputation of the International Musical Eisteddfod, and, in particular, all the people who organise and visit this truly wonderful event.

Pe chwiliech chi bob cwpwrdd a silff a phob twll a chornel sydd yn yr ysgol acw dwi'n hollol siŵr na ddeua chi ar draws unrhyw fath o bolisi ar ganu anthemau acw. A dwi ddim yn meddwl inni ddwyn unrhyw anfri ar Eisteddfod Llangollen chwaith. Os y gwnes i, yna'n ddamweiniol llwyr y digwydd-odd hynny fel mae'r llythyr yma'n egluro, gobeithio. Mae'r ŵyl bwysig yma yn mynd yn ei blaen o nerth i nerth a dymunwn yn dda iddi am flynyddoedd i ddod.

Yn 2009 gwnaed y disgyblion yn llysgenhadon yr

Eisteddfod ac rydym yn hynod falch o fod wedi derbyn y fraint arbennig honno. Byddwn yn dal i gefnogi Llangollen am flynyddoedd i ddod. Does ond gobeithio y bydd mwy a mwy o Gymry yn heidio yno yn y dyfodol wrth i ganu corawl ail danio ymhlith pobl ifanc Cymru. Gobeithio hefyd y gwelwn ni fwy o ddreigiau yn chwyrlïo ym maes carafanau'r ŵyl, mwy o Gymraeg i'w glywed ar faes yr Eisteddfod a mwy o gystadleuwyr o 'wlad y gân' yn mentro i'w llwyfan. Mewn blog rai blynyddoedd yn ôl fe ddwedodd Pryderi Llwyd Jones ei bod yn 'braf gweld Ysgol Glanaethwy (yr ysgol sydd bellach – dan bwysau beirniadaeth – yn diflannu o lwyfan Eisteddfod yr Urdd) yn ennill ar gystadleuaeth Côr Plant yn Eisteddfod Llangollen – Deg Côr o Loegr, un o Gymru ... a yw'n amser i'r Gymru Gymraeg ddilyn Ysgol Glanaethwy a dangos – wrth fynd i ganu yn Llangollen – fod mwy i ganu a dawnsio nag ennill gwobr yn Steddfod yr Urdd neu'r Genedlaethol neu'r Ŵyl Cerdd Dant? Onid Steddfod Llangollen yw'r bwysicaf ohonynt i gyd? Y Steddfod 'ga'dd ei gwrthod' yng Nghymru.'

Mae pethau wedi gwella ers hynny fel y gwyddoch chi Alun, ond mae corau Lloegr yn dal yn y mwyafrif yn ein Gŵyl Ryngwladol, ac 'nid da lle gellir gwell'.

Fe ges i, a'r aelodau oedd hefo mi ar y pryd yn cystadlu, gryn dipyn o addysg yn gwrando arnoch chi yn arwain dros y blynyddoedd; nid yn unig o lwyfan Llangollen, ond o lwyfan pob prifwyl arall sydd ganddon ni hefyd. Diolch amdano. A diolch ichi hefyd am weld y darlun ehangach nôl yn 2001 pan gawsom ein hunain mewn cornel fach go letchwith yng nghanol y paill!

Hwyl a fflag a ffaldarî!

Annwyl actorion sy'n casáu adrodd,

Dwi'm yn deall be 'di'r broblem; ac eto, dwi'n gwbod yn iawn o lle mae hi'n tarddu. Mae hi'n deillio o'r hen, hen draddodiad sydd ganddon ni yma yng Nghymru o adrodd eisteddfodol.

Mae gen i lyfr yn y tŷ 'cw a ysgrifennwyd ar droad y ganrif ddwytha sy'n dysgu adroddwyr sut i sefyll ac ynganu pan mae nhw'n dehongli tristwch, llawenydd, hiraeth a siom; ac mae gan bob emosiwn, yn ei dro, ystum llaw ac ystumiau i'r pen sydd yn ymddangos yn hynod o ddigri i ni erbyn hyn. Ond, ac fel pob beirniad eisteddfodol, mae'n rhaid cael yr 'ond', mae arna i ofn bod peth o'r hen arferion yma yn dal i lechu y tu ôl i'n dehongliadau mwyaf adroddllyd. Mae'r eisteddfodwr pybyr yn dal i deithio o eisteddfod i eisteddfod ac yn pigo'r hen arferion yma i fyny, y naill gan y llall, fel feirws nad oes modd ei wared. A hyn, yn anad dim arall, sy'n cynddeiriogi'r actor an-eisteddfodol, dybiwn i.

Mae'r mynegiant ymwthgar ar yr wyneb, a'r hongian alaethus ar ambell air megis 'hiraeth,' a 'galar,' a 'brad,' yn troi ar ambell un. Mae'r siwgwr a'r hufen a'r triog a daenir ar eiriau wrth eu hynganu'n or-ddolefus yn ormod iddyn nhw, yn union fel y pwysau yna deimlwch chi ar ôl bwyta gormod o gacan. Mae yna nodau sydd wedi eu hail-dwymo a'u hail-daro hyd at syrffed dros y cenedlaethau sydd yn hitio rhyw nerf go sensitif yn y rhai sy'n chwilio am fwy o naturioldeb. Ar un gwrandawiad, mae nhw'n swnio'n weddol effeithiol. Ond, o'u hail-ddefnyddio dro ar ôl tro, fe ddown i weld trwy'r arddull a theimlo'r diffyg didwylledd yn un glafoer gor-felys.

Yng nghynhebrwng y diweddar Stewart Jones fe dalodd J.O. Roberts a John Ogwen deyrnged glodwiw i dalent Dyn y Tryc fel actor ac adroddwr. Cyfeiriodd J.O. at y ffaith mai Stewart Jones oedd enillydd cyntaf Gwobr Llwyd o'r Bryn, ac nad oedd yn deall pam yn y byd mawr fod angen bod wedi newid y gair 'adrodd' yn 'llefaru,' gan mai 'adrodd' oedd Stewart wedi ei wneud dros y blynyddoedd. Bu bron imi â rhoi fy llaw i fyny ar ganol ei araith a deud 'J.O.! Dwi'n meddwl mod i'n gwbod yr atab i hwnna.' Ond tydi'r math yna o beth ddim yn briodol mewn angladd wrth gwrs. Er, dwi'n siŵr y byddai Stewart wedi bod wrth ei fodd taswn i wedi gwneud. Ond fe wnes y penderfyniad doeth i atal fy hun serch hynny.

Maddeuwch i mi fy anwybodaeth, a chywirwch fi os dwi'n anghywir, ond dwi'n credu mai tua 1990/1991 y newidiwyd y drefn a phenderfynu claddu'r gair 'adrodd' unwaith ac am byth (sgersli bilîf!). Blwyddyn sefydlu Ysgol Glanaethwy oedd hi beth bynnag, a chefais wahoddiad gan y Gymdeithas Adrodd a Llefaru i'w hannerch ar y pwnc yn Eisteddfod yr Wyddgrug. Minnau'n ddigon gwirion i dderbyn heb wbod yn iawn pam yr oeddwn i'n cael y gwahoddiad yn y lle cyntaf, a doedd gen i mo'r syniad lleiaf beth oeddwn i'n mynd i'w ddeud wrthyn nhw chwaith.

Er ein bod ni wedi cystadlu ar un gystadleuaeth yn eisteddfod Cwm Rhymni ym 1990, yn Eisteddfod yr Wyddgrug 1991 y dechreuon ni fwrw iddi o ddifri, gan ddod yn gyntaf ac yn ail yng nghystadleuaeth y cyflwyniad llafar, a daeth disgyblion o'r ysgol yn gyntaf, ail a thrydydd yng Ngwobr Goffa Richard Burton y flwyddyn honno hefyd. Yn ogystal â hynny roeddan ni wedi cael gwahoddiad i gynnal awr o berfformiad hefo'n holl ddisgyblion yn Theatr Fach y Maes.

Roedd y perfformiad hwnnw ynddo'i hun yn dipyn o brofiad. Fel rydw i wedi crybwyll mewn sawl man arall erbyn hyn, roedd y flwyddyn gyntaf wedi bod yn anodd iawn i Rhian a finna am nifer o resymau, a bu bron inni roi'r ffidil yn y to ar sawl achlysur. Er hynny, roedd gweld y ciw hir o bobol yn aros i'n gweld yn y theatr wedi llonni'n calonnau. Bu'n rhaid troi cannoedd ymaith, a chafwyd ymateb rhyfeddol i'r perfformiad. Roedd yr awr honno yn y Theatr Fach yn rhyw fath o drobwynt yn ein hanes, o ail-gofio'r achlysur. Dwi'n cofio fod Norah Isaac wedi mynnu ei sedd yn y rhes flaen, a hi oedd y gyntaf ar ei thraed wedi inni ganu'r gân olaf yn y sioe. Munud i'w thrysori. Rhoddodd y perfformiad a'r ymateb hwnnw hwb go bwysig inni ddal ati, er gwaetha pawb a phopeth.

Ond yn ôl at y llefaru. Roeddwn i wedi hyfforddi un o'r dosbarthiadau yn yr ysgol i lefaru rhan o'r gwaith corws o'r ddrama 'Llyffantod,' gan Huw Lloyd Edwards: 'Mae tawelwch yn ein pentref ni heddiw, mudandod galar rhy ddwfn i ddagrau ...' Mae'n ddarn dirdynnol iawn, er o bosib nad oedd o'r dewis gorau i'w ddehongli gan griw mor ifanc. Serch hynny, roedd yn ddarn theatrig, ac felly'n cynnig digon o gyfle i wneud mwy na sefyll mewn rhes a dweud stori. Roedd y pwyllgor llefaru wedi gofyn imi baratoi rhyw gyflwyniad o'r fath fel enghraifft o'r modd y gellid defnyddio drama a symud i greu mymryn mwy o gynnwrf a diddordeb yn yr adran lefaru/adrodd.

Mae 'na nifer o bobl erbyn hyn yn meddwl mai fi sydd wedi rhoi cychwyn ar 'yr hen fusnes symud gwirion 'ma' wrth lefaru, ac, o bosib eu bod yn llygad eu lle yn pwyntio'u bysidd tuag ata i. Dowch imi roi fy llaw i fyny a dweud mai yn Eisteddfod yr Urdd, Maldwyn a'r Cyffiniau, y gwnes i arbrofi'n gyntaf. Nid plygu mlaen a nodio pennau dwi'n 'i feddwl hefo symud wrth gwrs, ond dehongli, newid safleoedd, dawnsio a gaflio – coluro hyd yn oed! Os oes rhywun yn gwybod am unrhyw enghraifft o rywun yn arbrofi fel hyn cyn yr wythnos gyntaf o Fehefin 1988 yna nid fi sy'n euog o fod wedi cychwyn yr 'hen lol symud 'ma.' Ond prysuraf i amddiffyn fy hun! 'Y Gwrachod', gan Geraint Eckley, oedd y darn gosod ar gyfer y Parti Llefaru o dan 12, ac o edrych ar fy nghopi dyma welis i ar ben y dudalen:

Y Gwrachod
(DARN DRAMA)

Efallai ichi sylwi, fel y gwnes innau, ar yr hyn sydd mewn cromfachau o dan y teitl – DARN DRAMA. Hynny oedd fy sbardun, a hwn roddodd imi'r hawl, os mynnwch chi, i fynd â'r plant i fyd ffantasi llwyr – Noson Calan Gaea, gwisgoedd, sgrechian, rhedeg a dawnsio. Roedd yna gyfeirio cyson hefyd yn y darn ei hun at ddawns a bloeddio a chwerthin. Fe daflais y cyfan i mewn i'r crochan ac fe ychwanegais wisgoedd i'r cawl hefyd. Fe ddaethom yn ail! Ond dwi'n cofio inni greu cynnwrf a thrafod mawr hyd y maes ac ar y cyfryngau. Ydi'r math yma o beth yn cael ei ganiatáu? Ydi parti adrodd i fod i symud? Ydio'n iawn i gael gwisgoedd mewn cystadleuaeth fel hyn? Ydi Cefin Roberts wedi mynd yn rhy bell hefo'i lwyfannu y tro yma?

Rhiant yn Ysgol y Garnedd oeddwn i bryd hynny, yn dal i gynorthwyo adran yr ysgol hefo gweithgareddau'r Urdd. Ond dyna lle roeddwn i, bedair blynedd yn ddiweddarach, hefo fy ysgol fy hun ym Mhabell y Cymdeithasau, yn wynebu rhai o fawrion y byd adrodd, i ddeud fy neud, a finna ddim yn siŵr iawn be'n union roeddwn i am ei ddeud. Ond beth bynnag y bu imi ei ddeud, mae symud rŵan wedi dod yn bla i fyd y 'llefaru', a finna'n difaru fy enaid mod i wedi agor fy ngheg o gwbwl.

Dowch imi egluro fy hun fymryn yn well. Dim am hepgor y symud yr ydw i, ond gofyn i hyfforddwyr a beirniaid fod yn ddoeth wrth ddysgu a didoli y cerddi lle mae symud yn ychwanegu rhywbeth at y datganiad a lle nad ydio'n gwneud dim oll ond tynnu sylw ato'i hun. Ydi'r symudiad yna wir yn ychwanegu unrhywbeth at y darn yr ydach chi'n ei lefaru? Ydio wedi deillio'n naturiol o ddehongliad y datgeinydd ei hun, neu, os mai chi sydd wedi ei gynnig iddo, ydio'n teimlo'n iawn i'r datgeinydd ei hun?

Ond dwi'n credu mai'r cyd-lefaru sy'n peri mwyaf o boendod i'r rhai ohonoch chi sydd wir yn casáu llefaru/ adrodd. Er mai'r 'corws' yw un o ffurfiau hynaf ein theatr mae'r cyd-lefaru eisteddfodol yn ddigon â chodi gwallt pen ambell un. Eto, dwi'n deall yn iawn pam. Er mor anodd yw'r hen, hen grefft o fynd i'r afael â darn o lenyddiaeth a'i gyd-lefaru, pan mae hi'n cael ei thrin yn iawn, mae'n gallu bod yn hynod o effeithiol. Ond mae 'na rywbeth yn yr osgo eisteddfodol sy'n codi cyfog a gwrychyn yr un pryd. Mae o fel Marmite – neu Gerdd Dant – fedrwch chi ddim cweit roi eich bys ar y rheswm pam nad ydach chi yn ei hoffi, ond mi wyddoch yn iawn na tydio ddim at eich dant chi. Mae'n rhy felys a siwgwrllyd, a 'da ni i gyd yn gwbod be ddigwyddodd i'r ci hwnnw fytodd ormod o bwdin.

Wedi blynyddoedd o arbrofi, llwyddo a methu, rhedeg a syrthio'n glewt -lle dwi'n sefyll ar hyn i gyd erbyn hyn? Wel, mae'n rhaid imi gyfaddef fod yna adegau pan wela i resiad o ferched, canol oed gan amlaf, yn gor-ddehongli, gor-symud neu or-ystumio, ac y byddai'n well gen innau estyn am y pot Marmite a'i lyncu mewn un (ac mae'n gas gen i Farmite gyda llaw). Ond wedi deud hynny, dwi hefyd wedi clywed dehongliadau hynod ddidwyll gan ambell barti (merched canol oed fel arfer, eto) sydd wedi ngwefreiddio i. Dyna fi'n deud y gwir yn onest wrthoch chi. Mae o'n bosib. Peidiwch â gofyn i mi pam mae'r Eisteddfod Genedlaethol yn dewis rhoi pob un wan jac o'r partïon yma ar y llwyfan, nid gen i mae'r ateb i hynny. Tasa nhw'n dewis rhoi pob unawdydd lieder ddaw i'r rhagbrofion i gyd ar y llwyfan bob blwyddyn yna falla bydda ni'n casáu Schubert a Schumann erbyn hyn hefyd.

Ond peidiwn â lladd ar y grefft. Fel Cerdd Dant, pan welwch chi, a phan glywch chi hi'n cael ei datgan yn iawn, yn wirioneddol iawn, mae'r hen grefft ei hun yn OK. Coeliwch chi fi. (Fi, gyda llaw, ydi un o'r rhai gwirion hynny eisteddith yn y pafiliwn drwy'r deuddeg parti llefaru, hefo'r deuddeg parti cerdd dant fydd yn canu am yn ail efo nhw!)

Ond yn ôl at y busnes llefaru 'ma, J.O. Dwi'n credu mai ymgais oedd o, ar y pryd, i gael pob adroddwr i swnio'n fwy naturiol. A dwi bron yn siŵr fod yna gnewyllyn o bobl (go gall) oedd am i bobl ail-feddwl am yr hen grefft ac yn gobeithio, o newid yr enw, y byddai modd newid meddyliau hefyd a hidlo dipyn mwy o'r 'naturiolaidd' i mewn i'r hen grefft. Weithiodd o ddim, dwi'n prysuro i ddweud. Fydda i'n poeni weithiau ai fi a'r hen 'Wrachod' rheiny slawar dydd wnaeth y drwg yn dŵad â gormod o giamocs i mewn i'r pair? Ond waeth imi fod yn onest ddim, mae'n well gen i y gair 'llefaru' nag 'adrodd,' beth bynnag ddudith unrhywun arall. Er mai bach iawn ydi'r gwahaniaeth, mae'r teitl 'Adran Llefaru' yn cwmpasu eitemau megis monologau, deialogau, llefaru digri, Gwobr Richard Burton ac unrhyw ffurf ar gyflwyniad theatrig arall a gewch chi mewn rhestr testunau. Tydi'r gair 'Adrodd' ddim yn cyfannu'r technegau yna gystal.

Ond dowch imi ofyn un cwestiwn bach cyflym i chi, y bobol sy'n casáu adrodd a llefaru, neu beth bynnag arall 'da chi am ei alw o. Faint o farddoniaeth fydda unrhywun yn ei glywed oni bai am ein hadroddwyr a'n llefarwyr a'n cerdddantwyr? Gan nad oes yna fawr o symud ar lyfrau barddoniaeth yn y farchnad – medda nhw i mi – onid drwy enau'r cystadleuwyr yma y down ni fwya cyfarwydd â'r gweithiau godidog sy'n cael eu cynhyrchu gan ein beirdd a'n llenorion gorau? Rhywbeth ichi gnoi cil arno.

Gwaith anodd iawn ydi cyflwyno darn o fonolog neu ddeialog ar lwyfan anferth pafiliwn yr Urdd neu'r Genedlaethol hefo rhyw bwt o feic bach pinc yn pwyso'n annaturiol ar eich boch. Tydi pafiliynau ddim y llefydd gorau o bell ffordd i ddidoli actorion a llefarwyr, ond mae pethau'n gwella. Dwi'n credu fod cyflwyno monologau a deialogau wedi dod â chwa o awyr iach i mewn i'r adran lefaru. Dowch inni rŵan edrych o ddifrif ar yr 'adroddwyr', o'r adrodd dan wyth i'r Llwyd o'r Bryn. Oes yna ormod o driog? Oes yna ormod o stumiau? Oes yna ormod o ebychiadau ffuantus yn y llais a'r mynegiant?

Peidiwch i gyd a sbio arna i!

Da bo ...

ÔL NODYN. Rhag ofn y bydd rhyw un neu ddau ohonoch yn ffansi mynd i'r afael â'r hen grefft ac yn methu dod o hyd i ddarn addas – This is one I prepared earlier!

Y PRILUM

(Dynes ganol oed yn aros y tu allan i babell y canlyniadau. Mae'n sylwi ar wyneb cyfarwydd yn y dorf.)

Steddfod bach dda 'di te, Carol?
Ddo'i atach chi cyn bo hir ...
'Mond isio gweld os ca'th Sioned
lwyfan dwi, deud y gwir.
Oedd hi'n adrodd ar y darn dan bymthag,
a mi dudodd hi o tŵ ddŷ tî ...
Weeel, hynny ydi, wchi,
mi dudodd o i mhlesio i.
Ond y cystadlu sy'n bwysig te, Carol?
Cefnogi 'da ni, chwara teg. *(Mae'n sylwi ar Arwyn)*
O sut hwyl gafodd 'rhen Arwyn bach?
Be nath o, canu dan ddeg?

(Mynega siom ddirfawr)

Be? Chafodd o'm llwyfan, Carol?
O! Peidiwch â deud! O! ngwas i!

(Yna'n fwy cyfrinachol wrth Carol)

O mi ganodd fel angal yn y Cylch a'r Sir.
Anodd dallt petha weithia tydi.

(Yn trio cysuro Arwyn)

Ma' steddfod Mynytho 'sos nesa,
Gei di hwyl arni'n fan'no; lot gwell.
Mi dara i'r testunnau'n y pôsd i dy fam 'li.
(Wrth Carol) A chitha 'di dŵad mor bell!

(Mae'n sylwi ar rwbath)

O! Dyma ganlyniad Sioned rŵan, 'lwch Carol!
Tydi'r petha 'ma'n cymryd oes?
Sgiwsiwch fi am funud y'ch dau,
raid mi ga'l gwbod rhywbryd yn does?

(yn edrych ar y rhestr enwau – siom fwy dirfawr fyth)

Chath Sioned ddim llwyfan chwaith, Carol ...
Weeel, waeth ni fynd adra'n dwy.
Achos mi ddudai hyn 'tha chi rŵan,
dwi'm am aros yma 'run eiliad yn hwy.

(Ar ôl munud i feddwl)

Beirniad o lle oedd o sgwn i?
Wbath o'r Sowth 'na mwn.
O mi ddudai hyn yn ych gwynab chi, Carol,
mi fasa'n gelan tasa gin i wn.

(ennyd arall o ystyried a berwi)

Oedd o'n dallt wbath am adrodd 'di'r cwestiwn?
Oedd o ddigon di-serch ... a sych.
Chododd o'm o'i ben i sbio arni 'chi Carol,
ac o'dd hi'n dehongli hefo'i gwynab mor wych!
(bron mewn dagrau)

Nath o'm byd ond sbio ar y copi,
sgiwsiwch fi'n deud fy marn,
ond mi daerwn i mai dyna'r tro cynta
i'r hwntw, ddiawl weld y darn!

*(Mae rhywbeth arall yn denu ei sylw. Mae'r geiniog yn
disgyn. Mae'n edrych unwaith eto ar y canlyniad)*

Wchi be, dwi'm yn ama i mi 'neud misdêc.
Ma'n rhaid 'mi ga'l munud go wan!
Dyma fo canlyniad Sioned rŵan ylwch ...
Wel 'tawn i byth o'r fan!
Sut bu's i mor flêr ta medda chi?
Dan ddeg oedd y canlyniad arall 'na siŵr

Croeswch bob dim sydd gynnoch chi, Carol
Gin i deimlad gwell yn fy nŵr!

(Mae'n edrych ar y canlyniad newydd ac yn mynd yn dwl-lal
yn syth. Sgrech fyddarol)

WAAAA! Yndi 'ma Sioned ymlaen!
O nefi! O sgiwsiwch fi, Carol;
ond dim bob dydd ma'ch hogan bach
yn ca'l llwyfan yn y gen-ed-laethol!

(Yn estyn am ei ffôn symudol)

'Sa well imi ffonio'i reit sydyn,
ma'i 'di diflannu i rwla ers meitin.
A'th i lawr i'r dre efo ryw sbrigyn o Talog
oedd yn deud i fod o'n downsio gwerin.
A 'sa well imi decsjio Gwynfor,
i setio'r hen beiriant 'na mlaen.
Ma' nghalon i'n mynd fel cyw bach 'Mericia!
Tydi rioed 'di ca'l llwyfan o'r blaen!

(Yn deialu a chadw'r ffôn at ei chlust)

Wel, do, wrth gwrs, mewn steddfoda bach,
ond fan hyn ma'r gynna mawr.

(Yn edrych ar ei wats.)

Ty'd Sioned, ateba cyw,
sgin ti mond hannar awr!

(Yn gadael neges)

Sioned, lle w't ti? Ti wedi gweld?
Ty'd i gefn llwyfan reit ffast!
Dwi'n y lle canlyniada efo Anti Carol.
O Sioned cariad ... at last! *(Yn diffodd ei ffôn)*

Newch chi dybl-tsiecio i mi Carol,
o nefi, dwi 'di mynd reit sâl.
Be tasai hi wedi clwad y negas,
a hitha ddim wir wedi ca'l.

Sioned ni ydi hi te Carol?
Sioned Haf Meleri Mair!
A dwi'n tynnu be ddudish i am y beirniad yn f'ôl,
Ydw wir, bob un gair!

Canolbwyntio oedd o ma' siŵr te,
gneud yn siŵr bod bob gair yn glir.
Mae o'n ddarn mor anodd i'w gynnal 'chi Carol;
mi ddudon nhw hynny'n y sir.

(Yn edrych i lawr unwaith eto ar Arwyn)

A paid ditha a poeni'r hen Arwyn,
mi ddaw dy dwrn ditha ryw dro.
Be 'newch, mynd a fo adra ia Carol? *(Yn estyn yn ei phoced
am swlltyn)*
Rwbath bach ti ga'l eis-crîm 'li ... 'na fo!

Ta-raaa! *(Yn codi llaw ar y ddau ac yn aros iddynt fynd.
Mae'n edrych i'r dde a'r chwith i 'neud yn siŵr nad oes neb
yn edrych arni. Yna yn edrych tua'r nefoedd)*

O dduw y goruchaf, i ti y bo'r clod,
I ti y bo'r mawl; ti sydd ben.
O! diolch am roddi Sioned ar sdêj,
ti'n Dduw mor ddaionus ... Amen!

*(Pan ddaw'r weddi i ben mae'n edrych yn syth o'i blaen
mewn anghrediniaeth lwyr)*

Sioned? Sioned! Be di rheina
ar dy wddw di dros bob man?
Be? Ti 'di bod hefo 'Teifion'
yn cael 'pip' ar 'i garafan!
A be yn y byd ti 'di 'neud i dy wallt?
Ti 'di lifo fo'n goch gwyn a gwyrdd!
A be 'di'r tatŵ 'na sgin ti ar dy wddw?
Be ti'n feddwl 'Dim *ond* Mr Urdd!?'

(Llewyga yn y fan a'r lle)

Annwyl gythraul canu,

Wedi sgwennu'r llythyr yma atat ti ers blynyddoedd ond doedd gen i ddim cyfeiriad i'w ddanfon o iddo. Mae o wedi bod yn y stôl biano ers sbelan go lew yn y gobaith y bydda 'na rywun yn fy rhoi ar ben ffordd ryw ddiwrnod. Wedi holi sawl un ond neb, hyd yma, yn fodlon cydnabod eu bod yn gwbod ym mhle rwyt ti'n byw. Felly dwi am gyhoeddi'r llythyr yn y gyfrol fach yma yn y gobaith y doi di ar ei draws ryw ddydd, neu o bosib y pryni di'r gyfrol, neu o leia ei benthyg gan ffrind. Ond tydwi'm yn siŵr iawn os oes gen ti ffrind erbyn hyn. Doedd neb yn fodlon cyfadda eu bod yn dy nabod, mae hynny'n saff. Pawb yn dy wadu ffwl pelt hyd y lle 'ma ac ambell un yn honni na welson nhw rioed mohona ti yn y cnawd. 'Dw inna mond yn fodlon mynd cyn belled â chyfadda 'mod i wedi rhwbio sgwydda hefo chdi rhyw unwaith neu ddwy, ond wyddwn i ddim mai chdi oeddat ti bryd hynny chwaith. Dwi wedi siarad hefo chdi mewn sawl steddfod ac wedi deud wrthat ti mod i'n methu dallt amball ddyfarniad neu feirniadaeth ac wedi 'Amenio' sawl un arall ofynnodd imi 'Be mae o'n 'i wbod beth bynnag?' am ambell feirniad di-glem. Ac wedyn 'da ni'n codi'n pac a chychwyn i rwla arall wedi hen anghofio am y sgwrs gawson ni hefo chdi ac wedi llwyddo i dy anwybyddu di'n raddol bach wrth inni aeddfedu a sylweddoli bod 'na lawar mwy i fywyd nag ennill, a bod 'na waeth petha o beth mwdril allsa ddod i'n rhan na cholli a chael cam.

Dwi'n credu mai yn Eisteddfod Genedlaethol Dinbych y siaradis i hefo chdi ddwytha. Roeddwn i wedi cael y myll mwya diawledig ar y pryd am bod 'na ddau feirniad enwog yn yr adran Cerdd Dant wedi deud o'r llwyfan fod Ysgol Glanaethwy wedi gosod yn anghywir. Dim ond tri parti oedd wedi cystadlu yn y gystadleuaeth i bartïon deusain dan un ar hugain a chyhoeddwyd fod y tri, wedi'r rhagwrandawiad, i gael ymddangos ar y llwyfan. I dorri stori hir yn fyr a heb hel dail yn ormodol, dywedodd y ddau feirniad bod dau o'r tri parti wedi gosod yn dri-llais yn hytrach nag yn ddeulais. Er mod i'n gwbod mai deulais oedd ein gosodiad ni fe gyhoeddwyd ein bod ni'n un o'r ddau barti oedd yn euog o'r drosedd. Cyhoeddodd y beirniaid mai Ysgol Glanaethwy oedd wedi dehongli orau o ddigon ond gan inni dorri rheol gosodwyd ni yn ail yn y gystadleuaeth.

'Rŵan ta,' medda fi wrtha ti, 'be mae rhywun i fod i 'neud mewn achos fel hyn?'

'W't ti wedi cael cam,' medda chditha, heb lyfu dy wefla hefo dy dafod fforchiog.

'Ti'n meddwl dylwn i fynd i gwyno?' meddwn inna wedyn.

'Wrth gwrs y dyla ti,' medda chdi fel bwlad o wn. 'Tydi peth fel 'na ddim yn deg siŵr iawn. W't ti wedi cau dy geg yn rhy amal yn y gorffennol, pam dylia ti adal i'r cnafon ga'l rhwydd hynt i chwilio am esgus i beidio rhoi'r wobr iti?'

A dyna 'nes i, fel ti'n cofio'n iawn. Mi es i i gefn y llwyfan a gofyn a gawn i air hefo'r trefnwyr i gael gwell eglurhad ar y mater. Sut y gallai dau feirniad ddweud o'r llwyfan ein bod wedi trefnu darn yn dri-llais a ninna ddim wedi gneud y ffasiwn beth? Mae gan feirniaid hawl i'w barn, dyna mae nhw'n da, ond pan mae nhw'n eich beio am dorri rheol na ddaru chi ddim 'i thorri, mae hynny'n fater gwahanol.

Roeddat ti reit tu cefn imi'r diwrnod hwnnw o'r cychwyn yn doeddat? Yn anadlu i lawr fy ysgwydd fel y byddi di wedi iti weld dy gyfla. Doeddwn i erioed wedi gneud cŵyn swyddogol mewn unrhyw gystadleuaeth o'r blaen, ond roeddwn i o'r farn fod yna dro cynta i bob dim; a chditha'n cytuno fel y cythraul ac yn nodio nerth esgyrn dy ben wrth gwrs.

Tydi'r disgyblion ddim yn aros am y dyfarniad yn amal iawn; os oes 'na faes digon difyr i'w grwydro a phobol digon diddorol i'w gweld, i ffwrdd â nhw yn syth wedi canu. Rhian neu fi sy'n aros am y dyfarniad bron bob tro, ac felly roedd hi yn Ninbych. Tro Rhian oedd aros gefn llwyfan y diwrnod hwnnw i dderbyn pa bynnag wobr a ddeuai i'n rhan ac felly hi aeth ar y llwyfan i nôl yr ail wobr. Roedd hithau yn y niwl, fel finna, am y rheol a dorrwyd a phan ofynnodd y beirniaid iddi os oedd hi'n deall bu'n ddigon gonest i ddeud nad oedd hi. 'Ond roedd ganddoch chi ambell gord do-mi-so yna rŵan ac yn y man yn doedd?' haerodd hithau'r beirniad. 'Nagoedd, dim un', atebodd Rhian. 'Oh my God!' oedd yr adwaith a ddilynodd gan un o'r panel gan afael ym mraich y llall a 'myned y ffordd arall heibio' wrth adael y llwyfan. Fel rheol mae'r beirniaid a'r cystadleuwyr yn gadael y llwyfan i'r un cyfeiriad yn y genedlaethol, ond nid ar y pnawn dydd Llun hwnnw yn Ninbych. Ac wedi rhyw 'funud i feddwl' gefn llwyfan dychwelodd y ddwy at Rhian gan ddeud;

'Falla nad oeddach chi wedi trefnu'n dri-llais, ond mi ddaru'r baswyr ddyblu hefo'r altos a'r tenoriad ddyblu hefo'r sopranos yn do?'

'Ond nid trefniant tri llais ydi peth felly'n naci?' oedd ymateb Rhian. Ond erbyn hynny dyna oedd barn y beirniaid ac roeddan nhw'n mynd i lynu at hynny doed a ddêl!

Yr un ddadl â Rhian oedd f'apêl inna hefo'r trefnwyr yng nghefn y llwyfan hefyd. Os mai dyblu'r lleisiau oedd y drosedd, dyna ddylid bod wedi ei draddodi o'r llwyfan does bosib. Mae angen safon mewn cloriannu yn ogystal â dehongli yn y genedlaethol dybiwn i. A dwi'n gwbod dy fod di'n cytuno hefo mi o gyrn dy gorun hyd eitha dy garnau yn hynny o beth yn dwyt ti gythraul bach? Mi fedrai dy glywed di'n 'Amenio' i bob gair dwi'n 'i ddeud. (Gyda llaw, oes gen ti hawl i 'Amenio'?)

'Ond nid trefniant tri llais oedd ganddon ni,' meddwn i, fel tiwn gron erbyn hyn.

'Falla ddim, ond barn y beirniaid oedd fod ganddoch chi fantais ar y partïon eraill o ddyblu'r lleisia,' oedd ymateb y trefnwyr.

'Ond mi neuthon ni hynny y llynadd a'r flwyddyn cynt a

dod yn fuddugol. Pam na fydda chi wedi deud wrthan ni bryd hynny'n bod ni'n torri'r rheola?'

'Beirniaid gwahanol oedd y rheiny. Ma' barn pob beirniad yn amrywio ...'

'Ia ond ...'

Be oedd y pwynt? Pam oedd rhywun yn gwastraffu ei amser a'i anadl yn trio chwilio am degwch mewn pafiliwn mor fawr ac mewn gwlad mor fach?

Ond mi fynnaist 'mod i'n dal fy ngafael yn yr asgwrn yn y steddfod honno'n do? Yr hen gythraul â chdi! Ac mi wnes. Aeth ein hapêl i'w drafod ger bron Llys yr Eisteddfod ac fe bleidleisiwyd o dair pleidlais i ddwy yn ein herbyn. Cefais ar ddallt wedyn mai dau gerddor yn unig oedd ar y rheithgor, a dyna'r ddwy bleidlais a fu o'n plaid.

Ond ta waeth. Ni oedd wiriona yn gwrando arnat ti falla. Fe wastraffon ni lawer iawn o egni yn y steddfod honno yn meddwl ein bod yn sefyll dros ryw fymryn o gyfiawnder i'r ysgol. Ond i ba ddiben? Doeddan ni ddim isio i'r Steddfod ail-ddyfarnu'r wobr i ni o gwbwl, mond cydnabod bod angen trylwyredd wrth draddodi. Bod misoedd o ymarfer yn haeddu cloriannu manwl a chytbwys. Ond 'calla dawo' o bosib ydi hi, hyd yn oed pan 'da chi'n hollol siŵr mai chi sy'n iawn.

Fydda i ddim yn edrych arnat ti mewn unrhyw steddfod na gŵyl o fath yn byd o hyn allan iti ga'l dallt. Waeth iti heb â thrio seboni a deud wrtha i am unrhyw gamwedd i ni, na neb arall chwaith. Ond mae'n siŵr y doi di'n slei o rwla, rywbryd a thrio'n dal ni ar y droed simsan eto. Mae gin ti'r ddawn aruthrol yna o newid dy bryd a dy wedd a glanio'n ddisymwth wrth fwrdd beirniad yn llawn brwdfrydedd ac yn un stremp o wên deg a dy feiro'n addo petha mawr. Ac yna daw yr 'ond' bondigrybwyll hwnnw mae pob cystadleuydd mor gyfarwydd ag o. Yr 'ond' sydd, ar adegau, yn gwbwl eglur ac yn cyfiawnhau ei le yn y fantol. Ond mae 'na ambell i 'ond' yr ydwi wedi bod yn amheus iawn ohono. Ambell un wedi ei sleifio i mewn yn o sydyn ac a wnaeth imi ama'i gymhelliad. A chdi sydd yno bob gafael yn porthi'r gwenwyn ac yn rhoi mwy o inc coch yn y feiro a thanwydd yn yr injan ddyrnu.

Ond be 'da ni'n 'neud pan ddoi di'n slei fel'na o nunlla? Wel, maddeua imi'n awgrymu'r ffasiwn beth yn gyhoeddus fel hyn, ond fel dwi 'di deud, dy anwybyddu di fydda i bob gafael o hyn ymlaen. Fel hefo pob cythraul arall groesith ein llwybrau ni'n yr hen fyd yma, os llwyddwn ni i'w hanwybyddu, buan iawn y byddan nhw'n ymdoddi i'r llenni coch a'r seddi melfad. Ac os llwyddith pawb i wneud yr un peth mi fydd yn rhaid ichi gilio o'r cynteddau yn llwyr.

Ond ma'n siŵr dy fod yn eitha saff o dy betha na ddigwyddith hynny mewn oes Adda wrth gwrs; ac y bydd gin ti afal go felys wrth law tasa ti'n gweld yr angen.

Hwyl iti am rŵan (ac am byth gobeithio).

Cefin

O.N.
Dwi'n mynd i gyhoeddi llythyr byr yn Saesneg yn dilyn hwn. Gobeithio y bydd gen ti amser i'w ddarllen. Llythyr ydio'n dangos nad wyt ti'n llwyddo i adael dy hoel ym mhobman. Mi dderbyniodd y côr y llythyr yma gan fachgen deg oed o Warwickshire, England. Mae'n siampl inni i gyd dwi'n meddwl. Dwi'n falch o ddeud 'mod inna wedi danfon cerdyn, nodyn neu e-bost at sawl côr yn eu llongyfarch ar ryw gamp neu'i gilydd yn y gorffennol. Ond mae derbyn un gan blentyn mor ifanc yn siarad cyfrolau yn fy marn i. Da bo!

96

XXXXX
XXXXX
Warwickshire,
England.

Dear Ysgol Glanaethwy,

Hello, I'm Fred Whibley, I'm 10 years old. I come from the Midlands and I may be one of your biggest fans. I found out about you in Choir of the Year 2010. I'm part of the Warwickshire Boys Choir and we heard you sing in Birmingham Symphony Hall.

I loved the wall of sound you produced. When it hit me, I was on a bird of sound which took me into the sky, but when you finished I didn't want to come down you were so thrilling. I thought you should have won the open category, when you didn't I was so disappointed for you, then I thought that you'll get the wild card, but when we did instead I was happy, but I also was really angry that you didn't get it!

Your singing gave me goosebumps, and particularly the finals of Last Choir Standing. Only Men Aloud were good, but you were INCONCEIVABLE!

Over all I think you're ... you know I've mentioned it loads!!!

I really hope you'll reply, and could I please have the words of The Rhythm of Life (I loved it!)

And also your autographs?

Yours sincerely, and maybe your biggest fan

Fred Whibley

PS How many is there in the choir?

Llun: Archifau Prifysgol Bangor

Annwyl gyn-staff Theatr Gwynedd,

Mi gafodd yr ysgol amser da iawn yn eich cwmni dros y blynyddoedd, a phrofiadau amhrisiadwy. Mae'r rhan fwyaf o'r aelodau fu hefo ni'n llwyfannu'n sioeau yn y theatr dros wyliau'r Pasg yn flynyddol wastad yn deud wrtha i mai un o'r profiadau gorau a gawson nhw tra yn yr ysgol oedd perfformio yn Theatr Gwynedd. Mae'n chwith garw ar eich holau.

Wrth gwrs fod yna ddadlau mawr wedi bod pan gaewyd y drysau am y tro ola yn 2008 a'r lleisiau croch yn sôn am symud ymlaen a gwella adnoddau. Ond nid hynny oedd yn fy mhoeni i ar y pryd, na chithau chwaith, fel yn dda y cofiwch. Efallai bod asbestos yn y to, ac efallai fod costau cynnal a chadw hen adeilad yn fynydd a ninnau ar y pryd yn wynebu dirwasgiad go filain. Ond beth amdanoch chi, y gweithlu? A wnaed digon o ymdrech i warchod yr arbenigedd oedd yn eich plith i greu staff cadarn i'r dyfodol pan ddeuai theatr newydd i Fangor?

Gwn ichi fynd drwy gyfnod caled iawn yn ystod y blynyddoedd cyn cau'r drysau, a gwn yn iawn ichi gael amser anodd y diwrnod y daeth yr arwerthwyr i mewn i werthu'r holl gyfarpar y buoch chi'n ei gynnal a'i gadw mor ofalus dros yr holl flynyddoedd. Ond tybed a feddyliodd yna unrhywun pwy fyddai'n eich cynnal a'ch cadw chithau rhwng cyfnod y cau am y tro olaf a'r agor am y tro cyntaf? A gawsoch chi unrhyw wobr gysur am eich gwasanaeth di-flino dros yr holl flynyddoedd?

Cefais y fraint o fod yn Gyfarwyddwr Artistig y Theatr Genedlaethol am saith mlynedd ac yn ystod fy nghyfnod hefo'r cwmni dwi ddim yn cofio sawl technegydd, cynllunydd, actor a chyfarwyddwr a dystiodd mai chi oedd wedi bod yn sylfaen i'w hyfforddiant ac wedi'u cynorthwyo i fireinio eu crefft, ond fe alla i ddweud yn eitha pendant ei fod yn nifer go helaeth. Gwn hefyd fod disgyblion yr ysgol wedi dysgu peth wmbreth am sgiliau theatr tra'n cynllunio a llwyfannu ein cynyrchiadau rhwng muriau'r hen adeilad.

Wrth gwrs, yng nghwmni'r technegwyr y buon ni'n treulio'r rhan fwyaf o'n hamser tra'n gweithio yn Theatr Gwynedd, ond mi wn i hefyd fod y gwasanaeth blaen-tŷ wedi bod yn groesawgar ac yn Gymreig ar bob achlysur. Cawsom y cymorth i farchnata ac i greu cyhoeddusrwydd bob amser yn effeithiol a chartrefol a bu'r cyd-weithio rhyngom dros y blynyddoedd yn gyfeillgar a chroesawgar. Doedd dim yn ormod ichi ac fe wnaethoch bob ymdrech i'n cynorthwyo fel ysgol i droi pob sioe yn llwyddiant a'i chodi i safon broffesiynol yn dechnegol ac yn weledol. Beth yn fwy allwch chi ei ofyn gan eich theatr leol? Ond i ble'r aeth yr hen staff? I ble mae'r arbenigedd yna i gyd wedi mynd? A wnaed unrhyw ymdrech i'ch gwarchod a'ch cadw ar gyfer y dyfodol? Dwi ddim yn meddwl ichi gael mwy na rhyw 'diolch yn fawr' go dila a dyna ni; blynyddoedd o wasanaeth i'r theatr yng Nghymru wedi diflannu dros nos. Rhad arnom!

O fod wedi cael ambell brofiad go chwithig o safbwynt y Gymraeg mewn rhai o'r prif theatrau eraill sydd gennym yma yn y gogledd dwi'n gobeithio y bydd naws ein theatr newydd ym Mangor yn cadw'r un Cymreigrwydd ag a gawsom yn Theatr Gwynedd dros yr holl flynyddoedd. Mynegwyd pryderon am ambell benodiad y llynedd ond dwi'n credu fod ymdrechion wedi eu gwneud i unioni'r cam hwnnw erbyn hyn a dymunwn yn dda i Elen ap Robert yn ei swydd fel cyfarwyddwr artistig cyntaf y ganolfan. Tybed welwn ni un neu ddau o'r 'hen wynebau' yn dychwelyd i'w swyddi yn y theatr newydd? Mi fyddai'n braf clywed ambell lais croesawgar o'r gorffennol yn rhan o'r miri newydd.

'Bugeiliaid newydd' sydd yn tyrru trwy ddrysau'r ysgol acw erbyn hyn hefyd wrth gwrs, ond yr un mor awyddus i fireinio pob agwedd o'u crefft drwy gyfrwng eu mamiaith.

Ond dwi'n siŵr y bydd sawl un o'n cyn ddisgyblion yn cael eu denu i'r adeilad newydd hefyd, ac yn disgwyl yr un math o wasanaeth cyfeillgar, yr un math o groeso a chymorth, yr un safon dechnegol a rheolaeth lwyfan drylwyr; a hynny i gyd drwy gyfrwng eu mamiaith. Tydan ni ddim yn disgwyl dim llai yng Nghanolfan Pontio pan agorir ei drysau. Dwi'n siŵr y byddwch chithau, yr hen staff, yn cadw llygaid barcud ar y datblygiad hefyd. Datblygiad sydd i weld yn llusgo'i draed yn o arw ar hyn o bryd.

Ond diolch yn dalpia am eich cymorth dros yr holl flynyddoedd.

Ymlaen!

Cefin

Annwyl Gwilym Brewys ... sori ... Einion Dafydd,

Er iti gyfansoddi, trefnu a gosod degau o weithiau cerddorol inni dros y blynyddoedd, hefo'r campwaith 'Crogi Gwilym Brewys' fydda i'n dy gysylltu di amlaf. Mi fedra i weld y mŵg yn chwythu o dy glustiau di rŵan wrth iti sylweddoli mai hefo rhyw ddarn o ganu penillion fydda i'n dy gysylltu; a thithau ddim yn or-hoff o'r hen grefft.

Dwi ddim yn gweld bai arnat ti wrth gwrs. I gyfansoddwr sydd â'i ddwy droed yn ddyfn yng ngwersyll y jazz a'r arbrofol, mae rheolau caeth ein traddodiad 'canu hefo'r tannau' fymryn yn rhy gaethiwus i glust sydd yn deisyf arbrofi.

Sawl gwaith y cest ti dy feirniadu am gorfannu'n anghywir, am dorri'r gynghanedd yma a'r rheol arall, rhoi'r acen mewn man go ryfedd a chord ansoniarus nad oedd yn gydnaws â'r gerdd. Dwi'n gwbod i'r rheolau dy gaethiwo di gymaint ar brydiau fel iti deimlo nad oedd modd anadlu o'u mewn.

Ac eto, sawl gwaith y clywais i ambell i hen stejar o osodwr yn dweud nad oes rheolau caeth i gerdd dant o gwbwl. Gwneud i'r frawddeg swnio'n fwy naturiol sydd ei angen mewn cerdd dant medda nhw: 'Dim ond ichi wneud hynny yna 'dewch chi ddim yn bell o'ch lle.' Ond sawl gwaith y dangosaist i mi, os bydda ti'n glynu at y rheolau, y byddai gofyn dal ar ambell i nodyn wedyn mor afresymol o hir nes bod y frawddeg yn colli ei hystyr yn llwyr. Waeth gen i be ddywed yr arbenigwyr, chdi sy'n iawn Einion. Clywais ambell i 'nos' yn cael ei ddal yn llythrennol am be oedd yn teimlo fel noson gyfan weithiau, ac ambell i 'haf' hefyd wedi para'i dymor nes bod y frawddeg druan wedi bwrw'i dail cyn pryd.

Ond fe dderbyniaist y feirniadaeth gyda gwên bob amser, a rhyw 'ie siŵr' bach slei yn llithro o'th wefusau. Ond pan oeddat ti ar dy orau, a Gwenant Pyrs wedi dy roi ar ben ffordd sut oedd gosod y gynghanedd yn gywir, fe wnest ti ambell i osodiad gwefreiddiol ar ein cyfer. Ac yng Ngŵyl Cerdd Dant Aberystwyth fe chwaraeodd pwyllgor testunau'r ŵyl yn syth i dy ddwylo trwy osod geiriau 'Y Clwb Jazz' gan Dafydd John Pritchard ar y gainc hyfryd 'Y Felan' gan Bethan Bryn ar gyfer y partïon cerdd dant. O osod testun o'r fath roedd o'n rhoi'r hawl iti ymestyn rhychwant y cordiau, ac i ninnau arbrofi rhyw fymryn hefo'r llwyfannu a'r lleisio. Fe fynnais i dy fod yn glynu'n sownd wrth reolau'r gynghanedd ac arbrofi hefo'r cordiau a'r sain a'r cyfeiliant. Doedd fiw inni dorri rheolau'r gynghanedd, ac am unwaith, fe wrandewaist ti arna i, ac am unwaith, fe ddaethom i'r brig.

Nid dy fod yn anwybyddu yr hyn roedd rhywun yn ofyn iti, ond rwyt ti wastad yn ystyried y pegwn arall ym mhob sgwrs, waeth beth fo'i thestun. Os ydi rhywun yn deud wrthat ti mai gwyn yw testun y sgwrs, mi fyddat ti'n syth bin yn meddwl mai du fyddai'r lliw gorau i ddangos y gwynder yn ei holl ogoniant. 'Ond tydi du ddim yn cael ei ganiatáu y tro yma, Einion,' fyddwn i'n ei ddadlau. 'Dim ar hyn o bryd falle,' fydde dy ateb wrth reddf.

Fe wyddet mai ein gweledigaeth ni yw rhoi cyfle i'r côr ganu pob mathau o arddulliau posib a bod ein traddodiadau yr un mor bwysig ag unrhyw arddull arall o ganu. Mae hyd yn oed trefniant hen ffasiwn, syml o gân werin yn iawn yn ei le – weithiau. Ond fyddwn i ddim yn breuddwydio gofyn i ti wneud hynny i ni wrth gwrs. Fuo 'syml' rioed yn hawdd i ti yn naddo?

Ond pam 'mod i'n dy gysylltu di fwy hefo'r darn 'Crogi Gwilym Brewys' mwy na'r un gân arall a luniaist inni erioed? Bydd yn rhaid imi ddyfalu'r ateb, gan nad ydwi'n siŵr iawn fy hun pam ... eto ...

Munud i feddwl ....

Dwi'n credu mai'r ffaith iti dderbyn yr her i'w gosod yn y lle cyntaf yw'r ateb. Roedd Haf Morris wedi dod aton ni fel ysgol, a gofyn inni a fydda ni'n fodlon derbyn her ganddi ar gyfer Eisteddfod Môn 1999. Eglurodd ei bod wedi cynnig un testun i'r pwyllgor cerdd dant oedd wedi ei wrthod ar ei ben. Roedd Haf wedi bod yn awyddus i gael rhywbeth arbrofol yn yr adran Cerdd Dant, ac wedi cynnig araith Alys, o'r ddrama 'Siwan,' gan Saunders Lewis. Roedd y pwyllgor wedi dweud wrth Haf fod testun o'r fath yn amhosibl i'w osod, ac felly fe ofynnodd i ni wrthbrofi eu dadl.

O bosib fod hynny ynddo'i hun wedi apelio atat ti wrth gwrs. Roedd y theori 'du a gwyn' yn bodoli unwaith eto. Roedd rhywun wedi dweud fod rhywbeth yn amhosibl, a dwi'n siŵr fod hynny wedi cydio yn dy ddychymyg yn syth.

Roedd y pwyllgor wedi trefnu cyfarfod eitha diddorol yn y Pagoda ar faes y 'Steddfod gan gyn ddatgeinwyr cerdd dant yr ynys. Mae Sir Fôn wedi cynhyrchu toreth o bartïon a chorau cerdd dant dros y blynyddoedd. Ond i mi, y datgeinwyr Cerdd Dant gorau mae'r ynys wedi eu cyn-hyrchu yw eu deuawdwyr: Pat a Margaret, Aloma a Christine, Leah a Nia, Glenys a Margaret, Nerys a Menna, Carys a Gwenda, Anwen a Nia a Huw a Nia. Roedd nifer o'r rhain hefyd yn aelodau o barti cerdd dant Myra Jones, Llangefni, ac roedd hi'n hynod o ddifyr gweld a chlywed yr hen wynebau, megis Nest Howells (mam Elin Fflur) a'r actores Siw Hughes (Kath, Pobol y Cwm) wedi dychwelyd at yr hen griw.

Dwi ddim yn credu fod hyn i gyd yn golygu rhyw lawer i ti, Einion, dim ond nabod ambell i enw efallai. Ond fe wyddwn i felly y byddai'r cyfarfod yn frith o enwogion o'r byd Cerdd Dant ac y byddai safon yr eitemau yn uchel iawn.

Fe ges i wledd, a thon ar ôl ton o atgofion o'r dyddiau fu yn llifo drosta i a'r gynulleidfa gref. Fe wyddwn i hefyd fod yna hen drafod wedi bod am gynllun Haf Morris a thrafod-aeth am ein datganiad ni a fyddai'n cloi'r cyfarfod. A ellid galw peth fel hyn yn Gerdd Dant?

Pan dderbyniaist yr her fe ofynnaist i Haf a oedd rhaid iti ddewis alaw oedd eisioes wedi ei chyfansoddi i osod. Un o dy gas bethau mewn cerdd dant yw clywed yr un alaw yn cael ei chwarae hyd at syrffed o bennill i bennill, a hynny, gan amlaf yn ddolefus o araf, heb fath o amrywiad arni.

'Dim byd yn bod ar gyfansoddi alaw newydd,' meddai Haf, 'does neb wedi deud erioed bod yn rhaid glynu wrth yr hen alawon.'

'All hi fod yn un alaw ar ei hyd yn hytrach nag ailadrodd A, B, A, B?' gofynnaist.

'Wel ... na ... does na ddim byd yn deud fod yn rhaid ichi Einion ...' meddai Haf, gan synhwyro i ble roeddat ti'n mynd.

Ac fe est ati i gyfansoddi dy alaw dy hun. Ac o gofio natur dy ffordd di o feddwl, roedd hynny'n well gan Einion Dafydd. Doedd dim math o wahaniaeth gen ti nad oedd neb erioed o'r blaen wedi gosod cerdd dant ar alaw nad oedd yn ailadrodd ei hun; os nad oedd yn torri'r rheolau roedd o'n ddigon da i Einion Dafydd.

Gan fod dy wraig, Jane, a dy ferch, Glain, yn delynorion, roedd gen ti'r wybodaeth drylwyr o holl rychwant y delyn a photensial yr offeryn wrth gwrs. Felly fe est ati i lunio alaw a chyfalaw oedd yn rhoi llawer mwy o ryddid iti fynd dan groen y geiriau nag y byddai alaw dipyn mwy traddodiadol wedi ei wneud, ac, i mi, fe gafwyd campwaith.

Er y gymeradwyaeth gref ar ddiwedd ein datganiad, go dawedog fu'r drafodaeth, a dwi'n cofio i hynny godi dy wrychyn. Tydwi erioed wedi dy weld di'n codi dy lais Einion, yn sicir ddim mewn gwersi ac ymarferion. Ond dwi wastad yn gwbod pan mae rhywbeth wedi dy gorddi, ac roedd y corddwr yn troi yn o hegar yn y Pagoda y bore hwnnw. Nid yn gymaint am fod neb wedi gwrthwynebu dy osodiad di, ond oherwydd y tawedogrwydd. Roedd Haf Morris hithau'n gwingo hefyd. Wedi'r holl baratoi a chreu a dysgu a mireinio doedd neb yn deud dim byd o werth mwy na rhyw 'da iawn chware teg'.

Dwi'n gwbod, a hynny o hir brofiad, y bydda'n well gen ti tasa 'na rywun wedi sefyll i fyny a deud eu bod wedi casáu y gwaith ac nad oedd pennill tri wedi gweithio o gwbwl, a bod y corfannu yn rhemp. Doedd neb yno i feirniadu'r canu y tro yma, doedd dim rhaid i neb feirniadu'r datgeinwyr, dim ond y gwaith. Ond chafwyd dim trafodaeth, er na welodd y Pagoda gymaint o feirniaid mewn un sesiwn erioed dybiwn i. Roedd hi'n 'Who's Who' y byd cerdd-dant arnon ni y pnawn gwlyb hwnnw ym Môn a phob un mor ddi-ddeud a'r sedd yr oeddan nhw'n eistedd arni.

Roedd Haf ar fin dod â'r cyfarfod i ben pan godaist ti ar dy draed. Doeddat ti ddim yn fodlon ar y drafodaeth ac fe ddwedaist ti hynny yn blwmp ac yn blaen. Dwi ddim yn cofio beth yn union oedd byrdwn dy araith di erbyn hyn ond dwi'n cofio iti gwyno am safon y drafodaeth a'n bod ni o leia isio gwbod os oeddat ti wedi torri unrhyw reol Cerdd Dantio – roeddat ti'n amlwg Einion, wedi danto!

'Aled,' medda ti, 'dowch, dwedwch ... oedd y darn yna wedi torri unrhyw reol Cerdd Dant.'

'Wel ... na ... dio ddim wedi torri unrhyw reol ...'

Dwi'n credu i Dan Puw ychwanegu rwbath i'r perwyl ei fod yn ddarn digon effeithiol ond os mai dyma ddyfodol Cerdd Dant yna dim ond Glanaethwy fyddai'n cystadlu cyn bo hir.

Roeddat ti'n dal wedi 'danto' yn gadael y maes y diwrnod hwnnw. Rwyt ti'n ddyn sy'n hoff o drafodaeth, o gynnal dadl a chrisialu sefyllfa. Os na allai'r 'arbenigwyr' gyfrannu mwy na hynna at y gwaith a'r drafodaeth yna beth oedd pwynt derbyn yr her yn y lle cyntaf?

Y wobr gysur, Einion, ydi'n bod ni wedi cael defnydd helaeth iawn o'r gwaith arbennig hwnnw fel y gwyddost ti. Dyna'r darn mae pawb yn ein holi yn ei gylch ym mhob gwlad arall yr awn ni iddi i gystadlu neu adlonni. Mae'n ddarn prawf, yn ddarn dramatig ac yn ddarn sy'n gorwedd yn dda mewn rhaglen gyngerdd.

'We loved your choir ... and we enjoyed that wonderful,

dramatic piece with the harp ... so unusual.'

'Da ni, fel ysgol, wedi chwythu'n boeth ac yn oer sawl gwaith hefo'n halawon gwerin a'n trefniannau Cerdd Dant, ond mae nhw wedi bod yn gaffaeliad inni hefyd ar adegau. Falla'n bod ni wedi gorfod croesi ffin neu fôr i gael yr ymateb roeddan ni wedi anelu amdano, ond croesi ffiniau fu dy ffordd di erioed; a diolch byth am hynny. A do, ar waetha trafodaeth bitw'r Pagoda y bore hwnnw nôl yn 1999, fe lwyddaist i grogi'r hen Gwilym Brewys yn dra effeithiol; a hynny heb grogi dy hun – diolch i'r drefn.

Dal ati Einion ... a da bo ...

Cefin

O.N. Newydd ddychwelyd o'r Ŵyl Ban Geltaidd hefo'r cwpan am Gôr yr Ŵyl, aethom a'r hen 'Gwilym' drosodd hefo ni, a dwi'm yn amau mai fo wnaeth y tric!

Emyr Gibson (Bottom) a Gethin Rhys (Flute)
Breuddwyd Nos Ŵyl Ifan
Theatr Gwynedd, 2000.
Llun: Dylan Rowlands

Annwyl Geth,

Dwi jest am iti wbod ein bod yn dal i feddwl amdanat ti bob dydd; yn dal i gofio dy gyfraniad i'r ysgol ac yn dal i hiraethu'n ofnadwy ar dy ôl.

Pan ddaeth criw ffilmio'r BBC i Lanaethwy yn ystod cyfnod Last Choir Standing fe sylwodd un ohonyn nhw ar y plac sydd i fyny yn y stafell ymarfer a holodd fi yn ei gylch. Eglurais innau ein bod wedi galw'r stafell ymarfer honno yn 'Neuadd Gethin Rhys' er cof amdanat. Gofynnodd a fyddwn i, neu un o'r disgyblion, yn fodlon dweud yr hanes i'r camera ar gyfer un o'r penodau. Fe wrthodais, gan nad oeddwn i am i bobl ifanc fod yn trafod yr achlysuron trist yn hanes yr ysgol ar raglen adloniant ysgafn ar nos Sadwrn. Byddai ambell un efallai'n gofyn pam mod i'n dewis gwneud hynny yn y gyfrol yma felly. Yr unig ateb fedra i feddwl amdano Geth, yw y byddai hi wedi teimlo'n od pe na bawn i'n dy gyfarch di yn y casgliad yma o lythyrau. Tydi sgwrs fel yma rhyngom ni ddim yn mynd i ennill pleidlais sentimental i'r un ohonan ni.

Tydio ddim yn mynd i allu newid yr hyn yr hoffen ni ei newid am drefn greulon pethau chwaith, ond wyddos di be? Mae'n braf ofnadwy cael siarad hefo chdi unwaith eto 'chan. Roeddat ti'n sgwrsiwr heb dy ail, ac mae'n chwith garw am dy gwmni. Roeddat ti'n un o'r disgyblion hynny oedd bob amser yn rhyw din-droi ar ôl y wers i gael rhoi'r byd yn ei le. Roedd y gwersi gan amlaf mor llawn o gynnwrf gwaith academaidd neu baratoi ar gyfer sioe neu gystadleuaeth neu arholiad fel mai prin oedd yr adegau hynny pan gaem gyfle i roi'r byd yn ei le go iawn. Ond byddai rhai ohonoch yn oedi weithiau ac yn holi am hyn, llall ac arall a ffwrdd â ni wedyn i sgwrsio am ffermio, cariadon, ceir neu rhyw gân fydda wedi cydio yn dy glust. Un felly oeddat ti bob amser, yn eang iawn dy orwelion, a pharod iawn hefo dy amser.

Mae gen i sawl darlun ohonot yn fy nghof bob tro y bydda i'n edrych ar dy enw di ar y plac. 'Neuadd Geth' 'da ni i gyd yn ei galw hi erbyn hyn ac mae'n braf cael ynganu dy enw o hyd; mae'n gwneud inni deimlo dy fod yn dal hefo ni: a dwi'n siŵr dy fod di Geth.

Un o'r atgofion sydd gen i ohonot ti ydi'r un pan oeddat ti'n chwarae'r prif ran mewn cân actol yn y South Bank yn Llundain. Roeddan ni wedi cael gwahoddiad i berfformio mewn cyngerdd o'r enw Brilliance of Youth yn y Festival Hall hefo Cerddorfa Genedlaethol Ieuenctid Prydain a'r Cwmni Bale Cenedlaethol i Ieuenctid. Roedd y cwmnïau i gyd wedi eu dewis gan banel o arbenigwyr ym maes perfformio ieuenctid. Roedd hi'n fraint aruthrol felly i gael ein dethol i gynrychioli Theatr Cerdd o blith holl ieuenctid Prydain, ac roedd y neuadd dan ei sang.

Roeddat ti'n eitha nerfus y noson honno wrth i Rhian dy goluro, ond dim hanner mor nerfus â dy gyfarwyddwr!

Roeddwn i newydd brynu camera fideo newydd ac roedd pethau felly'n eitha diarth ym 1996. Rhyw bethau mawr, trwsgwl oedd ganddon ni yn y dyddiau cynnar, ond roedd hwn yn un go newydd ac yn dipyn llai peth na'i ragflaenydd. Gan mai Einion Dafydd oedd yn cyfeilio i chi mentrais sleifio i'r gynulleidfa i'ch ffilmio hefo nghamera bach newydd wedi ei jarjio i'r ymylon.

Wrth i gordiau cynta'r gân actol gael eu taro dyma godi'r camera at fy llygaid i ddechrau ffilmio. Ond daeth rhyw niwl rhyfedd dros y lens ac fe ddiflannodd y llun yn llwyr. Melltithiais y dechnoleg fodern a rhegais y camera am fod yn ffasiwn wastraff arian. Daliais i anelu'r camera tua'r llwyfan rhag ofn, ond doeddwn i'n gallu gweld y nesa peth i ddim, mond rhyw gysgod o berfformiad ar y llwyfan. Roeddwn wedi colli fy nghyfle i'ch ffilmio ar lwyfan y South Bank ac yn teimlo'n fethiant fel dyn camera! Yr hyn a godai fy nghalon, serch hynny, oedd yr ymateb oeddach chi'n ei gael gan y gynulleidfa. Rhois y gorau i'r ffilmio am sbel i gael mwynhau'r achlysur a'r perfformiad. Roedd pawb yn g'lana chwerthin am eich giamocs ac er fod pob gair o'r sgript yn Gymraeg roedd pob copa walltog i weld yn mwynhau ac yn gwerthfawrogi'r hiwmor hefyd. Codais y camera i ffilmio'r gân glo ond, o fewn eiliad i ddechrau ffilmio, dychwelodd y niwl dros y llun fel nad oeddach chi ond megis rhithiau yn y lens. Nes i barhau i ffilmio'r cymeradwyo byddarol yn y gobaith y byddai gen i o leia ryw fymryn o sain yn atgof am ein holl ymdrechion.

Roedd dy fam, Nerys, yn eistedd y tu ôl imi yn y gynulleidfa a 'na i byth anghofio'r balchder oedd yn ei llygaid y noson honno pan oeddach chi'n sefyll yn rhes ar flaen y llwyfan i dderbyn eich cymeradwyaeth. Roeddat ti'n seren y noson honno Geth, ac rwyt ti'n seren o hyd i ni wrth gwrs!

Wedi imi fynd yn ôl i'r gwesty fe dynnais yr hen gamera felltith allan i un o'r rhieni, oedd yn llawer llai o decno-ffôb na fi, gymryd golwg arno. Roedd y lluniau i gyd yn iawn! Pob siot yn berffaith a'r cyfan mewn ffocws go lew! Eglurais wrth y rhiant fod popeth wedi mynd yn niwl llwyr pan oeddwn i'n ffilmio a gofynnodd imi os oeddwn i'n chwysu ar y pryd, pan oeddwn i'n eich ffilmio. Dywedais fy mod yn nerfus ofnadwy ac wedi bod yn rhedeg a gaflio dipyn cyn ichi fynd ymlaen. 'Stemio'r viewfinder 'nes di felly sdi,' medda fo dan wenu. Mae'n debyg fod gwres fy nerfau wedi tasgu o mochau ac wedi codi'n stêm ar fy lens fel na allwn weld nemor ddim o fy mhen i o'r camera. Roedd y pen arall yn glir, yn amlwg, gan fod y cyfan yn ei le y tu fewn i'r peiriant!

Yr atgof olaf sydd gen i ohonat ti yw'r un pan oeddat ti'r pen arall i'r camera dy hun. Roeddat ti'n brentis dyn camera yn Stiwdio Barcud ar y pryd, a newydd gychwyn ar dy gytundeb hefo nhw. Ar ryw fferm ym mherfeddion Sir Fôn oeddan ni, a'r côr wedi mynd draw i recordio 'Noson Lawen'. Yn ystod yr egwyl fe gest ti gyfle i edrych drwy'r lens ac ymarfer ffocysu arna i yn siarad hefo'r côr. Sylwais innau ar yr hyn yr oeddet ti'n ei wneud ac edrychais yn syth i lawr dy lens a thynnu nhafod arnat. Codaist tithau dy fawd arna i a gwenu. Fe wnes innau siâp ceg yn ôl i mewn i dy lens i ddweud wrthat ti: 'Pen yma i'r camera wyt ti i fod.'

Fe dreuliaist y rhan fwyaf o dy gyfnod yn yr ysgol uwchradd yn rhan o gast *Rownd a Rownd*. Roedd gen ti edmygwyr lu ar y pryd, ond dewis mynd y tu ôl i'r camera wnes di yn y diwedd ac roeddat ti ar ben dy ddigon yn stiwdio Barcud, a ninnau mor falch dy fod wedi dewis gyrfa yn yr hen ddiwydiant rhyfedd yma. Mae stiwdio Barcud, fel Theatr Gwynedd, wedi diflannu erbyn hyn, ond stori arall 'di honno!

Ychydig ddiwrnodau wedi dy ddamwain greulon ar dy wyliau yn Sbaen roedd y côr yn paratoi i gystadlu yn Eisteddfod Llangollen. Er inni ddweud wrth Nerys na fyddai'r disgyblion yn gallu canu nodyn yr wythnos honno fe fynnodd ein bod yn mynd i'r eisteddfod doed a ddêl, a doedd gennym ni 'run dewis yn y mater. Mae dy fam yn un dda am gael ei ffordd ei hun Geth! Doedd hi ddim isio meddwl y bydde ti, o bawb, yn achos i dewi'r côr am un eiliad. Ac felly, er mwyn dy fam, fe aethon ni i'r ŵyl Ryngwladol y flwyddyn honno. Daethom o Langollen hefo dwy wobr yn 2002, ond roeddem wedi colli'r wobr bwysicaf un.

Wythnos yn ddiweddarach, ac roedd y côr yn canu yn dy gynhebrwng di, Geth. Dwi'n cofio'u dilyn allan o'r gadeirlan orlawn ym Mangor a hogia'r côr hŷn, sef dy ffrindiau pennaf, i gyd yn cadw'u pennau'n uchel wrth gerdded tua'r drws. Roedd y Proclaimers yn canu un o dy hoff ganeuon fel roeddan ni'n cerdded allan ac yn bloeddio 'I would walk five hundred miles' yn ein clustiau, ond roedd y llwybr tua'r drws yn teimlo'n bellach o lawer na hynny ar ddiwrnod dy angladd. Mi wyddwn bod y côr i gyd yn dal pob un teimlad yn ôl er mwyn canu eu teyrnged olaf iti yn y gwasanaeth. Mae canu dan deimlad yn beth anodd iawn, iawn, ond roeddwn wedi erfyn arnyn nhw i drio ffrwyno'u teimladau nes bod y nodyn olaf wedi ei ganu. Ond wedi inni ddod allan o'r Gadeirlan fe aeth pob un ohonyn nhw i ryw gornel fach

Gethin, Emyr ac Iwan.
Flute, Bottom a Starveling.
Llun: Dylan Rowlands

ei hun i adael i'r dagrau lifo fel yr afon Adda. Teimlad chwithig iawn oedd gweld 'hogia mawr' y côr yn wylo'n hidl yng nghysgod y coed wrth dalcen yr eglwys.

Mae Emrys a Nerys yn daid a nain erbyn hyn Geth, i efeilliaid bach digon o ryfeddod! Sgwn i os y bydd Wil neu Ela'n dod i Lanaethwy? Y ddau gobeithio. Falla down nhw â'r un hwyliau ag y daethost ti hefo chdi yn ôl dros y trothwy. Nid nad ydan ni'n cael miloedd o hwyl rŵan cofia. Ond yr hiraeth ydio, Geth – am yr hen wên yna. Mi wn fod sawl un yn colli gwên y rhai sydd wedi'n gadael, ond roedd d'un di yn sbesial iawn – ac yn rhad fel baw. Doedd dim rhaid gweithio'n galed iawn i gael gwên gan Gethin Rhys.

A gwenu wnes di'r diwrnod pan aeth petha'n ffradach arnach chi yn ystod eich arholiad ymarferol Lefel A hefyd te Geth? Syniad pwy oedd o dŵad, i gael Cadillac mawr glas a phinc ar gyfer eich golygfa allan o Romeo a Juliet? Dwi'm yn ama' mai Rhian oedd wedi gweld y car ar sioe yn ffenast Garej Pentraeth. Roedd eich arholiad wedi ei gosod yng nghyfnod y pumdegau ac yn cael ei chyflwyno mewn arddull bromenâd hefo gwahanol olygfeydd yn cael eu llwyfannu hwnt ac yma ar Barc Menai. Roeddach chi wedi cael blas ar y ffilm hefo Leonardo De Caprio yn chwarae Romeo ac awydd rhoi rhyw dro bach go ddiddorol ar y testun yn eich dehongliad chithau. Yr olygfa lle mae Romeo yn lladd Tubalt oedd hi, ac fe gydiodd y syniad o gael Cadillac yn dy ddychymyg o'r cychwyn.

'Cefin, ma hwnna'n syniad brilliant! Dwi 'di gweld y Cadillac, a fasa fo'n ychwanegu gymaint i'r olygfa de.'

Ac fe gest dy ffordd dy hun drwy ffalsio hefo Rhian a rhoi dy wên fach smala i minna. Aeth Rhian draw at Ken, i garej Pentraeth, i holi am argaeledd y car, a chan fod y garej ar y pryd yn noddwyr yr ysgol fe gawson ni fenthyg y peiriant! Roeddat ti ar ben dy ddigon. A chan mai chdi oedd yn chwarae Tubalt, y dihiryn yn y stori, chdi oedd yn mynd i gael gyrru'r car.

Ac yno roeddach chi, yn eich ymarfer gwisg olaf ac yn eich

dillad pumdegau, yn gyrru i mewn i'r maes parcio yng
Nglanaethwy a'r radio'n chwarae'r Beach Boys a'r genod i
gyd yn mopio yn gweld Tubalt, eu harwr golygus a'r
ymladdwr medrus, yn glanio yng nghwmni ei ffrindiau. Yna,
y Romeo candryll, yn rhedeg tuag atat yn ei gynddaredd, am
iti ladd ei ffrind, a'r ddau ohonoch yn ymladd hyd at waed.
Roedd hi'n olygfa drawiadol a chitha'n edrych ymlaen i weld
beth fyddai adwaith y gynulleidfa, ac yn enwedig ymateb yr
arholwr allanol, i'ch llwyfaniad, ac i seren y sioe – y
Cadillac!

Wrth gwrs, ac mae nifer o lythyrau'r gyfrol yma yn
adrodd stori debyg, tydi darnau'r cynlluniau gorau, weith-
iau, ddim yn disgyn i'w lle yn daclus fel byddai rhywun yn
ei ddymuno. Roedd injan yr hen Cadillac, fel sawl un
ohonom, wedi gweld ei ddyddiau gwell. A do, mi nogiodd y
'Cad' ar ei funud fawr. Roeddech chi wedi rhuthro rownd y
gornel yn barod i sgrialu i mewn i'r olygfa nesa tra roedd
Mercutio, ffrind Romeo, yn griddfan ym mreichiau Benvolio,
y ffrind arall, ac yn melltithio teuluoedd y Capiwletiaid a'r
Montegiwiaid.

Wyddwn i ddim dy fod ditha, ar yr un pryd, rownd y
gornel, yn melltithio injan y Cadillac y buost ti mor daer i'w
gael. Ond fe wyddet y byddai'n rhaid i'r sioe fynd yn ei
blaen. Roeddwn i wastad wedi pregethu wrthych chi 'tae
chi'n cael eich hunain mewn cornel go anodd fel hyn wrth
berfformio i wneud un o ddau beth. Yn gyntaf, os ydach chi'n
ffeindio bod yna brop ar goll, gofynnwch i chi eich hunain os
medrwch chi wneud hebddo fo'n gyntaf, neu feimio hyd yn
oed. Diolch byth na wnest ti'm o hynny! Dwi ddim yn
meddwl y byddai Tubalt a'i ffrindiau wedi edrach yn
beryglus iawn yn dŵad rownd y gornel yn gwneud sŵn
'brrm brrm' ac yn smalio'ch bod yn gyrru fel plant bach yn
'chwara ceir rasio'. Am yr ail gyngor yr es di, diolch i'r drefn,
sef: 'Os nad oes modd meimio yna edrychwch o'ch cwmpas
rhag ofn bod yna rwbath arall y gallwch ei ddefnyddio yn
lle'r prop colledig.'

Roedd gen ti hen groc o gar ar y pryd, ac fe feddyliaist yn ddigon cyflym i sleifio nôl i'r ysgol i nôl allweddi dy gar dy hun, ac er mai ar rhyw ddeng milltir yr awr y daethoch yn dy siarabang, oedd yn sicir wedi gweld ei ddyddiau gwell, roedd o'r gorau y medrat ti fod wedi ei wneud dan yr amgylchiadau.

Dyna her fawr bywyd, am wn i; gwneud y gorau o'r amgylchiadau rydan ni yn eu cael. Tydi rhai ohona ni ddim yn cael y rhannau difyrra yn sgript fawr bywyd; ac mae eraill yn cael sgript gryn dipyn yn fyrrach na'r lleill. Ond roedd dy sgript fer di yn un lliwgar ryfeddol yn doedd? Ac mi ddoist â'r lliw hwnnw i fywydau pawb a fu mor ffodus â chael dy nabod.

Beth bynnag, dwi am ei gadael hi'n fan'na am heddiw; ond mae hi wedi bod yn braf cael treulio rhyw orig yn siarad hefo chdi fel hyn, ac yn edrych drwy hen luniau ohonat ti'n gwenu nôl arna i o'r gorffennol.

Hwyl am y tro Geth,

Annwyl Huw,

Yn stiwdio Sain yn Llandwrog oedd y tro olaf inni dy weld di. Eironi mawr y diwrnod hwnnw oedd mai recordio CD er cof am Gethin yr oeddan ni a thithau wedi dŵad yno ar gefn dy sgŵter bach i ganu. Doeddat ti ond yn byw rhyw filltir i lawr y lôn o'r siwdio ac felly fe neidiaist ar gefn yr hen beiriant bach clyfar 'na oedd gen ti ac roeddat ti yno mewn chwinciad chwannan. Dwi'n cofio Rhian a finna'n dy basio ar y ffordd yno a chditha'n codi dy law arna ni wrth inni fynd heibio. Un felly oeddat ti; cyfarch pawb ym mhobman, lle bynnag y gwelat ti ni. Dwi 'di sôn eisioes, yn fy llythyr at Bethan Mair, pa mor braf yw cael cyfarchiad neu wên gan ddisgyblion y tu allan i oriau'r wers. Rhai'n gallu bod y disgyblion clenia fyw yn y dosbarth, ond allan ar y styrd yng nghwmni ffrindiau, fasa waeth iti fod y dyn ar y lleuad ddim. Ond tydi'r rhai aeddfeta byth yn ein pasio, diolch i'r drefn. Tydi'r hen lletchwithdod arddegol yna ddim yn dŵad i ganlyn yr hormonau a'r pimps i bawb.

Ac yn yr union oedran hwnnw yr oeddat ti pan gefaist dy gipio oddi arna ni yn hogyn talsyth, golygus, un-ar-bymtheg oed. Roeddat ti allan ar y cae pêl-droed ym Mhwllheli yn llawn o dy frwdfrydedd arferol pan chwythwyd y chwiban greulona un ar dy fywyd cwta. Doedd y gêm prin wedi dechrau hyd yn oed, mwy nag oedd dy fywyd dithau. O fewn ychydig fisoedd roedd y côr yn ôl yn y gadeirlan yn canu mewn cynhebrwng arall, a ninnau wedi cael ar ddallt nad oedd mellt yn taro'r un man ddwywaith.

Fel Gethin, roeddat tithau'n un o ddau frawd ac yn dod o gefndir amaethyddol. Roedd y ddau ohonoch yn berfform-wyr bach amryddawn, ond yn bwysicaf oll, yn ddau o'r disgyblion cleniaf inni eu cyfarfod erioed. Roedd eich colli yn gnoc aruthrol i ddwy gymuned, i ddau deulu, ac i dair ysgol.

Roeddat ti'n bianydd hyd flaenau dy fysedd Huw, ac yn mwynhau pob math o gerddoriaeth o un mor ifanc, a'th chwaeth yn eang. Roeddat ti'n siaradwr heb dy ail hefyd, ac wrth dy fodd pan fydda angen trafod syniadau ar gyfer dy arholiadau TGAU. Roeddat ti yn dy elfen yn gwneud y gwaith ym-arferol ac roedd gan eich grŵp chi sefyllfa fach dda i'w dramateiddio

Huw 'isio bod yn Herod!'

hefyd. 'Dwi 'sio bod yn Herod!' oedd un o'r llinellau dwi'n dy gofio di'n 'u deud, a fedrat ti ddim stopio chwerthin wrth 'i deud hi bob gafael. Roedd y syniad o hogyn bach isio actio Herod wedi cydio yn dy synnwyr digrifwch di, ac mi fydda 'na arlliw o wên yn dod ar dy wyneb di cyn iti ei deud hi hyd yn oed.

Mi fyddat yn barod dy gymwynas bob amser, ac o holl ddisgyblion yr ysgol chdi oedd yr unig un fydda'n aros ar ôl i glirio'r cadeiriau wedi'r ymarfer côr. Er bod canu a cherddoriaeth yn bwysig iawn iti, doedd yna affliw o ddim yn ormod o drafferth iti Huw. 'Lle ma'n gofalwr bach ni heno?' fydda Rhian a finna'n 'i ofyn os oeddat ti ddim yn y wers. Hen joban ddiflas ydi cadw cadeiria, ond mi fyddat yn aros ar ôl bob amser i 'sgafnu'r baich. Roedd y reddf i helpu yn gryf ynat ti mae'n rhaid.

Sgwn i sawl cadair mae Rhian, Lowri a finna wedi eu cadw dros yr un mlynedd ar hugain a aeth heibio? Falla 'i bod hi'n bosib gwneud rhyw lun o sym yn y fan yma i ateb fy nghwestiwn. Dau gant a hanner o ddisgyblion yn dod i ymarfer côr o leia unwaith yr wythnos. Ma' hynny'n gwneud mil mewn mis a deuddeg mil mewn blwyddyn. Rho di'r ymarferion ychwanegol at hynny ac o bosib y bydda ugain mil rhywle o'i chwmpas hi. Lluosa di hwnna hefo un

mlynedd ar hugain ac fe ddaw'n 420,000 o gadeiriau. Ond byddai'r swm yna wedi bod dipyn yn llai yn ystod y blynyddoedd y buos di hefo ni Huw, gan fod hanner y cadeiriau wedi eu clirio cyn i Rhian a finna gael cyfle i gael ein gwynt aton wedi'r wers. Roeddat ti wedi gwneud y gwaith yn dawel bach heb i neb ofyn iti hyd yn oed.

Weithiau byddai dy fam, Jên, yn rhoi ei phig i mewn am sgwrs sydyn ar ôl y wers, ond fydda ti ddim yn cymryd hynny fel esgus i laesu dwylo chwaith; dim nes y bydda pob cadair yn ei lle ac ambell brop wedi ei gadw yn eu sgîl. Mi fydda'r neuadd fel pin mewn papur erbyn y bydda dy fam a ninna wedi rhoi'r byd yn ei le.

Mae'r neuadd lle bydda ti'n arfer hel y cadeiriau wedi ei henwi ar dy ôl di rŵan Huw – 'Neuadd Huw Rowlands'. Ac er fod y ffrindiau a arferai ganu a chyd-actio a sgwennu hefo chdi wedi hen fynd dros y trothwy erbyn hyn, rydan ni'n dal i gofio amdanat ti. 'Ewch i Neuadd Huw,' fyddwn i'n 'i ddeud weithiau, neu 'Ewch i Neuadd Gethin'. Ac mae ambell un yn holi amdanoch chi o hyd, a ninnau ond yn rhy falch o gael deud eich hanes, a sôn am eich cyfraniad aruthrol i waith yr ysgol pan oeddach chi yma hefo ni. Does 'run ohonyn nhw wedi clirio 'run gadair chwaith, mond os bydd Lowri, Rhian neu finna wedi gofyn iddyn nhw 'neud. Honna oedd dy ddawn fawr di, gwneud pethau heb i neb ofyn.

Mi lwyfannon ni'r sioe *Geiriau'n Cyfri* fel teyrnged iti yn 2003 ac aeth holl elw'r sioe i gyflwyno medal er cof amdanat yn yr Eisteddfod Genedlaethol. Gwobr am berfformio monolog dan un-ar-bymtheg oed ydi hi, ac mae nifer o berfformwyr bach da wedi ei hennill hi, dwi'n falch o ddeud. Ond does 'na neb wedi actio Herod yn y gystadleuaeth hyd yma. Mi adawa i iti wbod os gwneith yna rywun, rywbryd!

Da bo ti Huw ... am rŵan ...

Annwyl John Llywelyn,

Arhosaist ti ddim yng Nglanaethwy'n rhy hir, ond, tra buost ti hefo ni, mi gawson ni lawer o sbort yn dy gwmni. Mae rhai disgyblion yn darganfod, wedi mynd i'r ysgol uwchradd, nad ydy drama yn mynd i fod gymaint â hynny o fudd iddyn nhw. Mi fyddwn i'n dadlau fod pob plentyn angen rhywfaint o wersi drama am gyfnod yn yr ysgol uwchradd hefyd; ond mi fyswn i'n deud peth felly yn byswn?

Mae'r nifer o adrannau drama sydd i'w cael yn ysgolion Gwynedd yn dal yn sobor o isel. Mae rhai disgyblion yn cael cyfle i'w astudio ar gyfer Lefel A erbyn hyn, ond mae hynny'n drybeilig o hwyr i fod yn cyflwyno drama heb unrhyw fath o brofiad yn y pwnc cyn hynny. Dyna un o'r rhesymau pam y cychwynnon ni Ysgol Glanaethwy wrth gwrs, i gynnig y sylfaen yna i'r disgyblion sydd â gwir ddiddordeb yn y pwnc. Yr hyn sy'n fy mhryderu i fwya ydi fod posib i ddisgybl o Wynedd fynd drwy ein system addysg heb dderbyn unrhyw wers ddrama o gwbwl. Trist iawn, feri sad!

Ond un o'r disgyblion yna a gafodd, gobeithio, rywfaint o fudd yn dod i'r ysgol pan oeddat ti yn yr oedran cynradd oeddat ti. Tybed wyt ti'n cofio gymaint oeddat ti'n 'i baldaruo yn ystod y gwersi? Os byddai Rhian yn eich holi am unrhyw beth diddorol oedd wedi digwydd ichi yn ystod yr wythnos fe roddai rhyw hanner dwsin ohonoch eich dwylo i fyny ac fe barai straeon y gweddill rhyw gwta funud, ddau. Roedd dy law di ymhlith yr hanner dwsin ym mhob sesiwn John, a tasa ti wedi cael dy ffordd dy hun, fe fydda dy straeon di wedi para'r wers gyfan. Roedd gen ti'r ddawn ryfedda i barablu. Mi fyddet ti'n disgleirio yn y gwersi byrfyfyr bob gafael, a byddai dy sefyllfaoedd yn ddifyr yn ddieithriad.

Dwi'n cofio un wers fyrfyfyr yn iawn, fel tasa hi'n ddoe. Yn Ysgol y Garnedd yr oeddan ni'n cynnal y dosbarthiadau bryd hynny; yn y dyddiau cynnar, di-forgais, di-boen! Roeddwn i wedi gosod nifer o brops ar ganol y llawr ichi ddewis rhyw un neu ddau o'u plith i sbarduno sefyllfa ddramatig i'w datblygu. O bosib 'mod i hefyd wedi rhoi rhyw frawddeg neu ddwy i'ch symbylu neu gychwyn darn o ddeialog. Byddai pob grŵp yn cael dau funud i ddewis eu props, ac yna'n cael rhyw ddeng munud, chwarter awr i weithio ar eu sefyllfa. Roeddet ti'n hwyr i'r wers y noson honno, ac felly pan gyrhaeddaist ti roedd y gweddill wedi dechrau trafod eu syniadau yn barod. Eglurais beth oedd y wers iti a gofynnais i'r grwpiau os byddai eu syniad yn gallu cynnwys un person ychwanegol:

'Dwi'm yn meindio'i 'neud o ar fy mhen fy hun 'chi Cefin,' medda chdi'n syth.

'Ti'n siŵr?' holais innau.

'Ydw tad ... well gin i 'i 'neud o'n hun chi ... os ga i ddewis y radio.'

'Gei di ddewis dau brop os lici di John,' meddwn innau.

'Na, na ... mond y radio fydda i isio.'

A ffwrdd â chdi i dy gornel i feddwl.

Diwedd y wers byrfyfyr bob amser fyddai cyfle i bawb berfformio eu sefyllfa o flaen gweddill y dosbarth ac yn aml iawn dwi wedi cicio fy hun na fyddwn i wedi ffilmio ambell sesiwn. Er cystal ydi rhai o sefyllfaoedd y disgyblion hŷn wedi bod mewn ambell i wers, mae gwaith byrfyfyr yr oedran cynradd yn dŵad â rhyw wreiddioldeb rhyfedda i'w ganlyn bob gafael. Dy dro di oedd y dwytha, a dyma chdi'n bwrw iddi. Blin hefo'r radio oeddat ti, am nad oedd hi'n gweithio. Roeddat ti wedi talu drwy dy drwyn amdani, ac os nad oedd hi'n bihafio roeddat ti'n bygwth mynd â hi yn ei hôl i'r siop. Roeddat ti'n aros am sbel weithia i roi cyfle iddi ddweud rwbath yn ôl; mond digon i allu rhoi ccrydd arall iddi am fod mor dawedog. 'Sut basa ti'n licio mynd yn ôl ar y silff unig 'na ta?' holaist. 'Fasa well gin ti fynd yn ôl i'r fan honno na bod yma hefo fi yn cael sgwrs? ... Wel deud rwbath y gloman! Neu yn d'ôl yr ei di, dyna fi'n deud wrtha ti yn dy wynab.'

Ac ymlaen yr es di am weddill y wers a mwy, nes roedd pawb o'r dosbarth yn 'u dybla. Dwi ddim yn ama i'r stori ddŵad i ben wrth iti sylweddoli nad oeddat ti wedi cynnau'r radio i gychwyn. Fe gafodd faddeuant llwyr ac roedd pawb wedi byw yn hapus am byth. Y diwedd.

Ond stori Rhian amdanat ti ydi'r ora o ddigon. Yn y dosbarth ieuenga oeddat ti bryd hynny, tua saith oed, a Rhian yn methu gwbod sut i roi taw arnat ti. Doeddat ti ddim yn hogyn drwg, ond gan dy fod yn parablu gymaint ar unrhyw esgus mi fydda Rhian yn 'i gwaith yn deud wrthat ti am fod ddistaw. Cafodd air yng nghlust dy fam yn y diwadd, yn y gobaith y bydda hynny'n gwneud lles. Dychwelodd dy fam yr wythnos wedyn i ddweud y stori wrth Rhian, wedi iti fynd i'r car, ar ôl y wers.

Roedd dy fam wedi dweud wrthat ti ei bod wedi clywed dy fod fel melin bupur yn ystod y wers ac nad oedd modd rhoi taw arnat ti. Dywedodd wrthat ti fod Rhian yn poeni nad oedd y plant bach eraill yn y dosbarth yn cael cyfle i ddysgu dim byd am dy fod di'n paldaruo. Mi est yn dawel am dipyn mae'n debyg, ac yna fe ddywedaist:

'Fydd y plant erill yn siarad amdanaf fi rŵan?'

'Wel byddan beryg,' medda dy fam, 'os na newidith petha' de John.'

Bu tawelwch am ysbaid eto tra roedd yr hen olwynion yn troi.

'Fyddan nhw'n siarad amdanaf fi'n yr ysgol?' oedd dy gwestiwn nesa di.

'O byddan, falla,' ceisiodd dy fam gynnal y byrfyfyr i fynd.

Bu tawelwch eto am sbel. Edrychaist allan o'r car cyn gofyn:

'Fyddan nhw'n siarad amdanaf fi yn 'rysgol Sul?'

'O byddan, beryg,' ymdrechodd dy fam unwaith yn rhagor.

Yna daeth saib fymryn yn hwy na'r gweddill. Wedyn, fe

loywodd dy lygaid, wrth iti droi dy ben yn fuddugoliaethus – 'Fydd o yn y Daily Post?'

Dwi wedi cael miloedd o sbort yn dweud y stori fach yna creda di fi. Mae hi'n deud mwy amdana ni nag a feddyli di ar yr olwg gyntaf. Meddylia di amdani.

Rwyt ti'n athro Ffiseg erbyn hyn medda Rhian wrtha i. Go dda. Does neb yn byrfyfyrio mwy nag athro wrth gwrs. Dwi'n gwbod na fydda fiw iti wneud unrhyw theori i fyny dy hunan ar ganol gwers (os nad wyt ti wedi darganfod rwbath go ddifyr dy hun wrth gwrs?). Ond wrth gyflwyno, ac egluro a sgwrsio wrth i'r wers fynd yn ei blaen mae dawn i ddweud stori yn hanfodol i athro da. Mae athro yn siarad mwy yn ystod y dydd nag unrhyw swydd arall y gwn i amdani, ac felly mae'r ddawn gyfathrebu yr un mor bwysig â chynnwys y wers ei hun.

Un o nghas bynciau i yn yr ysgol oedd Ffiseg, gyda llaw. Dwi'n cofio imi gael y ffasiwn geryдd gan yr athro yn un wers nes o'n i'n tincian. Mi wnaeth imi sgwennu'r Archimedes Principle allan gant o weithiau ac mi ddudodd yn f'adroddiad ysgol mod i'n 'siarad llawer gormod yn y dosbarth'. Felly dyna ni yldi, mae ganddon ni rwbath yn debyg yn diwadd. Dau athro, dau barablwr, a'r ddau wedi cael row gan ei fam am siarad gormod. Falla medar dyn y Daily Post neud rwbath o honna?

Hwyl iti John,
Cofion,

Clffn

ON. Rhag ofn nad wyt ti'n ei chofio hi – 'When a body is weighed in air and then in a liquid, there is an apparent loss of weight, and this 'apparent loss of weight' is equal to the weight of liquid displaced' – oedd yr hyn ddudodd Archimedes wedi dŵad allan o'i fâth. Syml de – a hynod o glyfar. Biti na faswn i wedi gwrando mwy a siarad llai!

Lleuwen Steffan a Rhys ap Trefor
'Och Thespis!', Theatr Gwynedd, 1998.
Llun: Dylan Rowlands

Annwyl Lleuwen,

Fuo gin i rioed ffefrynnau yn yr ysgol, ond mae rhai o'r cyn ddisgyblion wedi bod yn gefn mawr inni dros y blynyddoedd, ac yn sgîl hynny wrth gwrs, mae'r hen galon yn cynhesu fymryn mwy wrth inni ail-gwrdd ag ambell un o'n cyn aelodau. Ac er dy fod di wedi bod allan o'r wlad ers sbel go lew bellach 'da ni'n dal i deimlo dy bresenoldeb hyd y lle 'ma. Mae o yn dy ganeuon di, ac yn yr awra sy'n dy ddilyn i ba le bynnag yr ei di. Mae o yn y geiriau ti'n 'u gwau, a'r angerdd sydd yn dy lais. Mae o yn dy sgwrs ac yn dy e-byst di'n gyson.

Dwi'n cofio dŵad i wrando arnat ti'n canu yn eglwys Llanarth pan oeddwn i'n gweithio yng Nghaerfyrddin hefo'r Theatr Genedlaethol. Mi dreulion ni weddill y gyda'r nos, wedi'r cyngerdd, yn y dafarn leol yng nghwmni'r selogion, a chditha ar ben dy ddigon yng nghanol y werin datws. Ond nid rhyw wirioni ar y funud ydio byth hefo chdi Lleuwen, mae gen ti'r ddawn ryfedda i gyrraedd y dyn cyffredin, y ddynes yn y stryd a'r person tu ôl i'r bar yn y dafarn, a gwneud i bob un ohonyn nhw deimlo'u bod nhw'n arbennig. Er cymaint dy ddoniau perfformio, mae'r ddawn o gyfathrebu mor uniongyrchol o ddiymdrech yn beth prin, ac mae'r ddawn honno ar flaenau dy fysedd.

Dwi hefyd yn edmygu dy ddawn di o gydio mewn ambell i alaw werin neu emyn a rhoi gwisg newydd amdanyn nhw, yn dy ffordd unigryw dy hun. Dwi'n cofio iti fwynhau gweithio ar ambell alaw werin hefo'r côr ac mae'n siŵr fod dy glust di, hyd yn oed bryd hynny, yn clywed y posibiliadau a'r drysau cerddorol oedd yn aros i'w hagor.

Weithiau fe glywn ni ambell un yn deud na ddylian ni gyffwrdd pen ein bys i ail-ddehongli'n hen alawon traddodiadol ac na ddylid eu datgan gan neb ond y rhai sy'n gallu eu cyflwyno yn yr 'hen ffordd Gymreig' annwyl honno. Er fod gen i barch aruthrol i'r rheiny sy'n cynnal a chadw ein sain traddodiadol dwi ddim yn meddwl fod gan yr un ohonan ni'r hawlfraint ar unrhyw alaw na chân. Mae nhw yna i bawb ohonan ni i'w defnyddio yn ôl ein gwnedigaeth ni ein hunain. Trysorau cenedlaethol ydyn nhw i gyd erbyn hyn, nid i'r detholedig rai i'w cadw ar silff yr hen ddresal Gymreig. Lle fydda canu a dawnsio Gwyddelig erbyn hyn tasa nhw ddim wedi eu rhyddhau nhw o'u hualau a llacio mymryn ar y rheolau?

A rŵan dy fod di wedi meistroli'r iaith Lydaweg ti'n gallu yfed o ffynhonnell arall o ddiwylliant erbyn hyn. A dwi'n rhyfeddu dy glywed yn cyfansoddi a chanu yn yr iaith honno mor naturiol a phetae ti'n canu yn dy famiaith. Ac fe ges ditha, fel ninna, dy feirniadu am hynny gan ambell un hefyd yn do? Gan iti siarad mewn Llydaweg a Chymraeg mewn ryw gig 'nes di yma ym Mangor y llynedd mi gest gelpan gin un boi am beidio cyflwyno yn Saesneg: 'I shall be asking the people who staged the gig to make sure they advertise a Welsh-language event as such. ... You might contrast your unpleasantness with Jochen, who spoke to us in Welsh and English throughout.'

'Da ni wedi cael sawl llythyr hefo byrdwn go debyg iddo ein hunain wrth gwrs (mwy am hynny'n nes ymlaen!), ac mae rhywun yn gorfod dysgu dygymod hefo nhw dros y blynyddoedd. Ond mae gan bawb ei deimladau hefyd. Diwylltio rhywun mae pob ffurf o gelfyddyd i fod i 'neud, nid codi ei wrychyn; dyna ystyr diwylliant; gneud rhywun yn llai gwyllt. Dwi ddim yn deall fod ambell un yn darganfod y llais i ddeud nad oes ganddoch chi hawl i ddehongli'r gân yna fel hyn neu gyflwyno'r gig yma yn yr iaith yma. Be goblyn sy'n bod ar bobol? Mae ganddyn nhw berffaith hawl i ddeud na ddaru nhw ddim mwynhau eich dehongliad chi; ond awgrymu nad oes ganddoch chi ddim yr hawl i'w 'neud o? Nefar!

Wrth gwrs, mae 'na nifer o'r ymatebion yma yn dod dan ryw fath o ffugenw, a dyna 'agor can arall o drychfilod'. Fel arfer does 'na ddim diben ymateb i rywun nad ydyn nhw'n ddigon dewr i arddel eu henwau eu hunain wrth eu negeseuon milain. Ond yn dy achos di fe fyddwn i'n dadla i'r gwrthwyneb. Bu'r gohebu fu rhyngoch chi ar y gweplyfr yn bleser pur, a chditha'n taro'r hoelan ar 'i phen bob gafael. Ond hon oedd yr hoelan ora yn fy marn i Lleuwen:

'If Jochen speaks to the audience in Welsh and English, great! He should do whatever he wants, that's the freedom of art. And if I want to do my show in Welsh, I do. I am not obliged to compromise. When I have performed in London or the U.S, I have spoken English to the audience. Naturally. But in Wales? Why should I? When I have performed my songs in Europe, Mexico, Malaysia ... the 'unpleasantness' of the monolingual performance has not been a problem. In fact, it gets me more gigs. Because it is seen as interesting, intriguing and even exotic.'

Dwi'n cau pen y mwdwl yn y fan yna gan nad oes angen deud mwy. Dwi isio gorffen y llythyr yma hefo dy eiria di yn canu yng nghlustia beirniaid di-glem a di-ddallt.

Brysia adra Lleuwen!

Bydd ddewr – neu fel basa nhw'n deud yn Llydaw – Kalon! a Dalc'h penn.

Annette ar y llwyfan yn Llangollen

Annwyl Annette (Bryn Parri)

Rwyt ti, a ninna, wedi cael blwyddyn mor brysur fel mai prin 'da ni'n cael cyfle i siarad wedi mynd! Er dy fod yn dŵad i mewn i ymarferion am oriau mi wyddost bod yr oriau hynny'n cael eu llyncu gan y dysgu di-baid ac na tydan ni prin yn cael amser i anadlu pan wyt ti acw. Rwyt tithau wedyn yn gorfod rhuthro i rywle arall wedi'r ymarfer â dy gopis dan dy fraich ac amserlen ddigon hir i wau sgarff allan ohoni yn galw arnat ti. Ydi hi felly ar bawb wedi mynd, dŵad? Ydan ni i gyd yn byw'n bywydau rŵan ar ryw ras wyllt fel na tydan ni prin yn cael amser i ddeud 'helo' yn iawn wrth y naill a'r llall, heb sôn am gyfle i daro ar sgwrs go gall? Dwi'm yn ama bod hynny'n wir cofia; dwi'n credu fod y rhan fwyaf ohona ni yn byw ein bywydau ar y ffasiwn ras erbyn hyn fel bod eistedd i lawr a rhoi amser o'r neilltu i roi'r byd yn ei le wedi ei ddwyn oddi arnan ni rwsud. Sawl gwaith ydan ni wedi deud y bydd rhaid i ti a Gwyn ddŵad draw acw am swpar ryw gyda'r nos? 'Da ni'n ei ddeud o ers blynyddoedd Annette! Ydan ni wedi 'i 'neud o? Wel nac'dan siŵr iawn. Os na 'da ni mewn gwers rwyt ti mewn gwers, os na 'da ni mewn cyngerdd rwyt ti mewn cyngerdd – ac os nad ydi hynny'n wir yna rydan ni mewn gwers neu gyngerdd hefo'n gilydd – a does yna'n sicir ddim amser i siarad wedyn.

Ond eto, rywsut, yn yr hen gromfacha hynny ar y daith i ryw neuadd bentref yn Mhen Draw Llŷn, neu yn ystod yr egwyl mewn Theatr yn Llundain, neu rhwng dau ragbrawf mewn Steddfod mewn Cae Tatws yn rwla, rydan ni wedi cael cyfle i roi'r byd yn ei le ambell waith hefyd yn do?

Dwi'm yn meddwl 'mod i wedi cyfarfod â neb sy'n hoffi chwerthin gymaint â chdi Annette. Ti'n fy atgoffa i gymaint o Mam yn hynny o beth. Er cymaint o ddagrau sydd wedi bod yn dy fywyd di'n ddiweddar, y chwerthin fydda i'n ei gofio fwyaf. Mae'r angen i chwerthin yn gryf iawn ynot ti. Chwerthin hyd at ddagrau yn aml.

Mi allwn i fynd ymlaen drwy'r dydd am dy rinweddau di fel cerddor wrth gwrs, ond i be? Mae pawb sy'n debygol o ddarllen y gyfrol yma yn gwybod am y doniau hynny'n barod. Mae dy gyfraniad di ar lwyfannau cyngherddau ac eisteddfodau ac ar raglenni radio a theledu dros y blynyddoedd yn llawer gwell tyst o'r ddawn honno na rhyw 'bwt o lythyr' gen i. Ond mi dduda i gymaint â hyn amdanat ti, ac er fod be dwi am ddeud yn wir am sawl cyfeilydd da mae'n siŵr, wna i byth anghofio sefyll yn syfrdan un noson yn gwrando ar y côr yn canu. Roeddat ti wedi ffonio i ddweud dy fod yn rhedeg fymryn yn hwyr yn stiwdio Sain, ac fe lwyddodd Rhian a finna i ymdopi hefo'r ymarfer nes y dois di. Waldio nodau a dysgu geiriau wnaethon ni'n bennaf, ond doeddwn i ddim yn hapus hefo'r sain roedd y côr yn ei gynhyrchu yn y gân arbennig honno mae'n rhaid, achos dwi'n cofio mai ar ganol pregethu hynny yr oeddwn i pan laniaist wrth y piano. Gofynnais iti redeg drwy'r gân ryw unwaith cyn ein bod ni'n symud ymlaen at ryw ddarn newydd, ac fe daerwn nad oeddwn i'n gwrando ar yr un côr. Mi awn i ar fy llw nad yr un cantorion oedd yn sefyll o fy mlaen i ryw bum munud ynghynt. Ac felly dwi jest isio deud pa mor hanfodol i gôr yw cael cyfeilyddion da. Mae'n codi'r safon yn syth bin ac mae'r hyder mae cyfeiliant felly'n ei roi i gôr, waeth beth fo'i brofiad, yn talu ar ei ganfed.

Mae sawl un wedi dy alw'n 'Annette Bryn Piano' erbyn hyn wrth gwrs, ond hefo ni oeddat ti pan ges di dy fedyddio ar goedd dan y teitl hwnnw. Eisteddfod Eryri 2005 oedd hi, os oes rhywun ffansi tyrchu yn yr archif, a Rhian Parry oedd yn arwain. Cystadleuaeth y corau ieuenctid oedd hi; cystadleuaeth ola'r nos Fercher, a do, mi ddaru Rhian dy gyflwyno di i'r genedl fel 'Annette Bryn Piano!' A dyma chdi'n chwerthin wrth gwrs – y chwerthin yna sydd mor, mor bwysig yn dy fywyd di. Ond yn fwy na dim, y ddawn i chwerthin am dy ben dy hun. Mae honno'n ddawn brin ryfeddol.

Ond y stori orau o ddigon yw'r un pan oeddat ti'n cyfeilio i Hogia'r Wyddfa yng Ngŵyl Fai, Penygroes, rywbryd tua canol y nawdegau. Doeddat ti ddim yn cyfeilio i ni y noson honno; dwi'n credu mai Einion Dafydd oedd wrth yr ifori i ni bryd hynny, ond roeddan ni'n rhannu'r un llwyfan.

Mi fydda i wastad yn trio deud wrth y côr, os byth y byddan nhw'n teimlo'n sâl ar lwyfan, am gerdded yn araf i'r esgyll ac anadlu'n ddyfn, ac fe ddaw rhywun atyn nhw i'w tendiad yn reit fuan. Mae hynny'n well o beth mwdril na'u gweld yn troi'n wyrdd neu'n waeth fyth yn llewygu'n glewt o'ch blaen. Ond haws dweud na gwneud, wrth gwrs. Yn amlach na pheidio mae'r llewyg wedi gafael ynoch chi heb ichi wybod bron, fel na fedrwch chi roi un droed o flaen y llall i adael yr un llwyfan hefo'ch urddas yn dynn wrth eich sodlau sigledig. Yn aml iawn dwi wedi trio gwneud SIÂP CEG 2 (gweler y llythyr at Owain Arwel Hughes) ar ambell un oherwydd nad ydynt yn mynegi'n debyg i ddim. Yna'n sylweddoli mai mewn rhyw fath o gwmwl cyn-lewyg mae nhw, wedi eu dal mewn twnnel sydd ar fin eu llorio. Dwi wedi llwyddo i ddal ambell un a'u tywys o'r llwyfan cyn i'r gwymp gyrraedd. Dro arall mae hi wedi bod yn rhy hwyr, a fedrwch chi wneud dim wedyn ond dod â'r gân i ben a'u hebrwng, y gorau medrwch chi, i'r esgyll, a sicrhau bod rhywun yno i forol amdanynt. Yna dychwelyd at eich côr a chymryd y gân o'i chwr unwaith eto.

Ond y noson arbennig yma, nid ar fin llewygu yr oedd yr hen Iwan Watkin druan, ond ar fin dangos i bawb oedd yn bresennol be oedd o wedi ei gael i de. Rhwng y gwres a'r nerfusrwydd, ac o bosib y sigl yn y coreograffi, fe godwyd cyfog arno. Fe aeth yn welw i gychwyn, ac yna'r haen ryfeddaf o wyrdd. Prysuraf i ddweud mai yn y côr iau oedd Iwan ar y pryd, a dim yn lwyfannwr profiadol iawn. Cododd ei law dde at ei enau a chafodd bwl o gyfog gwag tra'n dal i stepio nôl a mlaen a siglo hefo gweddill y côr. Ceisiais wneud siâp ceg arno i fynd oddi ar y llwyfan, ond mi debygwn i nad oeddwn i'n ddim byd ond rhith penfoel yn chwifio'i freichiau'n rhyfedd o'i flaen erbyn hynny. Cyfog gwag arall ac yna sylwais fod yr hen Iwan yn gwneud un math o ddawns a'r côr yn gwneud rhywbeth cwbwl wahanol. Roedd o'n dal i symud yn ôl a mlaen tra roedd gweddill y côr yn swingio wysg eu hochrau. Siâp ceg mwy amlwg y tro hwn ac fe wyddwn fod y gynulleidfa bellach yn ymwybodol o'r sefyllfa. Ond roedd Iwan yn benderfynol o aros hyd y diwedd a daeth holl gynnwys ei de pnawn yn un chwydfa fach digon taclus i'w law dde jest cyn y coda. Fe gadwodd ei afael arno fel tasa fo'n dal deryn bach roedd o ar fin ei fwytho. Cyrhaeddwyd yr uchafbwynt a'r diweddglo i fonllefau o gymeradwyaeth am y canu, ond yn bennaf am fod yr alto bach sâl yn yr ail res wedi cyflawni dipyn o gamp yn dal ati. Roeddwn innau wedi rhyfeddu at ei sgiliau llwyfannu hefyd – am eiliad. Ond lle bo camp mae rhemp wrth gwrs. Wrth inni roi bow a derbyn y gymeradwyaeth fyddarol, yn lle mynd â'i de hefo fo oddiar y llwyfan, ac o ŵydd y gynulleidfa werthfawrogol, fe benderfynodd ollwng y cyfan yn un stremp yn y fan lle roedd o'n sefyll, a cherddodd yn dalog a holliach tua'r esgyll. Peidiwch â gofyn imi pam nad aeth o â'r cynnwys hefo fo oddiar y llwyfan.

A dyna lle doist ti i mewn, yn te Annette?

Mae'r stafelloedd gwisgo yn Ysgol Dyffryn Nantlle (coffa da amdanynt) o dan y llwyfan, ac felly doeddat ti a'r 'hogia' ddim wedi bod yn ymwybodol o'r gyflafan oedd newydd ddigwydd uwch eich pennau. A do, fe ddoist ar y llwyfan hefo dy urddas arferol, ond dim am yn hir iawn. O na. Roedd yna rywbeth yn dy aros ar y llwyfan na fydda ti ddim wedi breuddwydio ei weld o rŵan hyd Sul y Pys, ac fe aeth yn Dŵ-it tŵ-hŵ arnat ti ymhell cyn i'r hogiau gael canu nodyn. Fe daraist dy sawdl yng nghanol te pnawn Iwan Watkin ac mae gweddill y stori yn rhan o fytholeg Neuadd Ysgol Dyffryn Nantlle erbyn hyn.

Roedd Rhian wedi rhuthro i nôl mop i gefn y llwyfan ar

ôl gweld y ddrama'n cyrraedd ei huchafbwynt ac fe laniodd hithau ryw eiliad ar dy ôl i fonllef o gymeradwyaeth. Dwi ddim yn amau bod ambell un yn dal i feddwl mai un sgets fawr oedd y cyfan. Wel ... rhwng Glanaethwy a Hogia'r Wyddfa fe allai'n hawdd fod yn sgets wrth gwrs. Ond nid y tro hwnnw, o na, roedd y te a'r sgid hwch a'r mop yn real iawn y noson honno.

Ond fe aeth y sioe yn ei blaen fel pob sioe arall. Ac mae'n rhaid i bob sioe fynd yn ei blaen, fel rydan ni'n ei ddeud gefn llwyfan pan mae popeth o'n cwmpas yn ymddangos fel 'tae o'n disgyn yn ddarna.

Diolch ichi Miss Piano ... am bopeth a fu, a gobeithio am y trysorau sydd i ddod hefyd.

Ymlaen â'r gân, cofia hynny bob amser.

Â'm holl galon,

Cefin

Annwyl Elen Wyn,

Newydd sgwennu llythyr at Annette ac yn sydyn mi wawriodd arna i mod i'n nabod un person sydd yn ymddangos fel tasa ganddi hi ddigonedd o amser ar ei phlât – a wyddos di be? Chdi ydi honno, cofia. Dwi ddim yn siŵr iawn be ydio amdanat ti ond rwyt ti i weld fel tasa ti'n medru 'gneud' amser rywsut. Be 'di'r gyfrinach dŵad? Rwyt ti'n magu tri o blant, rwyt ti'n rhoi gwersi piano, rwyt ti'n brysur yn dy gymuned ac wrth gwrs yn cyfeilio i ni bob awr sbâr mae Duw wedi ei greu, ac eto mae 'na ryw deimlad di-ruthr, braf o dy gwmpas di bob amser.

Wel ... dwi'n deud 'bob amser', ond tydi hynna ddim cweit yn wir chwaith yn nac'di? Mae yna adegau pan wyt ti, hyd yn oed, wedi glanio wrth y piano 'cw â'th wynt yn dy ddwrn a'r plantos wrth dy sodla. Ond hyd yn oed wedyn rwyt ti'n gwneud dy waith hefo'r ffasiwn dawelwch ac urddas unwaith rwyt ti'n gwbod ym mha far ydan ni. Mae hwn jest yn gyfla bach sydyn i ddeud wrthat ti gymaint dwi'n edmygu hynny ynat ti. Mi allwn dreulio'r gyfrol gyfan yn sôn am dy rinweddau fel cyfeilyddes wrth gwrs. Does 'run ysgol wedi bod mor lwcus â ni yn ein cyfeilyddion fel rydwi wedi sôn ganwaith o'r blaen o lwyfan ac mewn print. Ond mae cadw'r fath dawelwch ar adegau mor brysur a llawn cynnwrf yn gyfrinach yr hoffwn i iti ei rhannu hefo mi ryw ddiwrnod. Ond dyna yw un o hanfodion cyfeilydd da wrth gwrs. Hyd yn oed pan mae'r gweddill ohona ni'n gweiddi a neidio o gwmpas y lle, mae 'na wastad ryw dawelwch mewn rhyw gornel fach o'r stafell pan wyt ti o gwmpas; hwnnw yw canol llonydd y côr erbyn hyn.

Ond fe wyddost 'mod i wedi dy roi dan bwysau cerddorol afresymol un waith, a hynny'n ddiweddar iawn. Eisteddfod Wrecsam 2011 oedd hi; cyngerdd dathlu'r 150 i'r Eisteddfod a phen-blwydd yr ysgol yn un ar hugain. O Handel i Robat Arwyn, o Bizet i'r ddawns werin, fe gydiaist mewn rhaglen mor amrywiol o safbwynt arddulliau a chyfnodau, a wnes i rioed sylweddoli 'mod i wedi gofyn cymaint ohonot ti nes i Geraint Cynan dynnu fy sylw i at dy grefft. Oeddan, roeddan ni'n ffodus o gael Geraint a'i gerddorion hefo ni y noson honno hefyd,

Elen Wyn

ond oherwydd prinder amser ymarfer fe fu'n rhaid i ti ag yntau wneud y prif waith cynnal drwy gydol y sioe deirawr! Fel y gwyddost, chawson ni ddim amser i redeg y sioe drwyddi unwaith. Fel y rhan fwyaf o gyngherddau'r eisteddfod, rhyw gydgyfarfod yn ystod y dydd mae'r artistiaid a'r cyfeilyddion fel arfer a thynhau eu tronsia a gobeithio am y gorau drwy'r rhaglen. Ond dwi ddim yn credu inni erioed o'r blaen hwylio mor agos i'r gwynt hefo unrhyw raglen. Ac eto, bob tro roeddwn i'n troi tuag atat i gychwyn y gân nesa, roeddat ti yno, mor gadarn â'r graig. Falla bod 'na ambell don wedi taro yn erbyn y graig y noson honno ac i titha gael siwrna go anodd, ond doedd o ddim i'w sylwi o gwbwl Elen.

Ond hon ydi'r stori orau o ddigon am dy ddawn i gadw dy ben dan amgylchiadau anodd. Roeddan ni wedi cael gwahoddiad i ganu yn y sied ar gae Sioe Môn. I'r sawl sy'n mynd i'r Primin yn flynyddol, chwi wyddoch yn iawn am y lle; ac i chwithau a fentrodd i'r gogledd yn 2004, i Eisteddfod yr Urdd Ynys Môn, hwnnw fu eich pafiliwn y flwyddyn honno. Os mai rhyw dipyn o gasglwr hen bethau (antiques) ydach chi, yna mwy na thebyg mai i un o'r ffeiriau hynny y buoch chi yno ddwytha.

Ond mewn cyngerdd i Tractors Mona yr oeddan ni yno y noson arbennig honno. Roedd y cwmni'n cael eu harddangosfa flynyddol yno a ni oedd yr adloniant i gychwyn y noson. Roeddan ni wedi bod yn ymarfer yn o solat yn y cyfnod hwnnw ar gyfer ein rhaglen yng nghystadleuaeth Côr Cymru ac felly roeddan ni fymryn yn rhydlyd ar ein rhaglen gyngerdd. Chwarter awr go sydyn yn y stafell gefn i drio atgoffa'r aelodau o'r mannau mwyaf bregus ac yna roeddan ni ar y llwyfan-gwneud oedd braidd yn simsan.

Simsan hefyd oedd y gair perffaith i ddisgrifio stand y piano drydan fenthyg oedd gennym ar dy gyfer. Fe gofia i hyd byth mai 'Er Syrthio'r Sêr,' gan Robat Arwyn, oeddan ni'n ei chanu pan ddaeth y gwymp, ac mae angen cyfeilio angerddol i honno wrth i'r uchafbwyntiau adeiladu o gytgan i gytgan. Rhwng y llwyfan sigledig, y stand simsan, dy chwarae angerddol a minnau'n morio wrth geisio tynnu mwy a mwy o angerdd o'r canu fe syrthiodd dipyn mwy na'r sêr y noson honno. Fe syrthiodd y piano'n glewt i'r llawr hefyd.

Mae eiliad tebyg i'r eiliad honno yn gallu teimlo fel oes ar lwyfan. Sŵn y glec oedd y cyntaf wyddwn i am yr anffawd, yna'n naturiol mi wnes i droi i weld be oedd achos y glec. Un eiliad roedd y piano ar y llawr a thitha'n dal hefo dy ddwylo allan yn byseddu'r awyr. Roedd y côr yn dal i bydru canu drwy'r eiliad o saib yn y cyfeilio. Yn ystod yr eiliad nesa lle roeddwn i ar y dŷd o benderfynu mai'r peth gorau fyddai dod i stop ac ail leoli'r piano fe neidiaist i'r llawr i ail ffeindio'r nodau a pharhau â'r cyfeilio. Roedd y trydan yn dal i gyflenwi'r peiriant mae'n rhaid gan fod sŵn piano wedi dychwelyd i nghlustia. Ail gydiodd y côr yn eu nodau, ac fe ddechreuais innau ail-chwifio mreichiau a 'bant â ni!'

Fydda llawer un ddim wedi gwneud be wnest ti dan yr amgylchiadau ac roedd yn siampl inni i gyd. Er gwaetha pawb a phopeth – daliwch i fynd!

Rwyt ti'n em Elen Wyn, a diolch byth amdanat ti.

Yn llawn gwerthfawrogiad,

136

Annwyl egin actorion,

Rywbryd tua blwyddyn deuddeg, pan 'da chi rhyw un ar bymtheg, mi ddaw 'na ddyrnaid ohona chi ata i a gofyn os ydw i'n meddwl fod ganddoch chi ryw obaith o'i 'gwneud hi' yn y busnas perfformio 'ma. Ac i'r rheiny ohona chi fentrodd ofyn mi wyddoch ichi gael ateb annelwig iawn gen i. Erbyn hyn, mae'n siŵr fod y rhai ohonoch chi ddaru fentro i'r busnes yn sylweddoli pam y bûm i mor niwlog f'atebion. Wedi byw yn y busnes bellach ers bron i ddeugain mlynedd, dwi'n sylweddoli fwy-fwy pa mor anwadal, ansicr ac ansefydlog yw 'crefft gyntaf dynol ryw' fel dwi'n mynnu ei galw hi. Mae talent yn beth anodd iawn, iawn i'w fesur ym myd actio. Tydi pawb ddim yn edrych ar dalent drwy'r un sbectol, na chwaith yn clywed drwy'r un clustiau. Sawl gwaith 'da ni wedi clywed rhieni awyddus ac athrawon brwdfrydig yn rhoi gair o gysur i'w plant a'u disgyblion aflwyddiannus a deud: 'Chwaeth y beirniad ydio beth bynnag.' Ac mae 'na lawer iawn o wirionedd yn y geiriau cysurlon yna. Mympwy ydio i gyd. Dwi wedi eistedd wrth fwrdd beirniad ac mewn stafell glyweliadau yn ddigon hir i wybod faint o bicil ydio i ddewis y goreuon yn aml. Nid bob tro efallai. Ambell waith mae'r gorau'n sefyll allan fel rhosyn coch ymhlith y drain. Ond weithiau, mae 'na ddyrnaid da o oreuon, a'ch lle chi yw dewis yr un allan o'r criw a fu o'ch blaen. 'Da chi'n gwybod y bydd 'na siom, a 'da chi'n gwybod bydd eich enw chi'n fwd ar sawl aelwyd cyn diwedd y dydd, pan gyhoeddir pwy sy'n fuddugol neu pwy sydd wedi cael y rhan.

Mae hi fymryn haws ym myd cerddoriaeth i wahaniaethu rhwng y gwych a'r gwachul. Mae canwr neu offerynnwr arbennig yn rhwyddach i'w ddarganfod ymhlith y goreuon, y gweddol, a'r gwan. Does raid iddo ond canu ychydig fariau weithiau ac fe eisteddwch yn ôl yn gwybod fod gwledd o'ch blaen. Ond crefft go lwyd yw actio, a gall perfformiwr dwyllo beirniad am sbel fod ganddo rhywbeth yn ei gylch sy'n werth ei wobrwyo. Mae rhyw naturioldeb go ddiddorol yn ei gyflwyno ac mae'n llwyddo i actio'n syml a di-rodres. Does dim posib, mewn un gystadleuaeth, ichi ddweud a oes gan y perfformiwr hwnnw ddigon o amrywiaeth yn ei gyfan- soddiad i wneud bywoliaeth allan o'r ddawn sydd ganddo. Tydi gallu naturiol felly ddim yn mynd i'ch cynnal am ddeugain mlynedd a mwy yn gwneud bywoliaeth o'ch crefft. Ar y llaw arall, tydi rhywun sy'n chwifio'i freichiau a sgyrnygu ei ddannedd a chyflwyno araith angerddol yn eitha effeithiol ddim yn profi ei fod yn actor chwaith. (Gweler araith 'Hamlet' i'w actorion.)

Mae gan y cerddor hefyd nodau sydd angen eu taro yn eu canol, arwyddion deinameg pendant i'w gynorthwyo gyda'i ddehongliad, a hyd yn oed awgrym go bendant o dempo'r holl ddarn wedi ei nodi ar ddechrau'r gwaith. Fe allai rhywun ddadlau bod gan yr actor yntau ei atalnodi a rhythmau pendant i'w dilyn mewn drama, a bod ganddo yntau gyfarwyddiadau mewn ambell ddrama sy'n awgrymu dehongliad a thempo. Ond fel y dywedodd Syr John Gielgud unwaith, 'Punctuation is only there to annoy the actor.' Does dim un pwyslais, goslef, saib na hyd yn oed ddehongliad a darodd ddeuddeg mewn un cynhyrchiad na ellid gwella arno a'i newid yn llwyr mewn dehongliad a chynhyrchiad arall. Mi fyddai ambell un yn dadlau du yn wyn na fedr yr un Brenin Llŷr wneud dim ond bloeddio yn erbyn y storm pan mae'n bytheirio'n wallgo i wyneb y ddrycin ar ddechrau Act 2, 'Blow winds and crack your cheeks ...' Ac eto, fe welais Derek Jacobi, yn ei ddehongliad diweddar o'r brenin gorffwyll, yn sibrwd yr araith enwog hon yn dra effeithiol. Eto i gyd, roedd ambell un yn y gynulleidfa'n eitha beirniadol o'i ddehongliad uwch wydriad o win yn y bar wedi'r sioe, tra roeddwn innau, ar yr un pryd yn union, yn llawn edmygedd o'i wreiddioldeb tra'n llywcio fy mheint. 'Fel yna mae pob bwyd yn cael ei fyta,' chwadal fy mam.

Ond pam 'mod i mor gyndyn o ddweud yn onest wrthych chi os ydwi'n meddwl fod ganddoch chi'r adnoddau i'w 'gwneud hi' yn yr hen fyd mawr 'na allan yn fan'na? Wel, am nad ydwi'n gwbod, dyna i chi pam. Byddai'n llawer haws gen i o beth mwdril i roi mhen ar y bloc bondigrybwyll hwnnw tasa chi'n gofyn imi os oedd ganddoch chi ddigon o adnoddau fel canwr. Mae ansawdd y llais, cywirdeb tonyddiaeth a disgyblaeth a thechneg yn bopeth mewn perfformiwr cerddorol. Mae'r hyn sydd yn gwneud actor da yn llawer anos i'w ddiffinio. Fedrwch chi ddim rhoi eich bys arno.

Dwi wedi gwylio sawl actor ifanc talentog yn colli rhywbeth wedi hitio'r canol oed. Wedi gweld actor ifanc digon cyffredin hefyd a'm swynodd gyda rhyw ddehongliad rhyfeddol wedi iddo gael mymryn o flynyddoedd ar ei osgo a'i lais. Ac mae ambell un, prin iawn, wedi llwyddo i'm cyfareddu ar hyd y daith.

Mae paratoi gweithdai i hyfforddi actor yn dipyn o gur pen. Ambell un yn haeru ei bod yn amhosibl gwneud y ffasiwn beth. Dwi'n cofio Norah yn deud wrthai unwaith wrth edrych ar fyfyrwraig drama fach digon ofnus yn crynu ei ffordd drwy ei arholiad llafar: 'Where you ain't got it, you can't put it.' Wel ia, oes, mae'n debyg fod gofyn i'r hedyn bach cyntaf yna fod wedi ei blanu yn yr egin actor o'r cychwyn, ond mae modd rhoi gwrtaith iddo a dysgu ambell sgil a thechneg. Dyna pam mae dosbarthiadau a gweithdai a chynyrchiadau yn hanfodol bwysig iddo yntau, fel pob perfformiwr arall.

Clywais rai yn deud hefyd na fedrwch chi hyfforddi dramodwyr. Falla'n wir – mater o farn. Mae ambell i sgwennwr yn hapusach yn ei giarat fel meudwy yn byrlymu ei syniadau heb fod angen adwaith nac ymateb gan yr un adyn byw. Ond yn hwyr neu'n hwyrach mi fydd yn rhaid iddo yntau wynebu byrddaid o actorion a thechnegwyr a chyfarwyddwr ac ymateb i'w cwestiynau a'u barn. Mae'r rhan fwyaf o bobl greadigol angen rhyw fath o weithdy i bicio'i mewn iddo rŵan ac yn y man. Mae angen mwy nag un gwenynen i ysgwyd dipyn ar y paill, ac mae angen mynd nôl i'r cwch gwenyn weithiau hefyd; i gynhyrchu'r mêl!

Cur pen yr athro drama yw creu cwch gwenyn prysur, diwyd sy'n cynnig cilfachau a phrofiadau i'r egin actor ddarganfod ei gryfderau a'i wendidau. Ond chi, ddisgyblion y dyfodol, peidiwch â dŵad ata i a gofyn imi os dwi'n credu fod y 'peth' hwnnw ganddoch chi. Mae hi'n rhy fuan i ddeud pan fyddwch yn camu allan dros riniog Ysgol Glanaethwy am y tro olaf. 'Amser a ddengys,' yn unig fydd yr ateb eto mae arna i ofn. Ond i'r rheiny ohonoch chi sydd yn cerdded i mewn i theatr ac yn clywed eich tu mewn yn deud yn gyson 'fan hyn dwi ishio bod,' wel - rhygnwch arni!

Yn dal i rygnu,

Cefin

Annwyl Mr Miles,

Rhyfedd fel mae ambell i stori'n cael lle go anrhydeddus yn *repertoire* rhyw dipyn o siaradwr cyhoeddus fel fi. 'Dwn i ddim be wna' i rŵan 'mod i wedi deud y rhan fwyaf ohonyn nhw yn y gyfrol yma. Falla bydd yn rhaid imi roi rhyw dro bach fymryn yn wahanol arnyn nhw y tro nesa y bydda i'n eu hadrodd. Ond mae'r stori am ein cyfarfyddiad bach ni yn Eisteddfod Meifod, 2003, wedi cael dipyn o outings mewn Cymdeithasau Llenyddol ac Areithiau Dydd Gŵyl Dewi erbyn hyn. A dwi'n gobeithio cael dipyn o filltiroedd ohoni hi eto hefyd, os byw ac iach.

Roedd Eisteddfod Meifod yn un tu hwnt o brysur i ni fel ysgol, yn enwedig y dydd Mercher; diwrnod y Corau Ieuenctid, Gwobr Richard Burton, Unawd Allan o Sioe Gerdd, Llefaru Digri – roedd hi'n ddiddiwedd, o'r rhag-brofion ben bore hyd y gystadleuaeth olaf un. Diwrnod hir, blinedig.

I ychwanegu at y blinder fe gafodd Eisteddfod Meifod dywydd hynod o dda, cyfandirol bron (hon oedd 'Steddfod Twm Morys a'i ffan enwog os cofiwch chi), a doedd y dydd Mercher ddim yn eithriad. O'r hyn dwi'n 'i gofio, roedd hi hyd yn oed yn boethach ar y dydd Mercher.

Gan fod gen i seremoni eitha pwysig i'w mynychu y pnawn hwnnw, roeddwn wedi sleifio fy siwt i mewn hefo mi mewn bag Tesco rhag i neb ddechrau amau dim. Mae Gwobr Richard Burton yn dipyn o farathon yn flynyddol ac fe wyddwn y byddai Theatr Fach y Maes fel popty, felly fe es â dau grys ti sbâr hefo mi. Roeddwn yn newid i'm trydydd erbyn amser cinio ac yn crwydro'r maes i chwilio am ragor.

Oherwydd y 'seremoni' bu'n rhaid imi ofyn i Lowri gynorthwyo'r disgyblion oedd wedi cael slot gweddol hwyr i

Mirain yn darllen rhan o'r nofel.
Seremoni'r Fedal Ryddiaith, Eisteddfod Meifod, 2003.
Llun: Wyn Jones

ragbrawf Mr Burton. Rhag iddi orfod datgelu unrhyw gyfrinach, ond i sicrhau y byddai 'na dipyn o'r disgyblion yn y seremoni i'm cefnogi, fe ddywedodd wrth bawb am fynd i'r pafiliwn wedi'r rhagbrawf, ac yna'n syth i'r babell ymgynnull i drefnu'r ymarfer côr cyn y sesiwn gyda'r nos. Un dda ydi Lowri am drefnu!

Ta waeth, fe sleifiodd Rhian a finna i drio newid gefn llwyfan heb i neb sylwi'n ormodol. Peth anodd pan mae ganddoch chi lond gwlad o bartïon a chorau yn aros am

142

ganlyniad yno. A chan nad oedd rhagor o gystadlu ar ôl y prynhawn hwnnw byddai rhywun wedi amau rhywbeth o ngweld i'n newid i siwt a'r cystadlu ar ben. Felly fe ffeindiais gornel fach i mi fy hun – o dan y llwyfan! Fedra i glywed Hywel Wyn Edwards, trefnydd yr eisteddfod, yn mynd yn benwan hefo fi'n barod, cyn i mi gyfaddef y gweddill. Mae o'n un digon stowt hefo rheola traffig un ffordd, heb sôn am reola iechyd a diogelwch a ballu! Sori Hywel!

Ta waeth, roedd gan Rhian a finna docynnau i'w dangos, a sedd i eistedd ynddi y diwrnod hwnnw. Fel arfer, mae hyfforddwyr yn ffeindio rhyw lwybr bach eitha di-sylw i sleifio o gefn y llwyfan i'r pafiliwn i wrando ar eu disgyblion a phartïon yn perfformio, ac yn 'eistedd yn y sedd agosaf' yn weddol agos i flaen y llwyfan. Hen arferiad, ac mae'n un bach digon handi hefyd os 'da chi'n hyfforddwr neu riant. Dyma'r llwybr y byddwn i'n arfer ei gymryd ar ddiwrnod cyffredin yn y 'steddfod.

Ond, y prynhawn hwnnw, fe wyddwn y byddai'n rhaid imi eistedd yn y sedd a benodwyd ar fy nghyfer i. Dwi rioed wedi cael gwbod os yw'r dyn camera yn cael rhybudd ymlaen llaw ym mha sedd y bydd y sawl sydd wedi ennill y gadair neu'r goron neu'r fedal yn eistedd, ond fe dybiwn ei fod yn cael rhyw fath o gyfarwyddyd i ba gyfeiriad i anelu ei gamera. Yn sicr fe wyddwn yn iawn ei bod yn dra phwysig imi fod yn eistedd yn y sedd iawn, neu fe fyddai'r dyn camera a'r enillydd yn chwarae mig hefo'i gilydd am sbelan a'r cyfarwyddwr yn cael cathod bach, siŵr o fod. Ond bu bron i hynny â digwydd ym Meifod, yn do Mr Miles?

A dyna lle rydach chi'n dŵad i mewn wrth gwrs. Wel, fi a Rhian ddaeth i mewn yn gyntaf, yn trio ffeindio ein seddau. Gan eich bod yn un sy'n dod yn ffyddlon i'r eisteddfod yn flynyddol i fod yn stiward roedden ni'n nabod ein gilydd ers blynyddoedd. Dwi'n falch o gael dweud 'mod i ar y panel beirniaid pan enillodd eich mab, Rhodri, Wobr Llwyd o'r Bryn yng Nghastell Nedd ym 1994. O oes, mae gen i gof da am eisteddfodau. Ond cof da neu beidio, anghofia i byth beth ddigwyddodd ym Meifod pan ddaethoch aton ni i'n cynorthwyo.

'Cefin bachan,' medde chi, 'beth 'ych chi'n 'neud fan hyn te?'

'Chwilio am ein seddi 'da ni,' medda finna, gan drio peidio gadael y gath allan o'r cwd.

'Beth, o's tocynne 'da chi te?' ofynsoch chi, gan grychu eich talcen. (Tydi hyfforddwyr byth yn cario'u tocynnau fel arfer, gyda llaw.)

'Wel ... oes ...' meddwn inna, yn colli fy hyder wrth yr eiliad.

Mi edrychoch chi ar y tocynnau i weld lle roedd ein seddi ac fe gododd eich aeliau at eich corun.

'Jiw! Jiw!' medde chi, 'ma' rheina bron yn y cefen. 'So chi moin ishde mor bell nôl a 'na odych chi?'

'Wel ...'

'Dewch 'da fi,' oedd eich gorchymyn caredig, a'n hebrwng ni reit i res flaen y pafiliwn. Meddyliais tybed fydda fo'n syniad imi ddweud wrthach chi mai fi oedd wedi ennill y fedal a bod yn rhaid imi fynd i eistedd i'r sedd oedd wedi ei nodi ar fy nhocyn. Ond roeddach chi'n cerdded mor bendant ac mor benderfynol nad oedd angen i mi a Rhian fynd i eistedd mor bell yn ôl a ninna'n rhai o selogion y steddfod fel imi gau fy ngheg yn drap ac ufuddhau.

'Fydd fan hyn yn iawn 'chi Mr Miles ...' meddwn i, gan geisio eistedd yn weddol bell yn ôl ym Mloc B, ond doedd 'na ddim byw na marw nad oedd yn rhaid inni eich dilyn chi reit i'r rhes flaen.

'Co chi,' medde chi, 'Ring side seats. Joiwch.'

Dwi ddim yn siŵr iawn beth ddudith Hywel Wyn Edwards, y trefnydd, wrtha chi pan ddarllenith o'r stori fach yma Mr Miles, ond fe rown y byd am fod wedi gweld ei wyneb tasa fo wedi gweld lle roedd Rhian a finna wedi ein sodro ar gyfer y seremoni ar yr eiliad honno.

Mae'n rhaid imi gyfaddef, fe ddaeth rhyw ddiawledigrwydd drosta inna i aros yno hefyd; tasa fo 'mond i gael gweld beth fyddai adwaith Robin o Lŷn, yr archdderwydd ar y pryd, wedi bod. Mae'n sicr y bydda ganddo dipyn i'w ddweud tasa fo wedi ngweld i'n sefyll ar ganiad y corn gwlad – yn y rhes flaen! Fe fydda hi wedi bod y seremoni fyrraf mewn hanes – a fydda hynny ddim wedi plesio Robin dwi'n siŵr!

Ond penderfynodd Rhian a finna mai gwell fyddai sleifio yn ôl i'r sedd gywir a thrio tynnu cyn lleied o sylw aton ni ein hunain â phosib wrth fynd. Ond mae sleifio'n beth anodd i'w wneud mewn pafiliwn lled-lawn ar ddiwrnod crasboeth a chitha'n gwisgo siwt a phawb arall o'ch cwmpas mewn crys ti a throwsus cwta.

Sgwn i beth oedd eich adwaith pan welsoch chi mai fi oedd wedi sefyll ar ganiad y corn gwlad? A hynny rhywle yng nghefn y pafiliwn!

Ond roedd yn deimlad rhyfeddol; yn enwedig o glywed bloedd o gymeradwyaeth ifanc y rent-a-crowd yr oedd Lowri wedi llwyddo i'w drefnu ar fy nghyfer, a hithau ddim wedi gorfod datgelu yr un gyfrinach i neb – gaddo!

Roedd yn deimlad braf mynd i'r stiwdio wedyn i drafod y seremoni hefyd, a gweld mai pedwar o'm disgyblion oedd wedi cael llwyfan ar wobr Richard Burton. Teimlad od oedd methu bod gefn-llwyfan i'w cefnogi y flwyddyn honno, ond dyna ni, fedrwch chi ddim bod yn lle fasa chi'n dymuno'i fod bob amser – yn na fedrwch Mr Miles?

Ond diolch am feddwl amdana ni. Mae gweithwyr gwirfoddol y steddfod sy'n ymlafnio tu ôl i'r llenni wedi gwneud cyfraniad enfawr dros y blynyddoedd, ac wedi bod yn gefnogol iawn o waith yr ysgol ers y cychwyn.

Caewch y drysau yn y cefn os gwelwch yn dda, 'perffaith chware teg' ...

A oes heddwch? HEDDWCH.

Manon Wilkinson
Meifod, 2003
Llun: Wyn Jones

Annwyl Manon (Wilkinson),

Yn syth wedi imi orffen sgwennu'r llythyr at Mr Miles fe gofiais mai chdi ddaeth i'r brig yng Ngwobr Richard Burton y flwyddyn honno. Mae rhestr hir o fuddugwyr y gystadleuaeth a ddaeth o Lanaethwy, ond, ohonynt i gyd, dwi'n hollol sicir mai chdi oedd y dewraf ohonyn nhw i gyd. Mae angen dipyn o ddewrder i fynd am ambell gystadleuaeth ac mae Gwobr Richard Burton yn un o'r rheiny. Ond mae mentro iddi wedi profedigaeth yn gofyn am ddewrder eithriadol.

Bu farw dy fam, Sian, ryw ychydig wythnosau cyn inni ddechrau ymarfer dy fonologau, ac er 'mod i wedi rhoi dy enw i mewn i gystadlu fisoedd ynghynt, 'nes i rioed feddwl y byddet ti awydd mynd amdani wedi dy golled greulon. Dewisais ddarnau prawf i bawb arall oedd am gystadlu, ond cymerais yn ganiataol na fyddet ti angen rhai am resymau amlwg.

Peth peryglus ydi cymryd unrhyw beth yn ganiataol. Pan ddechreuais ymarfer hefo'r gweddill fe ofynnaist os oeddwn i wedi cael cyfle i ddewis darnau ar dy gyfer. Dwi ddim yn cofio os sylwaist ti ar fy adwaith i ar y pryd, ond mae gen i gof eitha clir imi gael mymryn o banig. Doeddwn i ddim yn siŵr i ddechra os y byddet ti'n ddigon tebol i ddal straen yr ymarferion ac o fynd dan groen cymeriadau dyrys yr areithiau. Mae actorion, waeth pa mor ifanc, yn gorfod ymbalfalu'n ddyfn yn eu hymysgaroedd am enaid cymeriadau, ac mae hi'n broses eitha cymhleth i ddarganfod yr hyn sydd y tu ôl i'w geiriau a'u gweithredoedd.

Dewisais ryw bedair neu bump o areithiau iti bori drostyn nhw a doist yn ôl ata i 'mhen tridia, bedwar i ddweud dy fod wedi penderfynu. Finnau'n gobeithio y byddet ti wedi dewis o leiaf un araith weddol ysgafn, fel y

147

gallem ni gael dihangfa bach a mymryn o hwyl mewn ambell sesiwn. Suddodd fy nghalon pan ddewisaist araith fawr Lady Macbeth a detholiad allan o'r ddrama Esther. Un ddynes sydd yn dyheu am gael coron ar ei phen doed a ddêl ac un fyddai'n fodlon colli ei choron er mwyn ail-ennill calon ei gŵr. Dau gymeriad cymhleth, hefo brwydr rhwng cenedl a chenedl yn y fantol, a gwaed ar eu dwylo.

Erfyniais arnat i ystyried un araith ysgafn o leia, ond ildiaist ti ddim. Mae gennyt ddawn arbennig ar gyfer comedi ac roedd dy waith byrfyfyr bob amser yn peri i'r dosbarth cyfan chwerthin lond eu boliau a chymeradwyo'n frwd pan fyddet yn ei morio hi o'u blaenau. Chwiliais am fwy o ddarnau ysgafn a fyddai o bosib yn apelio atat yn fwy na'r rhai oedd gen ti eisioes, ond doedd dim symud arnat ti.

Ceisiais dy berswadio hefyd y byddai'r beirniaid hefyd, o bosib, yn chwilio am fwy o amrywiaeth naws yn dy ddarnau, ond i ddim diben. Y ddwy araith yma oedd wedi cydio yn dy ddychymyg ac fe gyfaddefaist wrthyf nad oedd gen ti awydd mynd ar ôl unrhyw gymeriad digri. Roedd yr hiwmor oedd y tu mewn iti bryd hynny wedi mynd i gysgu dros dro dybiwn i a doeddat ti ddim mewn unrhyw hwyliau i chwerthin. Ond roedd yr awydd ynddot i fynd i blymio i ddyfnderoedd tywyll a dyrys rhai o gymeriadau enwocaf yn hanes y Ddrama yn dynfa aruthrol mae'n rhaid.

Doeddwn i ddim hyd yn oed yn disgwyl iti gael llwyfan y flwyddyn honno. Welais i ddim ohonot ti yn y rhagbrawf hyd yn oed. Roeddwn i'n sleifio i fy sedd yn y pafiliwn ar gyfer seremoni'r Fedal Ryddiaith bryd hynny mae'n siŵr. Ac felly, yn y stiwdio, yn fyw o'r llwyfan, y gwelais i dy berfformiad, a dwi'n cofio i bawb fynd yn dawel iawn tra roeddat ti'n cystadlu.

Rywfodd, fe lwyddaist i ddefnyddio'r mymryn lleia o'r argae rhyfeddol yna o deimladau oedd wedi bod yn cronni yn dy enaid clwyfus. Mi lwyddaist i gyffwrdd â'r clais oedd yn dal yn bynafyd y tu mewn iti pan oedd ei angen arnat ti. Doedd hi ddim yr Arglwyddes Macbeth galed, hunanol gen ti, mae'n rhaid imi gyfaddef. Roedd hon yn arglwyddes yr oedd yn edifar ganddi am ei gweithredoedd, ac fe weithiodd hynny o dy blaid. Yn rhyfedd iawn, fe ddaeth y caledi allan fwy yn Esther. Llwyddaist i ddangos rhyw wydnwch ynddi a'm perswadiodd fod y frenhines yma yn fodlon marw dros ei phobl a thros ei phriodas. Yr Arglwyddes Macbeth gollodd ddeigryn, ac Esther a ddangosodd ei dannedd. Ac i mi, dyna fu dy glyfrwch y noson honno.

Mond isio deud hynna oeddwn i Manon. Bu'n bleser cyd-weithio hefo chdi, a hyd heddiw, dwi'n edmygu dy ddewrder.

Dal ati,

Cefin

ON. Newydd ddychwelyd o'r Galeri yng Nghaernarfon wedi gweld dy berfformiad yn y ddrama 'Sgint'. Teimlo'n ofnadwy o falch fod dy holl lafur caled yn dwyn ffrwyth. Mi fydda dy fam wedi bod ar ben ei digon.

Annwyl gynhyrchwyr a beirniaid answyddogol,

Pe taswn i'n cael fy ffordd fy hun fe waharddwn i bob beirniad answyddogol rhag dod o fewn clyw unrhyw gôr. Mae hi wedi dod yn ffasiynol yn ddiweddar i symud y cyfryw feirniaid o'r stiwdio fach ar gyrion y cystadlu i'r prif awditoriwm i ddweud eu dweud. Dilyn ffasiwn y gynnau mawrion fel yr *X Factor, Britain's Got Talent* a *Strictly Come Dancing* mae nhw wrth gwrs, a thrio rhoi rhyw ogwydd fwy cystadleuol i'r gêm deledu. Ond bobol bach, i ba ddiben? Onid ydi'r panel beirniaid swyddogol, rhai ohonynt yn rhyngwladol, yn gwybod dipyn mwy am ganu corawl na'r rhai answyddogol sydd, fel arfer, yn eistedd yn y rhes flaen ac yn gwybod llai am y grefft na'r rhai sy'n cystadlu? Ond mae nhw'n cael mwy o amser i ddweud eu dweud na'r corau a'r beirniaid swyddogol hefo'i gilydd ambell waith.

Mi wyddom o'r gorau fod y panel beirniaid ar y rhaglenni mawrion yn Lloegr yn tynnu mwy o sylw atyn nhw'u hunain na'r cystadleuwyr bron â bod. Ac mae hynny, unwaith eto, yn rhan o'r cynllun. Mae gan rai gwylwyr fwy o ddiddordeb mewn clywed Simon Cowell yn llabyddio barn Louis Walsh yn gyhoeddus na gwrando ar unrhyw un o'r cystadleuwyr sy'n chwysu gefn llwyfan yn trio cofio'u geiriau. Ac mae'r rhan fwyaf o'r rheiny yn poeni mwy am yr hyn fydd gan yr hen Simon i'w ddweud am eu canu hwythau na phleidlais y cyhoedd (er mai honno fydd yn sicrhau lle iddyn nhw yn y rownd nesa). Anodd 'i dallt hi weithia. Ond o leia mae Simon a Louis yn berchen ar deyrnasoedd pwerus iawn yn y diwydiant, a allai lawnsio gyrfa gwerth miliynau i ambell un o'r cantorion. Ond gwyddom hefyd mai diweddglo digon trist fu i stori sawl un o'r enillwyr wedi eu llwyddiant byr-hoedlog.

> Everybody loves a winner,
> So nobody loves me ...

Ond lle roeddwn i dudwch? Ah! Ia siŵr, beirniaid answyddogol!

Dwi wedi bod yn ddigon gwirion i droi'n feirniad answyddogol fy hun o dro i dro, ac wedi difaru f'enaid bob tro dwi wedi derbyn y cynnig. Ond mi dwi wedi trio cadw at ambell i reol i mi fy hun os bydda i wedi bod mor wirion â chytuno i wneud y cyfryw beth. Y cyntaf yw fod y perffomiad dan sylw yn llawer pwysicach na'r hyn sydd ganddoch chi i'w ddweud amdanyn nhw. Mae'r munudau yna rydach chi, fel arweinydd, wedi dewis bod yn llygad y cyhoedd yn rhai rhyfedd pan ydach chi'n gwbod fod yna lygaid arbenigol yn cadw golwg fanwl ar bob nodyn ac ystum o'ch dehongliad, heb sôn am y cannoedd o feirniaid sydd yn y gynulleidfa a'r miloedd (os nad miliynau) sy'n gwrando adref ac yn estyn am eu ffonau symudol i'ch cefnogi (neu beidio'ch cefnogi).

Pan fydda i yn feirniad answyddogol fydda i wastad yn osgoi dweud na ddylai'r côr yma wneud hyn, llall ac arall. Sawl gwaith ydan ni wedi clywed y cyfryw feirniaid yn deud na 'ddylai'r côr yma drio symud', ddylai'r côr yma 'ddim canu gospel', ddylai'r côr yma 'ddim bod wedi arbrofi gymaint hefo alawon gwerin', ddylai'r côr yma 'osgoi caneuon pop mewn cystadleuaeth fel hon'. Yn enw pob rheswm, pam? Anaml iawn y clywn ni'r beirniaid swyddogol yn dweud y ffasiwn bethau, ac os nad ydio wedi ei nodi yn y rheolau pam na ddylech chi ganu trefniant o gân ysgafn neu anthem allan o sioe gerdd? Mae gennych chi berffaith hawl i ddweud fod y côr wedi llusgo, neu golli traw neu gam-ddehongli; mae'n siŵr bod yn rhaid ichi gyfiawnhau eich cyflog rywsut. Ond hyd yn oed wedyn, a ydi'r arweinydd a'r côr druan wir isio gwbod hynny yn syth ar ôl iddyn nhw ganu o'u gorau? Nac ydyn siŵr iawn. Rhowch inni'r hen ffordd Gymreig yn ei hôl. Cadwch y beirniaid answyddogol mewn stiwdio, rhowch gyfle i'r beirniaid swyddogol gyd-drafod a didoli'n deg mewn preifatrwydd, fel mae nhw'n ei wneud ar 'Canwr y Byd' ac Eisteddfod Llangollen. Os mai sylwadau'r beirniaid answyddogol yw testun y drafodaeth ar y radio yr wythnos ganlynol yna mae rhywbeth mawr o'i le.

Fel roeddwn i'n sgwennu'r llythyr yma fe wawriodd arna i mai prin iawn yw'r adegau lle darlledir beirniadaeth o lwyfan ein prifwyl erbyn hyn. Mae'r Urdd wedi dewis peidio rhoi cyfle i'r beirniad swyddogol druan agor ei geg ers tro byd – ac mae hynny'n golled. Fe ges i fy mowldio'n steddfodwr yn y cyfnod pan oedd pob beirniadaeth yn cael ei thraddodi o'r llwyfan. Roedd yn addysg imi glywed barn beirniad o gyfnod cynnar iawn. Tybed ai'r cyfryngau sy'n gyfrifol am hyn i gyd? Ta ydyn nhw'n cael bai ar gam gen i? Ac yn yr Eisteddfod Genedlaethol, lle mae'r beirniaid swyddogol yn dal i gael cyfle i draddodi, pam na ddarlledir y feirniadaeth honno? Darlledir beirniadaethau'r prif gystadlaethau llenyddol o'u cwr. Ond yn amlach na pheidio torrir i'r stiwdio i glywed barn y beirniaid answyddogol yn hytrach na'r feirniadaeth o'r llwyfan yn y cystadlaethau eraill. Pam? Ydi eu barn nhw yn well na barn y sawl gafodd ei ddewis i wneud y didoli yn y lle cyntaf? Ydach chi'n meddwl nad oes gan y gynulleidfa adref ddiddordeb mewn gwbod pam mai John Crotchett enillodd yr unawd tenor, er iddo anghofio'i eiriau yn pennill tri? O na, mae'n well gan y gynulleidfa adref gael clywed rhywun ar y maes yn deud eu bod wedi cael tri math o hufen iâ ac wedi prynu dau grys Ti yn anrheg i'w chwaer yng nghyfraith.

Dowch imi ei sbelio fo dipyn bach symlach ichi, rhag ofn nad ydach chi wedi deall y pwynt. Y bobl sy'n gwylio Wimbledon yn flynyddol ydi'r rheiny sy'n mwynhau chwarae tenis, ac os nad ydyn nhw'n mwynhau chwarae tenis, mae ganddyn nhw ddiddordeb aruthrol yn y gêm, neu fyddan nhw ddim yn eistedd am oriau, fel finnau, o flaen y sgrîn, bob haf, yn awchu a rhyfeddu. Mae nhw'n fodlon gwylio pob waldan yn cael ei hail chwarae ddegau o weithiau ar wahanol gyflymder, a does ganddyn nhw affliw o ddiddordeb mewn dim byd arall. Tasa chi'n torri ar ganol y gêm i weld pa fath o hufen iâ mae nhw'n ei gynnig hefo'r mefus eleni neu be sydd ym masged bicnic y rheiny sy'n eistedd ar Henman Hill fe aen nhw'n gandryll hefo chi a diffodd y set. Pan dorrir i'r stiwdio rhwng ambell gêm mae'r arbenigwyr yn y stiwdio i gyd yn gyn-enillwyr ar y gamp ac yn gallu trafod pob un waldan o'r gêm gydag arbenigedd manwl.

Ein harbenigwyr ni yw'r rheiny sydd ar y llwyfan yn traddodi. Gawn ni plis eu clywed nhw? Tasa chi isio teledu da, torrwch i gefn y llwyfan weithiau i weld y corau yn hongian ar bob gair ddaw allan o'u genau. Tydan ni ddim isio clywed amball i bŵr-dab sydd ofn pechu yn y stiwdio yn gwrthod rhoi ei ben ar y bloc ac yn deud eu bod nhw 'i gyd yn dda chwara teg'. Mi fydda'n well ganddon ni glywed yr un sydd wedi cael ei dalu am roi ei ben ar y bloc ac yn fodlon deud wrthan ni pam mae Côr Llanllebynnag wedi curo Côr Aberllearall.

Wela i chi eto mewn stiwdio ar faes mwdlyd yn rwla ma' siŵr ... ond hwyl am y tro,

Barchus Ben ein Cyfrwng,

Wedi meddwl sgwennu atat ti ers sbel, ond rywsut roedd 'na rwbath pwysicach i'w wneud bob gafael. Isio sgwennu i ddiolch iti ydwi am y profiadau a gafodd y côr ar y gyfres *Last Choir Standing*. Roedd yn gyfle gwych i'r disgyblion oedd yn aelodau ar y pryd, ac yn llwyfan di-ail iddyn nhw i arddangos eu talent. Mae'r ysgol hefyd wedi cael cyfle, ar ôl ymddangos ar y rhaglenni, i deithio llawer mwy, a dwi'n credu inni feithrin dipyn mwy o gefnogwyr yma yng Nghymru ar ôl y gyfres hefyd. Roedd yna un cyfnod lle roeddan ni'n cael amser go galed gan y wasg a'r cyfryngau yn nes at adra', hyd yn oed gan rai o'ch cyd-weithwyr chi, Barchus Ben. Maddeuwch imi am ddweud hynny, ond dwi'n gwbod y bu cryn drafod arna ni fel sefydliad yng nghilfachau rhai o'ch coridorau, a doeddan nhw ddim i gyd yn eiriau cefnogol iawn. Ambell farn wedi dirgrynu dros y tonfeddi trwy gyfrwng eich meicroffonau cyn heddiw, ac wedi codi gwrychyn ar adegau. Ond dŵr dan bont ydi hynny erbyn heddiw, dwi'n falch o gael deud. Mae'r rhan fwyaf o'r rhai fu'n hogi eu pensiliau yn ein herbyn wedi tewi bellach, ac ambell un wedi rhoi eu beiros, hefo'r ffidil fondigrybwyll honno, yn y to, hyd yn oed.

Ond fedra i ddim dweud i'r gyfres *Last Choir Standing* fod yn fêl i gyd inni chwaith. Hwyrach mai fi sy'n orsensitif, ac y teimlwch 'mod i'n gwneud môr a mynydd o rwbath bach iawn yn crybwyll hyn, ond dwi'n siŵr y bydd gan ambell un ddiddordeb yn y stori fach yma; yn sicir roedd dau o'r rhai oedd yn golygu'r rhaglen wedi cael blas aruthrol arni. Yn y parti yr oeddech chi, yn garedig iawn, wedi ei drefnu ar ein cyfer ar ddiwedd y gyfres wnes i eu cyfarfod, gyda llaw. Roedd y ddau yn amlwg wedi bod yn gefnogol iawn i'r côr drwy gydol y gyfres, ond roeddan ni wedi eu hadlonni mewn mwy nag un ffordd, yn amlwg.

'It was your pieces to camera in your interviews we enjoyed the most,' medda un ohonyn nhw, 'the bits that we couldn't show.'

Roeddwn i yn y niwl i gychwyn, ond yn fuan fe wawriodd arna i bod y ddau yma, o bosib, wedi gweld fy nhipyn penbleth ar adegau pan oeddwn i'n gwneud cyfweliadau i'w rhoi ar y rhaglen. Mi wyddoch chithau erbyn hyn, Ben, 'mod i wedi casáu gwneud y cyfraniadau bach yma pan nad oedd y cwestiynau wrth fy modd.

Roeddwn wedi amau, ymhell cyn glanio ar raglen realaeth fy hun, eich bod chi weithiau'n ceisio rhoi geiriau yng ngheg y cystadleuwyr sy'n ymddangos ar eich rhaglenni. Mae rhywbeth wedi teimlo'n ffals am y rhan yma o raglenni fel hyn i mi o'r cychwyn. Y straeon dagreuol a'r trasiedïau sydd wedi taro ambell gystadleuydd; 'da chi wedi godro'r rhain hyd at syrffed ers blynyddoedd bellach mae arna i ofn. Ac nid chi yn unig sy'n euog o hyn wrth gwrs, mae'r rhan fwyaf o'r rhaglenni realaeth, cystadleuol yn 'i godro hi. Biti. Dwi ddim yn meddwl bod y cyhoedd yn eu mwynhau nhw mwy nag y gwnes inna fwynhau yr helbul a'r cur pen o geisio'u hosgoi nhw.

Wrth gwrs bod gan bob côr eu trasiedïau, a daeth yn amlwg yn eitha buan yn y gyfres eich bod yn mynd i 'sgota yn o gyson amdanyn nhw. Ac roedd ganddon ninnau hefyd, er yn gôr ieuenctid, ein straeon dagreuol ein hunain; ond nid ar raglen adloniant ysgafn ar nos Sadwrn mae lle y straeon hynny yn fy marn i.

'Choir Wars' oedd teitl y rhaglen yn wreiddiol, ond buoch yn ddigon hirben i newid hwnnw cyn i'r rhaglen gael ei darlledu. Ond ni lwyddwyd i gael gwared â'r elfen ryfelgar yn llwyr:

'Which choir do you most fear?'

'None,' meddwn inna.

'Who do you think is your biggest threat?'

'There are no threats in a singing competition.'

Roedd eich dynion camera a'ch holwyr yn dechrau colli amynedd hefo fi erbyn y pwynt yma, Ben. Ond roedd eich golygwyr yn cael modd i fyw, mae'n amlwg, yn fy ngweld i'n ymwrthod â'ch abwyd.

'Can you begin your next sentence to camera by saying: 'If we go out this week we'd be devastated because' ... and then you carry on in your own words.'

Dyna oedd eich cyfarwyddyd imi un wythnos.

'No ...' oedd fy ateb innau unwaith eto, fel y cofiwch chi.

'Why?' medda chithau, yn dechra colli'ch amynedd hefo mi erbyn hyn.

'Because we won't be devastated,' ceisiais egluro. Ond dim ond eich lluchio chi oddi ar eich echel ddaru ateb felly. Roeddech chi'n methu deall yr hyn oedd gen i. Ceisiais egluro ichi sawl gwaith fod dysgu colli yn rhan o'r hyn dwi'n drio'i gyflwyno i nisgyblion o'r cychwyn. Wrth gwrs bod teimlo mymryn o siom yn beth naturiol wrth ichi gystadlu, mae pawb isio dŵad i'r brig, neu fydda nhw ddim wedi bod yno yn y lle cyntaf. Ond mae'n gyfrifoldeb ar bob athro i ddysgu sut mae trin a thrafod y siom yn ogystal â'r wefr o lwyddo hefo'i ddisgyblion os ydio am feithrin perfformwyr a dinasyddion aeddfed a chall. Os mai'r agwedd yna dwi'n geisio'i ddysgu, fedrwn i felly, dros fy nghrogi, ddim cael fy ngweld yn dweud y byddem yn 'devastated' tasa ni'n colli.

'Listen,' meddwn i wedyn, 'We've had such a good time on this programme, if we go out tonight, we want to go out with a celebratory bang, and not with a cloud over our heads. You want tears, but you'll get cheers if it's Glanaethwy that go out. We've loved it all the way and you won't see devastated young people on stage if we get voted off the show, so why should I lie to you?'

Does ond angen ichi edrych ar y llun yma o Glanaethwy yn cymeradwyo 'Only Men Aloud' ar noson eu buddugoliaeth i weld be dwi'n 'i feddwl. Dyna'r ffordd 'da ni'n hyfforddi'r côr; os ydan ni'n ennill yna 'mlaen i'r rownd nesa;

os ydan ni'n colli, yna 'mlaen i'r gystadleuaeth neu'r cyngerdd nesa. Mympwy a chwaeth yw barn beirniaid a chynulleidfa; does neb yn colli os ydach chi yno yn yr ysbryd iawn. Ond dyna sy'n gwneud rhaglen dda i chi wrth gwrs; beirniaid yn anghytuno a ffraeo, cystadleuwyr yn crio a bitsio, rhywun yn colli'r traw neu yn anghofio'i eiriau, mae o i gyd yn gwneud teledu da. Roedd Ken Dodd yn iawn yn dweud mai rhywun yn llithro ar groen banana ydi'r jôc ora'n y byd; a gora oll os ydi'r person yna'n brifo, wedi llithro, wrth gwrs; a gwell fyth os ydi hi'n ddynas go nobl hefo llond basgiad o wya ffresh ar 'i braich. Ewch â'r sefyllfa i'r pegwn eitha o greulondeb ac mae'r chwerthin yn uwch. Rhyfedd o fyd!

Dagrau pethau ydi fod yr elfen yma wedi dechrau

gwaedu i mewn i rai o'n rhaglenni ninnau yma yng Nghymru hefyd. Mynegais siom i gynhyrchwyr yn ddiweddar fod yna 'ni sy'n mynd i ennill' yn cael ei annog mewn ymateb i'r camera gan gorau a phartïon wrth eu cyfweld cyn cystadleuaeth. Mae'r gymuned gorawl yng Nghymru yn llawer rhy glòs i ddechrau annog geiriau felly o'n cegau. Rhowch gorau iddi da chi. Yn sicir does yr un aelod o unrhyw gôr yn mwynhau gwneud y math yma o gyfweliad. Diolch ichi am beidio ei wneud o hefo Glanaethwy erbyn hyn, mi wyddoch gymaint mae o'n ei olygu imi. 'Da ni'n wlad rhy fach i annog rhyw lol-mi-lol felly.

Ond nid hwnna oedd fy nghymhelliad i'n sgwennu atat ti chwaith 'sdi Ben. Roedd 'na un peth arall a'm poenodd i'n fawr yn ystod y gyfres, a ti'n cofio imi wneud cwyn swyddogol am hyn ar y pryd. Un o'r disgyblion ddudodd wrtha i eich bod chi wedi gofyn iddo ynta gychwyn ateb ei gwestiwn trwy eich dyfynnu; ond mi wrthododd ynta hefyd, diolch i'r drefn. Gofyn iddo fo 'neuthoch chi i gychwyn ei ateb i'r camera trwy ddweud: 'Coming from the middle of nowhere, now that we've made it to London ...'

Hwyrach na tydach chi ddim yn gweld llawer o'i le yn gofyn peth fel hyn i hogyn ifanc o Lanllyfni. Mae'n debyg eich bod chi'n grediniol bod cyrraedd Llundain yn agoriad llygad anferth i ieuenctid Gwynedd. Ond yr un agoriad llygad ydio ag a gewch chitha weithia pan ddowch chi i ben yr Wyddfa i weld yr harddwch o'ch cwmpas, neu weld Ynys Enlli yn ei gogoniant ar noson o fachlud mwyn. Ond fyddwn i byth yn breuddwydio gofyn ichi ddweud eich bod chi wedi dŵad o ganol nunlla i brofi'r olygfa ogoneddus o flaen eich llygaid. Ges i ngeni a'm magu yn Llanllyfni fy hunan, a chredwch chi fi, mae Llanllyfni yn rwla. Yn ysgol gynradd Llanllyfni y cafodd Bryn Terfel a Bryn Fôn eu trwytho yn y pethe, a sawl Bryn a Brenda a Branwen arall tasai'n dŵad i hynny. Be oedd haru chi'n gofyn y fath beth i Ioan Pollard druan? Fasa'i fywyd o ddim gwerth 'i fyw yn dŵad adra o Lundain wedi galw'i bentre genedigol yn 'ganol nunlla'!

Ddaru Ioan ddim ufuddhau i'ch cais chi diolch i'r drefn. A dyna oedd wedi taro'r ddau olygydd bach a siaradodd hefo fi yn y parti y noson ola, ddifyr honno ar eich haelioni chi Ben. Roeddan nhw wedi mwynhau'n gweld ni'n gwrthod ichi roi geiriau yn ein cegau a swnio fel 'tae chi wedi agor ein llygaid i well byd. Rhoi cyfle ardderchog wnaethoch chi, dim byd mwy a dim byd llai na hynny, ac mi rydan ni'n ddiolchgar iawn ichi, fel yr ydan ni'n ddiolchgar i bawb sy'n mynd ati i drefnu gwyliau corawl dros y byd i gyd. Mae Llangollen a'r Eisteddfod Genedlaethol yn llwyddo i'w wneud o'n flynyddol yma yng Nghymru gyda llaw. Oedd unwaith yn ormod i chi tybed? Llawar un wedi holi pryd mae'r ail gyfres yn ymddangos.

Ond diolch ichi am y cyfle yr un fath. Erbyn hyn mae'r cyfan o'r aelodau hynny oedd yng Nghôr Glanaethwy ar y gyfres wedi'n gadael ni a symud ymlaen i golegau a swyddi a bywyd newydd, ond dwi'n siŵr y byddan nhw i gyd yn edrych yn ôl ar eu cyfnod ar y gyfres, pan fyddan nhw'n hŷn, ac yn ei gofio fel un o uchafbwyntiau eu bywydau. Liciwn inna ddiolch i bob un wan jac ohonyn nhw am ddŵad hefo ni ar y siwrna ryfedd honno, canu o'u calonnau a sefyll dros eu daliadau.

Fe'th welwn di eto gobeithio Ben, os nad ydwi wedi sathru gormod o gyrn eich cynteddau hefo nhipyn llythyr.

Dyna'r cyfan am y tro.

I gyd yn gywir,

Nick Knowles a Myleene Klass
Last Choir Standing, 2008

Annwyl Nick Knowles,

Fedrwn i ddim meddwl am adael i'r gyfrol yma fynd i brint heb sgwennu 'pwt o lythyr' atat titha hefyd. Llythyr byr iawn fydd o, i ddiolch iti am fod mor ddi-duedd a chefnogol ar yr un pryd. Dwi'n siŵr na fydd gen ti wrthwynebiad imi ddweud y stori fach yma wrth y darllenwyr. (Mae pawb, ar adegau, yn licio cael rhyw gip bach y tu ôl i'r llenni, fel y gwyddost yn iawn.)

Diwrnod y rownd gyn-derfynol oedd hi, a'r corau i gyd yn cael rhyw fymryn o awyr iach ar y 'cwad' y tu allan i ganolfan y BBC. Roedd hi'n ddiwrnod tanbaid, a thithau allan yn cael dy fygyn cyflym cyn y recordiad. Fe sylwaist 'mod inna'n hoff iawn o gerdded a cherdded rownd a rownd cyn cystadlu. Dyna fy ffordd fach i o losgi'r adrenalin sy'n gor-bwmpio cyn rhyw berfformiad neu gystadleuaeth. Ers imi roi'r gorau i ysmygu dwi wedi dechrau cerdded yn ddi-baid (mae o dipyn yn iachach iti hefyd yn ôl be dwi wedi ei glywed Nick!).

Ta waeth, fe alwaist fi draw atat am sgwrs, ac yn dy ffordd foneddigaidd dy hun fe ddywedaist yn ddidwyll iawn dy fod yn meddwl fod y disgyblion yn rhyfeddol. Ond fe gofi iti hefyd roi dy droed ynddi ryw fymryn yr un pryd. 'You know Kev,' medda ti, 'I'm a real fan of Ysgol Glanaethwy.' (Ac roeddet ti, yn wahanol i'r cyflwynydd arall ar y rhaglen, yn gallu ynganu enw'r ysgol yn berffaith o'r cychwyn.)

'Oh, thank you Nick,' medda finna, gan deimlo rhyw falchder fod y disgyblion wedi creu y ffasiwn argraff arnat ti.

'Yea, great kids ... really charming, and so natural on stage. You should be really proud of them,' medda ti wedyn.

'Oh, I am Nick,' ymatebais innau'n frwdfrydig.

'Yea, they're amazing, considering ...,' ychwanegaist, gan oedi rhyw chydig cyn gorffen dy frawddeg.

Tasa ti wedi dod â'r frawddeg i ben ar y gair 'amazing', mi fydda popeth wedi bod yn iawn wrth gwrs, ond wnes di ddim. Gadewais inna i'r gair 'considering' hongian yn yr awyr am sbel, gan adael iti wingo dipyn. Ddywedais i 'run gair, a theimlaist dy hun bod yn rhaid iti ymhelaethu. 'You know ... considering ...' medda ti am yr eildro.

'No, I'm afraid I don't know Nick,' medda fi yn y man. 'Considering what?'

Mi fu's di'n bwnglera am sbel, ac yn tynnu'n o ddyfn ar dy fygyn; ac yna daeth rhyw ateb carbwl am fyw yn y wlad a thrafaelio yn bell, a bod yn rhaid cael coblyn o ymroddiad i fod yn rhan o rywbeth fel hyn pan wyt ti'n byw yn ... 'You mean when you live in the 'middle of nowhere' Nick?' meddwn i, gan ddyfynnu dy gynhyrchwyr.

'Yes ... yes ... that's exactly what ... well no ... what I'm trying to say is, kids from London can step out of their front door and walk into an establishment like yours and be there in five minutes whereas your kids ... well ...'

Mi wyddat nad oeddwn i'n rhy hapus hefo d'ymateb, ond roeddwn i hefyd yn hoff ohonat ti, felly d'es i ddim i ddadla. Gadewais iti dyllu twll bach digon del i ti dy hun. Tyfnach o bosib na'r rhai rwyt ti'n eu tyllu ar dy gyfres boblogaidd 'DIY SOS'. Bosib imi wenu rhyw fymryn i awgrymu nad oeddwn i'n gweld pethau o'r un ongl â thi ar y pryd, ac iti wingo rhyw fymryn, ond ddwedais i 'run gair ymhellach ar y mater. Bosib mai fy mudandod wnaeth iti ddeud: 'Let me think about this one Kev.' Cawsom alwad yn ôl i'r stiwdio, ac fe wyddwn dy fod yn aros allan i orffen dy ffag, ac i gnoi cil ar ein sgwrs.

Roedd y rownd gyn-derfynol yn eitha cynhyrfus os cofi di. Côr 'Revelation', oedd wedi bod yn y ddau ola bob wythnos tan hynny, yn mynd drwodd i'r rownd derfynol hefo Only Men Aloud. Felly Glanaethwy a Chôr Gospel ACM oedd i frwydro am y trydydd lle yn y ffeinal. Roedd yn rhaid i bawb gael 'killer song', fel yr oedd y BBC yn mynnu ei galw; ystyr hynny oedd fod yn rhaid inni gael cân wrth gefn i ymladd am ein lle yn y ffeinal, tasa ni ddim yn ennill digon o bleidleisiau gan y cyhoedd. Y 'Circle of Life' oedd ein dewis gân ni, ac fe ganodd y côr eu ffordd i'r ffeinal hefo'u dehongliad o'r glasur yna o'r *Lion King* gan Elton John. Fe wrthodwyd inni ganu unrhyw gân yn Gymraeg ar y rhaglenni byw, ac felly roeddan ni'n dueddol o fynd am amrywiaeth yn hytrach na glynu wrth un arddull arbennig. Dwi'n credu mai dyna yw'n cryfder ni fel côr wedi bod o'r cychwyn beth bynnag; er mai caneuon sy'n adlonni yw ein ffefrynnau, does ganddon ni ddim ofn darnau prawf eitha heriol hefyd ar adegau, ond roedd y rheiny yn 'no-no' go iawn ar 'LCS.'

Ta waeth, roeddan ni'n barod i fynd allan o'r gystadleuaeth y noson honno, gan ein bod yn ymwybodol fod ein tynged yn nwylo'r panel beirniaid o hynny 'mlaen. Roeddan ni'n gwbod fod dau ohonyn nhw wedi ffafrio Côr Gospel yr ACM o gychwyn y gyfres, ac roedd hwn yn gyfle iddyn nhw roi tocyn yn syth i'r ffeinal i'w ffefrynnau. Ond fel y soniais, dwi'n credu inni ennill eu calonnau hefo cân Elton John, ac fe bleidleisiodd y tri dros Glanaethwy, er syndod i bawb. Er yr holl flinder, mae'n rhaid imi gyfadde'n bod ni'n falch ofnadwy inni gael cyfle i ddod yn ôl i'r ffeinal. Roedd Rhian a finna wedi gweld ein hunain yn cael hedfan allan i'r Eidal am weddill y gwyliau haf, ond gwibio nôl i'r gwesty i feddwl be goblyn oeddan ni'n mynd i ganu yr wythnos nesa fu'n tynged, a chrafu'n penna am syniadau.

Roedd y broses o gael y côr yn barod o un wythnos i'r llall yn wallgof. Falla nad oedd y gwyliwr cyffredin adra yn sylweddoli bod y broses o baratoi'r corau ar gyfer y rownd nesa yn golygu cymaint o waith. Mae pob arweinydd côr gwerth ei halan yn gwybod faint o waith ydi cael un darn o gerddoriaeth i fyny i safon lle mae'n barod i gael ei berfformio'n gyhoeddus. Dychmyga'r hunllef felly, unwaith roeddat ti, neu Myleene Klass, yn cyhoeddi pwy oedd yn mynd ymlaen i'r rownd nesa, bod yr arweinyddion yn gwybod y byddai'n rhaid dechrau trefnu wythnos o ymarferion a dewis a threfnu ein rhaglen nesaf yn syth bin. Doedd ganddon ni yr un gân Saesneg wrth gefn yn agos i'n *repertoire* erbyn hynny wrth gwrs, ac felly roeddan ni yn cychwyn hefo'n cwpwrdd cerddorol yn gwbwl wag bob wythnos.

Cyn inni gyrraedd yn ôl i'r gwesty felly, roedd yn rhaid meddwl am ddwy gân hollol newydd. Erbyn y nos Sul roedd yn rhaid danfon y corau adref a mynd yn ôl i'r ganolfan i dorri'r ddwy gân newydd i lawr i ddim mwy na dau funud a deg eiliad. Gan bod gofyn ichi gael copi o'ch dwy gân hefo chi byddai Rhian a finna yn arfer mynd i ryw fath o banic-mode ar y pwynt yma, gan nad oeddan ni wedi cael cyfle i feddwl am ganeuon newydd, heb son am gael copi i'r cyfarwyddwr cerdd! Yn aml iawn, byddai Mirain yn gorfod gwibio draw i siop gerdd yn Covent Garden, sy'n gwerthu amrywiaeth o ganeuon ysgafn, i chwilio am gopïau.

'Does 'na ddim 'We Will Rock You' yma, neith 'Bohemian Rhapsody'?'

'Duwcs ia, 'neith tro!'

Ac felly roedd hi'n amlach na pheidio. Cyrraedd y Ganolfan Deledu â'n gwynt yn ein dwrn ar y bore Sul, a rhyw banel o saith neu wyth yn ein haros i olygu'r gân i lawr i ddau funud a deg eiliad: y cyfarwyddwr cerdd, y cyfeilydd, dyn y stop watch, yr hyfforddwraig llais, yr is gyfarwyddwr, yr ymchwilydd a dyn yr hawlfreintiau – marathon. Mirain a'r cyfeilydd wedyn yn canu'r fersiwn ddiwygiedig er mwyn i'n trefnydd cerdd ni fynd ati i'w droi yn waith corawl. Yna teithio adra, gan drio trefnu'r ymarferion ar gyfer gweddill yr wythnos. Croesi'n bysedd y byddai'r ddau drefniant wedi eu cwblhau erbyn y nos Lun, fel bod gennym ryw fath o ddeunydd i ddechrau ymarfer. Yn flinedig a lluddedig, ond yn llawn brwdfrydedd, fe gyrhaeddai'r côr yr ymarferion i ddechrau waldio nodau. Os oeddan ni'n lwcus, felly, roedd gan y côr ryw syniad o'r ddwy gân oedd angen eu meistroli o fewn yr wythnos erbyn troi am adref ar y nos Lun.

Erbyn inni gyrraedd adref o'r ymarferion hynny doeddan ni ddim yn siŵr iawn beth oedd ein henwau heb sôn am gofio lle roeddan ni'n byw. Ond wedi ffeindio'r tŷ iawn a chofio'n *password* roedd yna e-bost go hirfaith yn ein haros. Dwy gân ychwanegol wedi eu trefnu gan y BBC, yr oedd gofyn i'r corau eu canu i gyd erbyn y rownd nesaf. Rhain oedd y 'group songs' a genid gan y corau i gyd ar ddechrau'r ddwy raglen, sef rhaglen y gystadleuaeth a rhaglen y canlyniadau. Pedair cân mewn un wythnos! Ac wrth gwrs, roedd yn rhaid ichi gael eich 'killer song' wrth law yn wythnosol, felly pum cân i gyd. Roedd isio sbio'n pennau! Ac nid am un wythnos oedd hyn wrth gwrs, os oeddach chi'n ddigon anlwcus i fynd drwodd i'r rownd nesaf (jôc!) roedd y felin yn cychwyn troi mor ddi-drugaredd ag unrhyw gonveyor belt ffatrïol.

Ymarfer eto ben bore dydd Mawrth i waldio nodau'r ddwy gân newydd a mireinio'n dwy gân ninnau. Mireinio? Tydach chi ddim yn dechrau gwneud peth felly am wythnosau lawer yn y drefn arferol o baratoi côr, ond hefo rhaglen fyw yn ein hwynebu eto ar ddiwedd yr wythnos doedd ganddon ni ddim dewis ond ymarfer a mireinio. Doedd neb isio rhoi cam o'i le o flaen cynulleidfa o ryw chwe miliwn o bobl!

Erbyn y nos Fawrth, felly, roedd ganddon ni rhyw lun o syniad o batrwm y pedair cân. A'r dydd Mercher? Wel ... dyna pryd y byddai'r coreograffwyr yn glanio ben bore ar ein stepen drws. Dysgu steps o fore gwyn tan nos, ac ar ddiwedd dydd roedd yna gamera yn glanio i ffilmio pob rwtîn ar gyfer y cyfarwyddwr lluniau. Roedd hwnnw wedyn yn cael ei ddanfon yn syth i lawr i Lundain i lunio sgript camera yn seiliedig ar batrymau pob cân, a'r cynllun goleuo yn cael ei baratoi i fod yn gydnaws â'r dehongliad.

Dydd Iau, roedd y camera yn aros i fyny yn y stafell ymarfer, i wneud cyfweliadau a pharhau i ffilmio pob un cam rhag ofn y bydde nhw'n cael siot o rywun yn syrthio, neu'n crio, neu'n rhegi neu'n ffraeo. Holi ni'n dwll am y profiad, a chwilio am unrhyw ddeunydd a fyddai'n ychwanegu at dyndra'r gystadleuaeth. Fel dwi wedi sôn eisioes, chafon nhw fawr o ddeunydd felly o ben yma i'r wlad. Gwrthodais iddyn nhw holi am unrhyw stori drist nac unrhyw helbul fyddai'n peri gofid i rywun arall.

Erbyn y nos Iau roedd yn rhaid i'r darnau, er mor simsan, fod yn eu lle. Yna danfon pawb adra, i fynd yn syth i bacio ac i'w gwlâu i orffwys. Teithio i lawr i Lundain i ymarfer ar y set drwy'r dydd ar y dydd Gwener. Roedd y daith fws i lawr i Lundain bob wythnos yn hwyliog iawn, er gwaetha'r blinder. Cyfweliadau radio hefo Radio Cymru a BBC Wales, cynhesu'r lleisiau, dysgu geiriau munud olaf, bysgio ym maes parcio lle bynnag y bydda ni'n stopio am banad; rhyw bethau felly fyddai'n ein cadw ni i fynd ar hyd y daith i lawr, a glanio yn y BBC erbyn tua amser cinio. Y cyfeillgarwch rhwng y corau yn ail-danio yn syth, a hen drafod beth oedd pa gôr yn ei ganu. Ffitio gwisgoedd newydd, mireinio hefo'r coreograffydd, mwy o gyfweliadau, rhedeg y caneuon ar y set, ac yna i'r gwesty i ymlacio ryw fymryn. Hwn oedd amser gorau'r wythnos drwy'r cyfnod i gyd, gan ei fod yn gyfle i'r corau gymysgu a chymdeithasu go iawn. Roedd rhyw gysgod o dristwch yn y gwesty ar y nos Sadwrn bob wythnos, gan y byddai yna un côr yn ffarwelio â'r gyfres, ac felly roedd yn fwy o barti ffarwél nag o ddathliad mewn gwirionedd.

Yna, wrth gwrs, roedd y dydd Sadwrn yn ein hwynebu unwaith eto. Gan mai côr ieuenctid oeddan ni, roedd yn rhaid i'r rhai dan un ar bymtheg oed, oherwydd rheolau oriau gwaith, aros ar ôl yn y gwesty am awr ar ôl i bawb arall adael am y stiwdio. Falla'i bod yn rheol ddigon teg, ond roedd yn golygu ein bod ni yn colli awr a hanner dda o amser ymarfer hefo'r coreograffydd ac yn gorfod dal i fyny hefo'r gweddill drwy'r dydd i gael popeth yn ei le. Mae'n glod i'r disgyblion felly fod Paul, y trefnydd dawns, yn dweud na chafodd o ddim unrhyw fath o broblem hefo'r disgyblion o safbwynt dysgu eu gwaith a'i fod wrth ei fodd yn gweithio hefo nhw.

Mae'n siŵr fod gen ti syniad go lew, Nick, o'r gwaith paratoi oedd yn mynd ymlaen rhwng y naill raglen a'r llall, ond mae'n bosib nad oes gan neb, ond y corau a gymerodd ran, syniad o'r gwaith trefnu a pharatoi oedd ynghlwm â'r gyfres. O bosib y bydd y pwt bach yma o lythyr yn rhoi rhyw fath o ddarlun iti, ac i bawb arall drafferthith i'w ddarllen, beth yn union oedd y broses o fod yn rhan o'r rhialtwch rhyfedd nôl yn nwy fil ac wyth.

Wedi'n sgwrs fach anorffenedig, ymhen wythnos, roeddan ni nôl yn White City, yn paratoi i recordio'r ffeinal; roeddet tithau allan ar y cwad yn tynnu ar dy sigarét yn yr un man yn union. Fe alwast ti fi draw am sgwrs tra roeddwn innau wrthi'n cerdded ac yn trio lladd amser cyn yr awr fawr.

'Kev, I think I owe you an apology,' medda chdi'n ddigon clên.

Roeddat ti wedi bod yn swyddfa'r gyfres ar y bore dydd Llun, medda chdi, ac wedi sôn am ein sgwrs hefo rhai o'r merched yn y swyddfa, ac wedi cael mymryn o row ganddyn nhw.

'You told him *what*?' oedd un ohonyn nhw wedi ei ddweud wrthat ti. Yr hyn oedd wedi eu dychryn fwyaf oedd dy fod wedi dweud y byddai plentyn yn gallu camu dros ei stepan drws a cherdded i sefydliad fel Glanaethwy mewn pum munud yn Llundain.

'If my kid could do that Nick,' medda un ohonyn nhw wrthat ti, 'he'd be out of that front door every blooming evening!'

Isio diolch iti ydwi felly, am fod mor onest, mor foneddigaidd, ac mor glên. Tydi gwaith cyflwynydd ddim yn hawdd chwaith, yn enwedig ar raglen fyw, hefo cannoedd o gantorion cynhyrfus yn bloeddio a sgrechian hyd y stiwdio o'ch cwmpas a chithau'n trio edrych yn hunanfeddiannol, soffistigedig, smart a di-duedd.

Diolch iti hefyd am alw heibio i'r ysgol i'n gweld ni i

ddeud 'helo' pan oeddat ti yn y cyffinia yn ffilmio. Mae'n ddrwg gen i nad oeddan ni i mewn pan alwaist ti. Rho ganiad tro nesa ac mi wnawn yn siŵr y byddwn ni yma i dy groesawu di. Wrth gwrs, 'bugeiliaid newydd' sydd yma erbyn hyn, ac o bosib na fyddet ti'n nabod yr un gwyneb ond Rhian a fi a Lowri. Ond byddai'r wynebau newydd yn falch o dy weld di hefyd, dwi'n siŵr o hynny, ac yn fodlon canu rhyw gân neu ddwy iti.

Nefi wen! Mi ddudis i mai 'llythyr byr iawn' fydda hwn ar y cychwyn, a dyma fi wedi sgwennu un o'm llythyrau hiraf. A, wel! Ymddiheuriadau am fod mor hirwyntog, ond roedd hi'n braf cael ail-fyw Haf '08 yn dy gwmni.

Yn dal i sefyll, ac yma o hyd,

Cefin

(neu Kev!)

Annwyl ddarllenydd,

Ia, atoch chi mae'r llythyr bach yma wedi ei ddanfon. Mae'n siŵr na tydach chi, mwy na finna, yn derbyn llawar o'r rheiny y dyddia yma. Mae e-byst a negeseuon tecst a voice-mail wedi crebachu'r arfer o sgwennu llythyr yn do? Ond ta waeth, y rheswm mod i'n sgwennu hwn yn gyflym atoch, ydi i roi mymryn o gefndir i'r llythyr sy'n ei ddilyn.

Cyngerdd blynyddol yr ysgol oedd y noson a gododd wrychyn Ms Cuthbert, y wraig sy'n derbyn y llythyr hwnnw, ac mae'n amlwg bod ganddi wrychyn go fawr i'w godi gan iddi fynd i'r ffasiwn hwyl wrth sgwennu ata i. Roeddan ni wedi tramgwyddo'n o arw fel y gwelwch chi.

Un cyngerdd blynyddol fedrwch chi ei alw yn 'gyngerdd blynyddol' wrth reswm pawb, ac felly mae hwn yn un go bwysig i ni fel ysgol. Cyngerdd i'r rhieni ydio'n bennaf, ond mae'n naturiol bod ffrindiau, cefnogwyr a dilynwyr yn dod hefyd. A diolch byth amdanyn nhw! Gan bod pob ceiniog a wneir wrth y drws yn help at yr achos mae 'dewch yn llu' yn dal yn fyrdwn i drefnydd unrhyw gyngerdd. Cymdeithas Rhieni a Chyfeillion yr ysgol sy'n trefnu'r digwyddiad yma fel arfer a'r disgyblion, yn naturiol, yw prif sêr y sioe.

Roeddan ni'n dathlu ein pen-blwydd yn ddeunaw y flwyddyn honno ac eisioes wedi cael un cyngerdd anferth yng Nghanolfan y Mileniwm i nodi'r achlysur. Ond fel pob 'gog' gwerth 'i halan, roedd nifer o'n cyfeillion nes at adra wedi gofyn pam roedd yn rhaid inni fynd i lawr i'r de i ddathlu. 'Tydi'r gogledd ddim digon da ichi bellach?' Ninna'n gofyn lle roedd ambell un ohonyn nhw wedi bod am y deunaw mlynadd a aeth heibio gan bod y rhan helaetha o'n cynghardda hyd hynny wedi eu cynnal y pen yma i fast Nebo!

Ta waeth, roedd y swnian yn golygu bod yna alw hefyd wrth gwrs, a threfnu fu raid. Hon oedd y flwyddyn y gwnaethon ni ein marc ar *Last Choir Standing* ac felly roeddan ni'n eitha hyderus yn dewis Feniw Cymru yn Llandudno. Mae llogi llwyfan a gofod fel hyn yn dipyn o fenter wrth gwrs. Os nad ydach chi'n gwerthu'r tocynnau mae 'na fil bach teidi iawn yn eich aros ar ddiwedd eich fflop.

Ond diolch i'r drefn, fe werthodd pob ticed a CD ac fe gafodd y corau a ninna groeso anhygoel gan y 'gogs' yn union fel ag a gawson ni y pen arall i fast Nebo. 'Lasach ddychmygu felly y bydda Rhian a finna ar ben ein digon yn dychwelyd adra o Landudno y noson honno. Ond na gyfeillion, nid felly y bu hi o gwbwl.

Un o fy hoff alawon gwerin i, gyda llaw, ydi 'Paid â deud'. Mae 'na gyngor bach yn yr ail bennill sydd yn un pwysig iawn, yn enwedig i'r rheiny ohonan ni sy'n gneud ein bywoliaeth ar y llwyfan a'r sgrîn.

'Pan fo stormydd byd yn gwgu,
Paid â deud,
A gelynion am dy faeddu,
Paid â deud.
Ac os weithiau byddi'n llwyddo,
Paid â deud,
Hawdd i'th lwydd fynd trwy dy ddwylo,
Wrth it ddeud.'

A dyna'n union oeddan ni'n 'i neud yn ystod yr egwyl. Deud wrth y disgyblion pa mor dda oedd petha'n mynd. Lowri, Rhian a finna'n mynd o gwmpas y corau yn deud 'Mae'n mynd yn dda bois ... union 'run egni yn yr ail hannar!' Ac fel roeddwn i'n deud hynny dyma reolwr llwyfan y theatr yn dŵad ata i a deud eu bod wedi cael cwynion gan rai o'r gynulleidfa yn ystod yr egwyl. Allwch chi ddychmygu fy siom o glywed y fath eiriau a ninna newydd roi ryw anadliad bach o ryddhad bod y darnau yn disgyn i'w lle. Roeddan ni'n gwbod bod rhai o uchafbwyntiau'r sioe i ddod yn yr ail hanner ac felly'n meddwl siŵr na fydda rhaid pedlo'n rhy galed yn yr ail ran. Ond ... 'hawdd i'th lwydd fynd trwy dy ddwylo, wrth it ddeud.'

'Cwyn?' gofynnais inna'n yr iaith fain.

'Ia,' medda fynta, 'mae rhai yn cwyno eich bod yn siarad gormod o Gymraeg o'r llwyfan.'

Dwi ddim yn credu imi fedru deud rhyw lawar wrtho ar y pryd gan bod fy ngên wedi syrthio i rwla o gwmpas fy mhennaglinia. Gormod o Gymraeg? meddyliais i mi fy hun. Yn Llandudno?

Mi es i fy 'stafall wisgo i gael rhyw 'funud i feddwl'. Dwi ddim yn or-hoff o arwain cyngerdd pan dwi mewn hwylia da heb sôn am wneud a rhywun wedi codi ngwrychyn. Nid nad ydwi wrth fy modd yn annerch cynulleidfa cofiwch chi. Mae sgwrsio hefo pobol yn ail-natur imi a dwi'n cael boddhad mawr yn clywed adwaith torf i'r hyn sydd gen i i'w ddeud. Ond mae'n rhaid ichi fod yn dipyn o jwglwr i arwain cyngerdd ac arwain côr yr un pryd. Yn amal iawn fydda i newydd ddeud rhyw hanesyn neu jôc wrth y gynulleidfa a phan fydda i'n troi i wynebu'r côr mi fydda i wedi anghofio'n llwyr be 'da ni'n mynd i ganu nesa! Dwi'n manteisio ar y cyfle yma felly i ddiolch i'r côr dros yr un mlynedd ar hugain dwytha am sibrwd enw'r gân nesa wrtha i wedi iddyn nhw weld golwg go bell yn fy llygaid.

Roeddwn i'n ddigon sigledig yn cerdded yn ôl i'r llwyfan i ail hanner y noson yn Feniw Cymru fel y gallwch ddychmygu. Tasa chi wedi bod yn ddigon agos falla bydda chi wedi gweld y mŵg yn dŵad allan o nghlustia i hyd yn oed. Ond 'peidio deud dim' oedd fy mhenderfyniad i ar y pryd gan glywed Mam yn sibrwd 'calla dawo' yn dawel yn fy nghlust i. Mi garwn i bwysleisio yma, cyn ichi gael cyfle i ddarllen fy llythyr at Ms Cuthbert, 'mod i wedi deud ambell bwt yn Saesneg yn ystod yr hanner cyntaf gyda llaw. Ond ymlaen yr es i gan benderfynu gwrando ar lais mam ... am ryw eiliad neu ddwy.

'Croeso nôl i'r ail hannar!' meddwn i, gan anadlu'n ddyfn a chyfrif i ddeg cyn ychwanegu 'Welcome back to the second half'.

'Yeeessssss!' medda rhyw lais o'r galeri yn rwla, fel tasa'r ffaith 'mod i wedi eu hannerch yn yr iaith fain yn brawf bod eu cŵyn wedi cario'r dydd. Fedrai ddim diodda sŵn yr 'yeeesss' 'na ers peth amser. Mae rhai corau'n 'i neud o weithia ar ôl ennill rhyw gystadleuaeth a dwi'n cael rhyw negeseuon go hyll o'i glywed. Mae bloedd o orfoledd yn naturiol wrth ennill ond mae sŵn yr 'yeeesss' 'ma yn floedd o oruchafiaeth. Wedi trechu rhywun arall ydach chi wedyn ac nid wedi dod i'r brig. Hollti blew medda chi. Wel, falla, ond dyna fy adwaith i beth bynnag a newidia i ddim bellach. Mae'n sŵn sy'n asio'n well mewn gêm rygbi nag ydi o mewn gŵyl o ganu a dawnsio.

Ond roedd yr 'yeeess' ddaeth o'r galeri y noson honno wedi fy lluchio i oddi ar fy echel yn llwyr. Rhagor na hynny roedd hi wedi lluchio y rhan helaethaf o'r gynulleidfa hefyd. Mi edrychodd pawb i gyfeiriad y floedd yn eitha dryslyd. Fi, Rhian a Lowri, o bosib, oedd yr unig rai a allai ddyfalu cymhelliad yr adwaith. Gan fod y gynulleidfa yn y niwl tybiais y byddai hi ond yn gwrtais imi egluro wrthyn nhw ein bod wedi cael cwyn yn ystod yr egwyl fod gormod o ddefnydd o'r Gymraeg wedi ei wneud yn yr hanner cyntaf. O ystyried bod y rhan fwyaf o'r dorf yn siaradwyr Cymraeg fe allwch chi ddychmygu beth oedd yr adwaith. Roedd rhan ohona i'n rhyw hanner difaru imi agor fy ngheg ond roedd y rhan arall yn teimlo 'mod i wedi profi fod yna rai yn ein mysg o hyd yn cario'r ffasiwn agwedd negyddol tuag at yr iaith. Roedd yn agoriad llygaid i sawl un dwi'n siŵr.

Yma o hyd!

Cefin

Annwyl Jayne Cuthbert,

Maddeuwch i mi am fod mor hir yn ymateb i'ch llythyr. Fydda i byth fel arfer yn trafferthu i wneud hynny pan fydda i'n derbyn cyfathrebiad o'r natur yma ond wrth dyrchu ymysg yr archifau i chwilio am ddeunydd ar gyfer y gyfrol fe ddaliodd eich llythyr fy llygaid. Mae'n siŵr y daw o fel dipyn o sioc i bobl i wbod fod gen i ddyrnaid go lew o lythyrau tebyg yn y ffeil yn rwla'n hel llwch. Ac yno ma'u lle nhw debyg. Tydach chi, Jayne, ddim yn swnio fel tasa chi'n disgwyl ateb gen i beth bynnag, chwara teg ichi, ac mae'n dda hynny. Taswn i wedi ymateb yng ngwres y foment does wbod be fyddwn i wedi'i ddweud wrthach chi.

Maddeuwch imi hefyd am beidio sgwennu f'ymateb yn ôl ichi yn Saesneg. Fe glywa i sawl darllenydd yn gofyn pam yn y byd mod i'n ymddiheuro am ateb yn Gymraeg. Hen, hen arferiad ydio mae'n debyg. Rydan ni wastad wedi gneud. Os byddwn ni'n ddigon dewr i ofyn rhywbeth mewn siop neu fwyty yn Gymraeg a chael ymateb go stowt yn deud 'English', nad ein gwaetha mi ymddiheurwn am hynny cyn cario 'mlaen â'n hateb yn ein hail iaith. Felly rydan ni wedi bod erioed decini.

Ac mae eich llythyr y math o ymateb rydan ni wedi hen gynefino hefo fo ers canrifoedd bellach. Hyd yn oed pan mae Ann Robinson yn gofyn be goblyn 'da ni'n da fel cenedl mae disgwyl inni stumogi'r math yna o adwaith a sylweddoli mai mymryn o hwyl diniwed ydio'n diwadd. Os nad ydan ni, yna cawn ein cyhuddo o ddiffyg hiwmor. Tybed be fydda ymateb ambell genedl neu hil arall 'tae chi'n deud yr un peth amdanyn nhw? Sut fath o hiwmor ydio medda chi? Peth cymhleth iawn ydi hiwmor wrth gwrs. Cymhleth a chreulon. A rhaid i bawb ohonan ni fod yn ofalus iawn wrth ymdrin ag o. Mae 'na ysglyfaeth i'r rhan fwyaf o jôcs ac mae chwerthin un person bob amser yn tarddu o boen rhywun arall.

Dwi felly am drio ateb rhai o'ch cwynion yn nhrefn y llythyr os caf fi.

Fe ddwedwch:

> 'I know your choirs are Welsh speaking and fundamentally Welsh singing. This is what makes them wonderful to listen to. Although I am proud to be Welsh I live in Deeside which is predominately (sic) English speaking and without any translations I felt I was only getting half a concert. You gave particularly long dialogues with no translations whatsoever in the first half. There was no S4C 888 to help out!'

Dwi ddim yn siŵr os mai'r ffaith fod y disgyblion yn siarad Cymraeg sy'n gyfrifol am y safon a'r sŵn mae'r côr yn ei gynhyrchu. Rydan ni wedi teithio dros y byd i gyd fel ysgol ac wedi clywed corau gwych, cyffredin a gwael yn eu tro. Waeth pa iaith na chefndir diwylliannol y perthyn y corau iddyn nhw dwi'n credu bod safon eu perfformiad yn deillio o ymroddiad y disgyblion a'r hyfforddiant a roir iddyn nhw. Dwi'n credu 'mod i a Rhian wedi rhoi o orau ein gallu am yr un mlynedd ar hugain dwytha i filoedd o'n disgyblion a'n cyn ddisgyblion, a hynny, yn gymysg â brwdfrydedd y disgyblion a'u rhieni, sydd wedi creu y sain rydan ni'n ei gynhyrchu.

Rydach chi hefyd yn cyfeirio at fy neialog hir-wyntog. Rhyw ddwy awr a barodd y cyngerdd i gyd a rhwng yr unawdwyr, deuawdwyr a datganiadau'r tri chôr fe berfformiwyd deunaw o ganeuon ym mhob hanner sy'n gwneud cyfanswm o dri deg chwech o eitemau. Dyfalwch bod pob cân ar gyfartaledd yn para rhyw dri munud yr un; yn ôl fy nghyfrifiannell i mae hynny'n gwneud gwerth o leia awr a phedwardegwyth o funudau o ganu. Dwi'n dawel fy nghydwybod ichi gael mwy na hanner cyngerdd Ms Cuthbert.

Ewch ymlaen i ddweud, 'I would have appreciated

hearing how the children had got on in competitions. I had no idea what the unveiling of the trophy was all about or the jokes and laughter.'

Dwi'n credu ein bod ni'n dal i gropian yma yng Nghymru cyn belled ag y mae dwyieithrwydd yn y cwestiwn ond dwi'n falch o ddeud mai yn ein blaenau yr ydan ni'n symud y rhan fwyaf o'r amser. Yn ara deg iawn ar brydiau efallai, ond gydag amynedd a chydymdeimlad fe ddown drwyddi. Mae byw mewn gwlad ddwyieithog yn her aruthrol i unrhywun ac yn gofyn am dipyn o aeddfedrwydd a chydymdeimlad o'r ddwy ochr. Mae'r rhan helaethaf o rieni Glanaethwy yn Gymry Cymraeg iaith gyntaf neu'n ddysgwyr brwdfrydig, ac yn ein cyngerdd blynyddol dwi'n gwbod mai dymuniad pennaf y rhai sy'n danfon eu plant atom fyddai clywed am eu llwyddiannau yn eu hiaith eu hunain. Dwi'n ymwybodol hefyd bod cyfieithu popeth ddudwch chi o'r llwyfan yn gallu llethu cynulleidfa ac ymestyn hyd y cyngerdd nes diflasu pawb o'ch cwmpas. Mae'n rhaid i ninnau fel hyfforddwyr ofalu nad yw'r disgyblion, yn enwedig y rhai ieuenga, yn gor-flino. Wedi cynnwys yr egwyl roedd hi'n ddeg o'r gloch ar y cyngerdd yn dirwyn i ben fel ag yr oedd hi. Mae'n rhaid cwtogi yn rhywle.

Ydi, mae'n braf clywed cynulleidfa'n chwerthin, ond wyddwn i ddim ei fod yn rhwystredig i beidio deall. Fel un sydd wedi teithio'r byd i berfformio yn Tsieina, Canada, Yr Eidal, Y Swistir, Yr Iwcraen, Hwngari, Bwlgaria, Iwerddon a'r Alban a chlywed yr iaith frodorol yn cael ei siarad gan y cyflwynwyr roeddwn i wastad yn teimlo ei bod yn anrhydedd cael bod yno yn eu mysg yn mwydo fy hun yn eu diwylliant ac yn meddwi ar eu chwerthin er nad oeddwn i'n deall gair. Sylweddolais i ddim bod eistedd yng nghanol chwerthin diwylliant diarth yn peri gymaint o anniddigrwydd.

'The concert was not advertised as a Welsh language only concert and I feel the Theatre was at fault in not pointing this out to you. Many people are on holiday in

Llandudno from other parts of the U.K. and they need some translation.'

Pam yn enw pob rheswm roedd gofyn i'r theatr dynnu ein sylw at y ffaith bod y cyngerdd yn Gymraeg yn unig? Mi es i i Feniw Cymru yn ddiweddar i weld Derek Jacobi yn rhoi perfformiad gwefreiddiol o'r Brenin Llŷr; ddaru neb o'r theatr fy rhybuddio i mai yn Saesneg yn unig fyddai'r perfformiad mwy nag unrhyw gynhyrchiad uniaith arall dwi wedi ei weld yn Feniw Cymru. Ond tasa ni wedi hysbysu'r cyhoedd bod hwn yn gyngerdd uniaith Gymraeg mi fydda ni wedi tyllu twll go ddyfn i ni ein hunain. Fe ganodd y côr yn Afrikaan, Eidaleg, Indian Americanaidd, Lladin, Hwngareg, Saesneg a Chymraeg. Prysuraf i ychwanegu bod o leia saith o'r caneuon yn Saesneg ac felly roedd hwn ymhell bell o fod yn gyngerdd uniaith Gymraeg.

Dwi'n cytuno hefo chi bod nifer helaeth o bobl yn dod ar eu gwyliau o bob cornel o'r Deyrnas Unedig i Landudno. Yn wir, dwi'n gwbod bod ambell un o'r America wedi dod draw i'n cyngerdd y noson honno i'r Feniw. Ond chawson ni 'run gŵyn ganddynt ar ddiwedd y noson nac mewn llythyr wedyn. I'r gwrthwyneb yn hollol â deud y gwir wrthach chi. Meddyliais ar y cychwyn fod ambell un am wneud cwyn gan fod rhesiad o wynebau diarth yn aros i gael gair hefo mi ar ddiwedd y cyngerdd. Roeddwn i a Rhian yn sefyll ar flaen y llwyfan gan inni gyhoeddi mai yno roedd rhieni'r côr iau i bigo'u plant i fyny. Yn raddol casglodd cryn ugain o aelodau o'r gynulleidfa nad oedd yn rhieni wrth droed y llwyfan a'r cyfan yn aros i gael gair â mi. Meddyliais yn siŵr y byddai yna gryn nifer ohonynt yn rai oedd wedi cwyno yn ystod yr egwyl. Yn wir, byddwn wedi gwerthfawrogi sgwrs i egluro fy safbwynt iddynt, waeth be fyddai eu cwyn. Ond nid felly y bu. Saeson oedd y rhan fwyaf ohonynt a oedd am fynegi eu siom ein bod wedi gorfod diodda'r fath sarhad yn ein gwlad ein hunain. Dyfynnaf un o'r Saeson hynny ichi.

'We just want you to know that we have been fans of the

choir since Last Choir Standing and we voted for you every week.'

'Oh well, thank you very much,' medda finna'n dal i ddisgwl y gelpan.

'It took us five hours to get here, and probably another five on the way down.'

'You're going back tonight?' gofynnais yn gegrwth.

'Oh yes, we only came up to see Glanaethwy, and we'll be back again for your next concert.'

Wyddwn i ddim wir bod ganddon ni cefnogwyr mor driw. Dwi'n credu imi grybwyll mewn pennod o *Perffaith Chwara Teg* mai yr ochr arall i'r ffin y cafodd Glanaethwy y croeso gwresoca ar y cychwyn, a dwi am ategu hynny yma i danlinellu'r pwynt. Ond yr hyn ddywedon nhw wedyn oedd yn galondid mawr i mi. Aeth y wraig ymlaen i ddeud,

'We were so sorry that you had those complaints during the interval. We never imagined that you had to put up with that kind of attitude in your own country. You were speaking your own beautiful language and we loved listening to every syllable. Keep up the good work and goodnight.'

Dymunais inna siwrna saff iddynt yn teimlo dipyn 'sgafnach o glywed eu barn. Ac yn wir i chi Ms Cuthbert, dyna oedd byrdwn pob un o'r rhai a fu'n ddigon brwdfrydig i aros. Roedd y rhan fwyaf o'r rheiny yn Saeson gyda llaw, ac yn llawn canmoliaeth, i gyd yn cywilyddio ac yn methu credu ein bod yn cael cwynion am siarad ein hiaith ein hunain yn ein gwlad ein hunain.

Ond y rhan a barodd fwyaf o benbleth yn eich llythyr oedd ichi ddeud:

'Furthermore when you were told to consider us in the second half you were particularly rude when you did your best to make the non-speaking Welsh feel very inferior and ill-mannered. We were not criticizing the children for singing in Welsh. It was your constant Welsh speaking making us feel ostracized. We had paid a lot of money to support you in an international theatre. It was not a school hall end of term concert. What a pity your arrogance let your choirs down.'

Dwi ddim yn credu i neb ofyn inni eich ystyried chi yn yr ail ran ac nid hynny oedd prif fyrdwn y neges a gawsom gan y rheolwr llwyfan. 'We've had complaints that there was too much Welsh in the first half of your concert,' oedd y brif neges a gafwyd, a dim mwy o eglurhad na hynny. Dwi ddim yn siŵr os yw polisi iaith y theatr bellach wedi ei ddiweddaru wedi'r digwyddiad bach yma ond fe ffoniais y theatr fore trannoeth yn gofyn am gopi o'r polisi. Rwy'n dal i aros.

Dwi ddim yn meddwl mod i'n berson 'rude' Ms Cuthbert ac yn sicir dwi ddim yn 'arrogant'. Dwi wir yn methu deall sut y gallwch fy nghyhuddo o'r ffasiwn beth a chitha ddim wedi deall gair yr oeddwn yn 'i ddeud o'r llwyfan. Rwy'n fwriadol yn cynnwys llythyr un arall a oedd yn y gynulleidfa y noson honno i ddangos ichi agwedd ar y cyngerdd drwy sbectol gwbwl wahanol. Dwi ddim yn awgrymu am funud mai hwn oedd y persbectif cywiraf o'r noson ond mae'n brawf na allwch chi blesio pawb bob amser. Ond dwi'n cynnwys y llythyr yma hefyd er mwyn i ddarllenwyr y gyfrol yma weld beth oedd barn rhywun oedd yn deall yr hyn yr oeddwn yn ei fynegi o'r llwyfan y noson honno.

Fel un a fu'n rhan o frwydr yr iaith am flynyddoedd rwy'n llawenhau o ddydd i ddydd yn gweld ein bod yn symud yn ein blaenau yn raddol a'r iaith yn cael ei pharchu a'i gwerth-fawrogi gan y mwyafrif o'r Cymry di-Gymraeg. Gwelais filoedd ohonyn nhw yn heidio ar faes y Steddfod yng Nglynebwy i ail-ddarganfod eu Cymreictod a'u hetifedd-iaeth. Ac mae cael y cyfle i drosglwyddo'r etifeddiaeth honno i ieuenctid ein cenedl wedi bod yn fraint i Rhian a finna dros yr un mlynedd ar hugain dwytha.

Galwch fi'n benboethyn os liciwch chi. Galwch fi'n eithafwr. Ond mae angen ichi sylweddoli mai'r oll yr oeddwn i'n ei wneud ar y noson oedd siarad fy iaith fy hun yn fy

178

ngwlad fy hun. Mae hwnnw'n hawl sylfaenol y dylai pob unigolyn ar yr hen ddaear yma ei gael yn rhydd o unrhyw feirniadaeth.

Her yw dwyieithrwydd i bob un ohona ni sy'n byw yma yng Nghymru. Mae gan bob un ohonom yr hawl i ddisgwyl hynny mewn gwasanaethau cyhoeddus boed mewn swyddfa bost neu swyddfa docynnau, swyddfa'r heddlu neu swyddfa'r cyngor. Mae arlwy adloniannol yn faes gwahanol. Mae angen amrywiaeth mewn arddull, cyfrwng, idiom ac iaith. Dyna sy'n ein cyfoethogi fel pobol. Ffwlbri ar fy rhan fyddai disgwyl i Derek Jacobi fod wedi perfformio yn ddwyieithog fel y Brenin Llŷr. Fyddwn i ddim wedi gwerthfawrogi cael offer clust i'm harwain drwy'r ddrama chwaith. Dyma lle mae synnwyr cyffredin a goddefgarwch angen cicio i mewn. Eisteddais drwy berfformiad cyfan o 'Midsummer Nights Dream' yn yr iaith Eidaleg yn Verona yr ha' dwytha a chael gwedd gwbl newydd ar y ddrama. Rwy'n dechrau dysgu Eidaleg ar hyn o bryd gan fod gen i fflat bychan ar lan llyn Garda. Fyddwn i ddim yn gallu meddwl am wneud y ffasiwn beth heb ymdrechu i ddysgu'r iaith a gallu cymysgu'n iawn hefo'r brodorion. Fy newis i, a marn i fel unigolyn yw hynny wrth gwrs a dwi'n dragwyddol ddiolchgar i'r dysgwyr hynny sy'n dewis gneud yr un peth yma yng Nghymru. Ond credaf bod yn rhaid i'r rhai sy'n dewis peidio dysgu'r iaith ddeall a pharchu'n hawliau ni fel siaradwyr a dysgwyr.

Wrth fynd yn ôl i'r twr bychan o lythyrau cyffelyb yn fy ffeil rwy'n sylwi bod naw deg naw y cant o'r llythyrau hynny o Gymru. Ac wrth eu hymyl, diolch byth, mae toreth o lythyrau cefnogol, calonogol a gwerthfawrogol, nifer helaeth ohonynt wedi eu danfon i ni o Loegr. Diolch amdanynt.

Yr eiddoch yn gywir,

179

XXXXX
XXXXX
Ynys Môn
Gorffennaf, 23ain, 2009

Annwyl Cefyn a Rhian,

Ysgrifennaf atoch i ddatgan cefnogaeth lwyr ichi yn dilyn cyngerdd dathlu deunaw oed yr ysgol yn Llandudno nos Sul. Mewn sefyllfa anodd a oedd, dwi'n siŵr, wedi corddi enaid dyn, credaf fod ymateb proffesiynol a chadarn Cefyn ar ddechrau'r ail hanner a gallu'r côr i roi teimladau cryfion o'r neilltu wedi bod yn glod i chi'n bersonol, i'ch disgyblion yn gyfan ac i'r ysgol fel sefydliad.

Gobeithio eich bod yn ymwybodol o'r gefnogaeth gadarn a oedd yn berwi ymysg y gynulleidfa. Ni allwn lai na rhyfeddu at y synnwyr o undod a grewyd gan eich geiriau o'r llwyfan – llwyddasoch i fynegi yr hyn y byddai'r rhan fwyaf ohonom wedi dymuno ei ddweud yn y fath sefyllfa gan wneud hynny'n rymus a choeth.

Roedd cefnogaeth bellach ichi gan y di-Gymraeg a chlywid anghrediniaeth lwyr yn cael ei mynegi wrth adael y theatr ar ddiwedd y noson fod cwynion o'r fath wedi cael eu mynegi yn ystod y toriad.

I gloi, carwn ddiolch ichi am noson wych ac am gael bod yn rhan o'ch dathliadau. Diolch yn bennaf, fodd bynnag, am rym eich geiriau.

Yn gywir iawn,
Sian Hydref.

Annwyl Mrs Evans o Borthmadog,

Un sâl oeddwn i am dderbyn beirniadaeth pan gychwynnon ni'r ysgol. Nid beirniadaeth ar berfformiad dwi'n 'i feddwl, ond unrhywun oedd yn ein beirniadau am sefydlu'r ysgol yn y lle cyntaf. Sawl un yn deud nad oedd angen y ffasiwn beth ag ysgol berfformio yma yng Nghymru. Mae'n siŵr ei bod yn anodd i unrhywun dderbyn fod pobol eraill yn colbio'ch gweledigaeth ac yn trio chwalu'ch breuddwydion, ond roeddwn i'n mynd fel cadach llestri pan glywn i ambell waldan yn dod tuag aton ni.

Cofio Rhian a finna'n cael ein galw i Ysgol Dyffryn Nantlle gan y prifathro i gwrdd â rhai o athrawon cerdd y sir i drafod y 'broblem' oeddan ni wedi ei chreu wrth sefydlu'r ysgol. Emrys Price-Jones, fy hen athro mathemateg, oedd y prifathro ar y pryd; ac roedd am roi cyfle i athrawon cerdd Gwynedd fynegi eu consyrn am ein bodolaeth. Roeddwn wedi cael sawl pryd o dafod gan fy athro maths yn yr ysgol ar sawl achlysur am fethu gneud fy syms, ond teimlad chwithig iawn oedd curo ar ddrws y prifathro i gael cerydd am agor ysgol. Mi deimlish i fel hogyn bach unwaith yn rhagor. Crwt ysgol oedd wedi trio rhoi dau a dau hefo'i gilydd a chael ateb cwbwl wahanol i bawb arall a neb yn deall sut y doth o i'r fath ganlyniad. 'Ewch at y prifathro i drio egluro'ch hun Cefin Roberts!'

Doedd yr holl feirniadu 'ma ddim i weld yn cael yr un effaith ar Rhian. Nid nad oedd hi'n mynd yn ddig ar adegau, ond doedd o ddim i weld yn ei llethu hi gymaint â fi. Ond falla mai ei hasgwrn cefn hi sy' dipyn cryfach na f'un i beth bynnag. Er mai un fach iawn o gorffolaeth ydi hi mae ganddi ddewrder a fyddai'n gallu herio Goliath pan fydd ei angen arni. Llwyddodd i'm darbwyllo nad gelyn oedd pawb oedd wedi dŵad i wrando arnon ni ac nad oedd pobl oedd yn ysgrifennu llythyrau a cholofnau'n ddi-enw yn werth taten. Gwnaeth imi sylweddoli bod yna bum cant o rieni, i ddechra cychwyn, a oedd yn credu yn yr hyn yr oeddan ni'n ei gynnig. Ar ddiwedd blwyddyn gyntaf go simsan perswadiodd fi y byddai'n rhaid inni roi o leia blwyddyn arall iddi beth bynnag, gan fod y disgyblion wedi mynd drwodd i rowndiau terfynol Music For Youth a'r Barclays Music Theatre Awards yn Llundain, ac nad oedd rhoi'r ffidil yn y to yn mynd i fod yn weithred mor hawdd ag y tybiwn. A dweud y gwir, doedd rhoi'r ffidil yn y to ddim yn opsiwn inni ar y pryd, gan fod gennym gymaint o heyrns yn y tân. Roeddwn i wedi dechrau lluchio'r teganau allan o'r pram cyn sylweddoli mai fi a Rhian fyddai'n gorfod eu casglu i gyd tasa petha'n dŵad i ben. Ar ddiwedd ein blwyddyn helbulus gyntaf aeth â fi am wyliau i Efrog i 'ddianc' o fyd y cecru a'r colbio; 'tu hwnt i fawl a sen'.

Ond y peth pwysicaf a wnaeth oedd gwneud imi sylweddoli fod teulu, ffrindiau a chymuned yn llawer pwysicach na rhyw ddyrnaid o elynion, a bod yn rhaid imi weithiau ddysgu anwybyddu y dafod filain a'r cwestiwn pigog ar ambell raglen nad oedd ganddyn nhw ddim byd gwell i'w drafod na mymryn o gythraul canu.

Bu'n siwrne hir ers y gwyliau hwnnw yn Efrog, a dwi mor ddiolchgar bod Rhian wedi llwyddo i droi mraich i yn hynod o dyner bryd hynny. Wedi dod i waelod y safle mewn eisteddfodau cylch a sir yma yng Nghymru roeddan ni, dros nos, yn ennill rhai o brif gystadlaethau sawl Gŵyl Gerdd yn Lloegr. Cawsom ddwy brif wobr yn Music For Youth a phedair gwobr yn y Barclays Music Theatre Awards ac roedd fy hyder innau yn ein gweledigaeth yn ail-danio. Ond nid yr ennill oedd wrth wraidd fy nhro pedol, ond y gefnogaeth. Brwdfrydedd ac ymateb y Saeson i'r hyn yr oeddan ni'n ei gyflwyno fu'n bennaf gyfrifol imi weld synnwyr ac ail-ystyried. Chlywson ni 'run gair croes ar y South Bank, dim un gwyneb yn gwgu yn Birmingham; a dim cythraul canu ar gyfyl y lle yn Lerpwl, Wigan ac Oldham.

Er y bu'n rhaid imi wynebu sawl meicroffon go filain ar faes eisteddfod a chyfweliad radio ar ôl dychwelyd, o leia roedd Rhian wedi narbwyllo bod ein gweledigaeth yn bwysicach na gwenwyn. Ond pobl fel chi, Mrs Evans, sydd wedi tanlinellu yr hyn mae Rhian wedi bod yn trio'i ddeud wrtha i ers blynyddoedd, sef, am bob un gelyn sydd ganddon ni allan yn fan'na, mae 'na filoedd sydd o'n plaid ac am ein gweld yn dal ati ac yn llwyddo. Yn amlach na pheidio tydach chi ddim yn clywed cefnogaeth mor aml â synau gwrthwynebus. Tydi cefnogwyr ddim mor uchel eu cloch. Prynu tocyn mae cefnogwyr yn ei wneud, gwrando, cymeradwyo ac yna mynd am adre'n dawel, wedi eu plesio (gobeithio). Fedrwn ni ddim disgwyl mwy na hynny gan ein cefnogwyr; maen nhw wedi chwarae eu rhan yn anrhydeddus; a diolch byth amdanyn nhw. Ond os oes rhywun yn lluchio carreg tuag atoch chi, tydi'ch cefnogwyr chi ddim yn gallu bod yno i'ch gwarchod ar bob achlysur. Mae'r gelyn eiddigeddus bob amser yn anelu pan ydach chi ar eich pen eich hun, yn gwbl ddi-amddiffyn, ac mae wedi amseru ei ymosodiad pan ydach chi'n ei ddisgwyl leiaf. Gan amlaf mae'n aros yn y dirgel, yn ddi-enw ac yn ei gwneud hi'n amhosibl ichi gael cyfle i ddal pen rheswm. Dyna'r adegau pan fydda i'n mynd i fy stydi a rhoi CD o Bassey neu Sinatra i floeddio yn fy nghlust:

> 'That's life!
> Funny as it seems,
> Some people get their kicks just
> stepping on dreams ... but ...
> each time I find myself flat on my face
> I pick myself up and get back in the race ... !'

Ond pan ddaw rhywun i fyny atoch chi mewn caffi, a chynnig rhodd ariannol ichi fel ysgol am eich holl waith da, mae hynny'n gwella unrhyw glwyfau fu ganddoch yn llawer cyflymach na therapi unrhyw gân. A dyna'n union wnaethoch chi Mrs Evans; codi o'ch sedd mewn caffi ym Mhorthmadog a gofyn i bwy oedd gwneud y siec. Roeddech chi isio dangos eich gwerthfawrogiad o waith y bobl ifanc, ac fe ddiflannoch i'r glaw heb roi cyfle inni ddiolch yn iawn.

Mae hwn yn gyfle, felly, inni ddiolch am bob rhodd, boed fach neu fawr, a roed i'r ysgol. Bu mwy nag un Mrs Evans dros y blynyddoedd, ac rydan ni'n hynod ddiolchgar i bob un ohonoch chi. Nid yn unig am eich haelioni, ond am eich cefnogaeth a'ch anogaeth hefyd.

Roeddwn i wedi meddwl eich gwahodd chi draw i weld y côr yn ymarfer, neu gynnig tocyn braint ichi i un o'n cyngherddau, ond fe aethoch cyn inni gael cyfle i ddweud dim byd. Ond wedi ystyried eich gweithred, felly y mae pawb sydd wedi danfon rhoddion inni dros y blynyddoedd wedi bihafio. Mynd yn dawel, heb ddisgwyl unrhyw adwaith bach na mawr. Dim angen cydnabyddiaeth o fath yn y byd, dim ond rhoi.

Pan oeddwn i'n fyfyriwr yng Ngholeg y Drindod cymerais ran mewn cyflwyniad yn dathlu'r cyfieithiad newydd o'r Testament Newydd. Norah Isaac oedd yn cynhyrchu, ac fe 'newisodd i i gyflwyno'r bennod ar elusen, ac rwy'n cofio'r geiriau hyd heddiw: 'Ond pan fyddi di'n rhoi elusen, paid â gadael i'th law chwith wybod beth y mae dy law dde yn ei wneud ...'

Dwi wir yn gobeithio y cewch chi afael ar y llythyr yma ryw ddiwrnod fel y gallwch dderbyn ein gwerthfawrogiad a'n gwahoddiad didwyll. Mae'r gefnogaeth a deimlwn yn ein gwlad ein hunain gymaint pwysicach i ni nag mewn unrhyw wlad neu gyfandir arall, am resymau sy'n amlwg i bawb. Mae Cymru a Chymreictod wedi golygu cymaint i Rhian a finna dros y blynyddoedd, ac mae gweithredoedd o gefnogaeth, fel eich gweithred chi, yn golygu llawer mwy i ni nag a feddyliech chi.

Can diolch, a galwch i mewn am baned os byth y byddwch chi'n pasio Parc Menai.

Pob bendith,

Alffin

O.N. Gyda llaw, roedd eich amseru'n berffaith Mrs Evans. Roeddan ni ar y pryd yn trio codi arian i'r côr fynd draw i Tsieina. Cawsom amser arddechog draw yno, diolch i haelioni pobl fel chi.

Annwyl gyn-ddisgyblion,

Tra roeddach chi yng Nglanaethwy mi gafoch chi doreth o lythyrau gen i on' do? A dwi ddim yn addo mai hwn fydd yr ola chwaith! Llythyrau oedd y rheiny yn eich atgoffa y bydda 'na wers ychwanegol wedi ei threfnu, gwers wedi ei chanslo, ffioedd yn hwyr, trip wedi ei drefnu, noson goffi, cyngerdd, taith feics noddedig a phob math o bethau roedd angen i'ch rhieni wybod amdanynt. Yn anffodus roedd degau o'r rhain wedi eu gadael yn yr ysgol yn syth ar ôl y wers, eraill wedi syrthio ar fin y ffordd a'r lleill wedi glanio yn y peiriant golchi; a 'da ni i gyd yn gwybod be sy'n digwydd i'r had sy'n syrthio ar fin y ffordd neu yn y peiriant golchi yn tydan?

Ta waeth am hynny, ambell waith roedd peth o'r wybodaeth yma'n cyrraedd adra, trwy ryw ryfedd wyrth. Ond yn aml iawn mi fydda Rhian a finna'n cael galwad ffôn gan eich rhieni yn dweud: 'Wyddwn i ddim fod yna gyngerdd ym Miwmares heno!' neu, 'Wyddwn i ddim fod ffi y tymor yn hwyr,' neu, 'Ma' ddrwg gin i na ddois i i'r noson goffi, ond chlywish i ddim byd amdani.' Ond yr un oedd yn peri mwya o ofid i ni oedd y ffaith fod eich rhieni weithiau yn eich danfon i wersi a neb yno!

Mae Glanaethwy mewn lleoliad sy'n gallu bod yn le unig iawn, yn enwedig yn hwyr yn y nos, yn nhwll gaea', pan mae pawb arall ar Barc Menai wedi hen fynd adra o'u gwaith. Ambell riant wedi bod ar frys i fachu ar y cyfle i gael rhyw awr dda yn yr archfarchnad farus i lawr y lôn, ac wedi'ch gollwng chi am wers, a heb sylwi fod yr ysgol mewn tywyllwch dudew, a dim un car arall ar y cyfyl. A lle roedd y llythyr yn deud fod y wers wedi ei chanslo tybed?

Ta waeth, dyna hynna wedi ei ddweud rŵan, ac mae'r

wers fach yna drosodd, mi fyddwch chi'n falch o glywed. Oherwydd nid dyna ddiben y llythyr yma o gwbwl mewn gwirionedd. Llythyr o ddiolch ydi hwn i fod; diolch ichi i gyd am eich cefnogaeth dros yr holl flynyddoedd; diolch am eich ymroddiad a'ch dyfalbarhad; diolch am aberthu eich nosweithiau yn wythnosol mewn ymarferion ac mewn cyngherddau neu gystadlaethau am benwythnosau di-rif. Bu eich teyrngarwch yn holl bwysig i lwyddiant yr ysgol, ac fe wyddoch ichi roi boddhad mawr i niferoedd lawer dros y blynyddoedd. Sawl gwaith y clywais i aelod o gynulleidfa'n dweud 'Tydi'r plant ma'n lwcus yn cael cyfleoedd fel hyn?' a'm hateb innau bob tro oedd: 'Ydyn ma' siŵr, ond ni sy' fwya' lwcus yn cael y fraint o'u dysgu nhw.' Fi a Rhian oedd yn cael y sedd orau un ym mhob theatr a neuadd gyngerdd, yn gwrando arna chi. Ac mi gawson ni'r fraint yna yn amlach na neb arall hefyd wrth gwrs. Un mlynedd ar hugain o gyngherddau i fod yn fanwl gywir.

Dwi hefyd isio deud wrtha chi na fu's i ddim yn un da iawn am ffarwelio chwaith. Mae'n gas gen i, fel nifer fawr o bobl erbyn dallt, ddeud 'ta ta' wrth rywun. Y rhan fwyaf ohonach chi wedi gadael ar ddiwedd eich tymor ola hefo ni, a Rhian a finna'n rhy brysur i ddweud diolch a phob lwc. Mae diwedd tymor bob amser yn dŵad mor ddi-symwth ar ddiwedd cyngerdd neu gystadleuaeth, a phawb ar frys i fynd adra. Wedi gweld ambell ddeigryn yn eich llygaid yn ystod eich cyngerdd ola, ac wedi rhannu rhyw goflaid sydyn gefn llwyfan wrth ichi fynd, a dyna ni, blynyddoedd o gyfeillgarwch a chyd-ddyheu yn darfod mewn un nodyn a choflaid ar ddiwedd cyngerdd yn rhywle. Ond mae hi'n well fel yna wyddoch chi; hyd yn oed tasa chi'n treulio diwrnod cyfan yn ffarwelio, lwydda chi mond i grafu mymryn ar yr wynab yn y diwedd. 'Megis seren wib' yw'r hen fusnes ffarwelio 'ma; ac felly dylia hi fod am wn i.

Ond mae ail-gyfarfod wedi bod yn brafiach o lawer. Dwi mor ddiolchgar ichi am ddŵad ata i a'm hatgoffa o pryd a lle a pwy. Dwi'n dda iawn am gofio wynebau, ond ddim cystal ar yr enwau, fel y gwyddoch chi'n iawn. Ond mae hel atgofion wedi bod yn felys, a'r sgyrsiau wedi bod yn ddifyr. Y rhan fwyaf ohona chi, wrth gwrs, wedi mynd ymlaen i fod yn athrawon, twrneiod, plismyn a phob math o swyddi difyr a lliwgar a phwysig. Mae gwersi drama a pherfformio yn gallu cyfrannu at ddatblygiad pobl mewn sawl maes wrth gwrs, ond i'r rheiny ohonach chi aeth ymlaen i fod yn rhan o'r hen fyd perfformio bondigrybwyll 'ma, mae gweddill y llythyr yn mynd i fod yn llawer mwy perthnasol.

Mae Rhian a finna isio dweud ein bod ni'n falch iawn ohonoch chi i gychwyn. Tydi hi ddim wedi bod yn siwrna hawdd i bob un ohonoch chi, dwi'n siŵr o hynny. Tydio ddim yn broffesiwn hawdd i fod yn rhan ohono fo. Mae bod yn llygad y cyhoedd yn gallu brifo ar adegau, ac os ydach chi wedi penderfynu gwneud eich bywoliaeth o fod yn llygad y cyhoedd, mae peidio bod yn llygad y cyhoedd yn brifo'n fwy fyth. Mae o'n gylch dieflig y byddwch yn troi a throsi ynddo hyd nes y dewiswch ddod oddi ar ei feri-go-rownd hudolus a meddwol. Rhyw hen fyd fel yna ydio, mae arna i ofn. A phan mae'r byd hwnnw mewn gwlad mor fechan, mae'r cyllyll yn llwyddo i fynd yn ddyfnach am ryw reswm. Eiddo'r cyhoedd ydach chi, ac mae rhai yn teimlo bod ganddyn nhw'r hawl i ddweud beth fyw fyd fynnan nhw amdanoch chi wedyn.

Dwi'n gwybod bod rhai ohonach chi wedi cael amser caled dim ond am fod yn ddisgyblion yng Nglanaethwy. Rhai yn meddwl eich bod wedi cael ticed hawdd i mewn i'r diwydiant trwy fod yn ddisgyblion yn yr ysgol. Eiddigedd wedi corddi ambell un arall i drio'ch dilorni a'ch galw'n bob enw am eich bod yn dŵad draw acw am wersi. Os ydio o unrhyw gysur o gwbwl ichi, mae'r staff hefyd weithiau wedi diodda'r un dirmyg. Heb enwi neb, dwi'n gwbod i un person a ddaeth i weithio i Glanaethwy am gyfnod gael peltan go hegar gan ei ffrind pan ddudodd ei fod yn dod i weithio i Glanaethwy. Dwi ddim yn siŵr iawn o lle mae ffrwd y math yna o deimlad yn tarddu, ond dwi'n gwbod ei fod wedi bod allan yna ers sbel. Â'm llaw ar fy nghalon mi fedra i ddweud na wn i am unrhyw ysgol berfformio, nac ysgol gerdd arall yng Nghymru, sy'n cael y fath driniaeth. Mae o wedi mrifo i'n arw ar adegau, ond wedi mrifo i'n waeth i'ch gweld chi'n cael eich brifo, ac ar brydiau yn cael eich difrïo. Ond daliwch ati, rydach chi'n gwneud gwaith ardderchog, a fedar Rhian a finna ond gobeithio fod rhywfaint o'r hyfforddiant gawsoch chi yng Nglanaethwy wedi bod yn rhan o sylfaen eich gyrfaoedd a'ch llwyddiant.

Tynnodd rhywun fy sylw i'n ddiweddar at y ffaith fod cymaint o gyn-ddisgyblion yr ysgol rŵan yn cyfoethogi'n byd diwylliannol ni yma yng Nghymru a thu hwnt, ac fe ddechreuais sylwi fwy-fwy ar hynny fy hun yn sgîl y sgwrs. Es i edrych ar archifau'r ysgol i bori dros yr ystadegau a'i chael yn rhestr lawer rhy faith i'w nodi yma. Rydwi'n cadw cofnod eitha manwl o'r hyn yr ydach chi i gyd wedi bod yn ei wneud ers gadael yr ysgol, ac yn dilyn eich gyrfaoedd hefo diddordeb mawr. Tra roeddwn i'n sgwennu'r llythyr yma roedd tri ohonoch yn teithio hefo'r Theatr Genedlaethol yn eu cynhyrchiad gafaelgar o *Deffro'r Gwanwyn*, sef Iddon Jones, Elain Llwyd a Lynwen Haf Roberts. Yn ystod yr un cyfnod roedd Theatr Bara Caws yn teithio'u cynhyrchiad difyr o *Un Nos Ola Leuad*, ac roedd pedwar o'r chwech a oedd yn y cast yn gyn-ddisgyblion Glanaethwy, sef Rhodri Sion, Sion Trystan, Arwyn Jones a Manon Wilkinson. Roedd Owain Edwards yn y West End yn cymryd rhan yng nghynhyrchiad Trevor Nunn o'r *Songbird* a Dyfan Dwyfor yn Stratford yn rhan o dîm craidd yr RSC (aeth ymlaen wedyn i deithio i'r America hefo'r cwmni i chwarae rhan Romeo.) Yn nes at adra roedd Owen Arwyn, Nerys Lewis, Martin Thomas, Mirain Haf a Gwion Tegid yn ymddangos ym *Mhorthpenwaig* a Lois Jones a Gareth Wyn Roberts yn rhan o gast *Ddoe am Ddeg*. Dyma'r cyfnod pan ryddhaodd Lleuwen Steffan ei CD hudolus *Tân*, a Lisa Jên yn dal i gigio hefo 9Bach (teithiodd i Awstralia dros yr haf ar ôl ei henwebu yn 'Llais Gwerin y Flwyddyn'.). Roedd Bethan Marlow wrthi'n dyfeisio prosiect i Pontio yma ym Mangor ac

'Geiriau'n Cyfri' – Theatr Gwynedd, 2003.
O'r chwith i'r dde - Dyfan Dwyfor (actor), Robin Ceiriog (actor),
Heledd Wyn (ymchwilydd i'r BBC), Gruffydd Owen
(adolygydd/awdur), Elain Llwyd (actores/cantores),
Iddon Alaw (actor), Owain Arthur (actor)

O'r chwith i'r dde: Osian Rhys Roberts (drymiwr a chyfansoddwr), Lois Angharad Jones (actores), Elliw Mai (newyddiadurwraig/cantores), Robin Piercy (dyn camera)

yn datblygu drama i'r Theatr Genedlaethol, ac roedd Owen Arwyn, Martin Thomas a Bethan Hughes yn datblygu sgript i Gwmni Tandem. Roedd Emyr Gibson, Tomos Wyn, Sion Eifion, Cedron Sion, Rheinallt Davies ac Alys Fflur i gyd yn rhan o gast *Rownd a Rownd*. Huw Foulkes, Nia Cerys, Jennifer Jones a Llyr Roberts i gyd yn gyflwynwyr neu ohebwyr ar raglenni newyddion, a nifer helaeth ohonoch, rhy niferus i'ch enwi, yn ymchwilwyr a sgriptwyr i amrywiol gwmnïau o Lwchwr i Lŷn. Dyma'r cyfnod pryd yr ymddangosodd corau'r ysgol eu hunain yng nghystadleuaeth Côr Cymru a Music For Youth hefyd; a DaCapo hwythau'n ymddangos ar sawl rhaglen a llwyfan yn eu tro. Roedd yn fwy o wefr fyth i weld cymaint o wynebau ein cyn aelodau yn ymddangos mewn sawl côr arall yng nghystadleuaeth Côr Cymru gan danlinellu'r ffaith fod yr hyfforddiant yn talu ar ei ganfed mewn sawl cyfeiriad o'r byd adloniant.

Mae'n debyg y bydda i wedi gadael rhywun allan o'r rhestr fach yna; maddeuwch imi am hynny; tydi nghof i ddim fel yr oedd o. Ond lle bynnag yr ydach chi, beth bynnag yr ydach chi'n 'i 'neud, mae Rhian a finna am ddymuno'n dda ichi i gyd. Rydach chi wedi dewis hen sguthan anwadal iawn yn broffesiwn, ond os ydach chi rywbeth yn debyg i mi, yna rydach chi'n ei charu hi ddigon i fyw hefo'i horiowgrwydd rhyfedd. Gobeithio hefyd y gallwch chi wrthsefyll ambell gnoc a pheltan a gewch chi o bryd i'w gilydd yn ystod eich gyrfa. Mi dyfwch hefo beirniadaeth dda. Mi allwch chi synhwyro fod beirniaid teg yn cyd-ddyheu hefo chi. Geiriau i'ch gwella chi a'ch cynghori chi fydd y rheiny bob amser, heb bwt o wenwyn yn agos atyn nhw; peidiwch â'u hanwybyddu, da chi. Am y gweddill? Wel, fe s'nwyrwch y gwenwyn yn ddigon buan yn yr inc, ac felly sefwch yn ddigon pell yn ôl a pheidiwch â gwastraffu'ch amser yn gori dros eu geiriau. Fel dudodd Meic Povey wrtha i ryw dro am un beirniad bach gwenwynllyd 'Cofia, mi fydd geiria Mr X yn lapio tsips fory, ond mi fyddi di a Rhian yn dal yna. Daliwch ati!'

A daliwch chitha ati hefyd, bob un wan jac ohonach chi. Rydach chi, heb os, wedi bod yn rhan o asgwrn cefn y diwydiant perfformio yma yng Nghymru. Tasa pobl ond yn sylweddoli mai dal i weithio ar y sylfeini yr ydan ni i gyd ar hyn o bryd, a bod y cynllun a'r darlun yn tyfu yn ara deg bach. Ac i chi a'ch bath y mae'r diolch am hynny. Byddwch yn ddewr!

Ymlaen mae Canaan!

Annwyl drefnwyr eisteddfodau,

A ninna'n dau bellach dipyn yn nes at oed yr addewid nag oeddan ni pan agorwyd yr ysgol ym 1990, mae teimladau ac emosiynau rhywun wedi newid gyda threigl yr un mlynedd ar hugain a wibiodd heibio inni, fel y seren honno 'ddigwyddodd, darfu' ar Willias Parry 'sdalwm. Yr hen gyfnod yna jest 'cyn oeri'r gwaed' ydio ma' siŵr gin i. Cyfnod y meirioli, cyfnod y claearu (galwch o be fynnoch chi.) Ta waeth, mae Rhian a finna'n clywed y gair 'ymddeol' yn canu yn ein clustiau'n amlach y dyddiau hyn, ac felly'n gallu edrych yn fwy gwrthrychol ar yr hyn a fu, ac, o bosib, yr hyn a ddaw hefyd.

Mae i gyfnod fel yma ei fanteision a'i anfanteision debygwn i. Y fantais fawr ydi bod rhywun yn gallu edrych ar ambell sefyllfa yn llai emosiynol o beth mwdril, ac o ganlyniad yn gallu ymateb yn llawer mwy pwyllog i'r problemau sydd yn codi. A'r anfantais? Wel, mae'n debyg mai'r claearu ydi hwnnw hefyd. Cael eich hun yn poeni llai am bethau a oedd, unwaith, yn bwysig, ac o ganlyniad yn gwingo llai hefyd. Ildio i'r symbylau, gwrthod gwingo, a dechrau gofyn, 'I be wastraffa i fy egni yn poeni am hyn, llall ac arall?' Ac felly, cyn i'r 'meirioli mawr' feddiannu f'ymasgaroedd, goddefwch imi un rant arall cyn tewi.

Ond cyn hynny, dowch imi ddiolch ichi i gyd, o waelod calon, am yr holl gyfleoedd rydan ni a'n disgyblion wedi eu cael yn eich cynteddau, a'ch pafiliynau a'ch pagodas, eich llwyfannau a'ch cyngherddau di-ri. Er yr 'holl dreialon', mae pob profiad wedi ychwanegu at y tapestri difyr fydd gan bob un ohonom ar ddiwedd y daith. Gwn eich bod chithau wedi gorfod gwingo ar aml i dro hefo sawl un ohona ninna, ac ambell waith wedi gorfod troi clust fyddar ar ambell i gŵyn gan fod ganddoch chi reitiach petha i'w gwneud, neu bwysicach eitemau (neu bobl) ar eich agenda. Mae ganddoch chi 'risbonsibiliti' mawr ar eich 'sgwyddau, fel y bydda Wil Sam wedi ei roi o.

Mae'r rhan fwyaf o bobl sydd ag unrhyw ddiddordeb yng ngwaith yr ysgol yn gwybod erbyn hyn pam, sut a phryd y bu inni benderfynu peidio cystadlu yn Eisteddfod yr Urdd nôl yn 2002. Os na wyddoch chi'r hanes hwnnw erbyn hyn, lle buoch chi'n cysgu? Ta waeth, efallai na fydd llawer ohonoch yn gwybod inni gael pwyllgor brys y flwyddyn honno, i drafod os oedd unrhyw fodd i ysgolion perfformio gystadlu yn yr Urdd yn y dyfodol. Dywedais innau yn y pwyllgor arbennig hwnnw y byddai Glanaethwy yn falch o ddychwelyd i gystadlu yn yr Urdd petae nhw'n fodlon nodi yn eu rhestr testunau pa gystadlaethau fyddai'n agored i ysgolion perfformio. Doedd yr Urdd, ar y pryd, ddim yn gweld yr angen i wneud hynny, gan nad oeddan nhw erioed wedi gwrthwynebu inni gystadlu yn y lle cyntaf. Ceisiais innau egluro y byddai gweld 'Croesewir Ysgolion Perfformio,' ar ambell gystadleuaeth yn clirio peth ar y dadlau. Yn anffodus, ni wireddwyd ein dymuniad, ac o ganlyniad mae ein hegni wedi rhyw arall-gyfeirio i ŵyliau eraill erbyn hyn.

Bellach, mae dyrnaid go lew o ysgolion perfformio yn cystadlu yn yr Urdd, a phawb yn cadw'n dawedog iawn am y peth. Go dda. Ond gwn, pe baem *ni'n* gwneud tro pedol a dychwelyd i'r Urdd i gystadlu, y byddai 'na hen drafod unwaith eto. Tybed be fydda'n digwydd petai Rhian a finna'n gweld bod croeso i ysgolion perfformio gystadlu yn yr Urdd ar eich Rhestr Testunau? Mae 'na dipyn o ddŵr wedi mynd dan y bont ers deng mlynedd yn does? Be amdani?

Dwi'n dal yn gefnogol iawn i'r mudiad, fel y gŵyr y rhan fwyaf ohonoch. Wedi sgriptio sioeau, cyfarwyddo cyng-herddau a beirniadu gwaith llwyfan a gwaith cartref yn gyson ers ein hymadawiad o'r miri cystadlu. Ond er 'mod i'n colli'r bwrlwm o fod yng nghanol yr holl egni, dwi'n dal i roi rhyw ochenaid o ryddhad bob tro daw hi'n wythnos gyntaf mis Mehefin. Mae angen llawer iawn o egni i gynnal y brwdfrydedd 'Urddol' bob blwyddyn. Mae'r gwaith paratoi yn cychwyn ymhell cyn yr eisteddfod cylch, ac mae cadw yr un egni i fynd o'r ymarfer cyntaf un i'r perfformiad olaf ar lwyfan y genedlaethol (os ydach chi mor ffodus â chyrraedd y fan honno wrth gwrs), mae'r cyfan yn gofyn am dipyn go lew o danwydd creadigol. Ond mae 'na ôl traul ar ambell berfformiad weithiau, erbyn cyrraedd yr uchafbwynt blinedig ar lwyfan crasboeth, i gyfeiliant ambell falŵn yn byrstio, a hynny wedi rhedeg o un rhagbrawf i'r llall. Falla bod ganddoch chi ddigon o danwydd ar ôl yn y tanc, ond mae'r syrffed o deithio ar hyd yr un hen hewl yn anodd i'w gelu. Fe'i teimlais hefo fy nisgyblion fy hun lawer i dro. Y blinder anghreadigol yna sy'n eich gadael chi i lawr ar y funud olaf, ar ôl misoedd o gynnal a chadw. Oes angen yr hen Eisteddfod Cylch yna bellach dudwch?

Os byddwn i weithiau yn brin o amser, mi fyddwn yn gorffen ambell gân actol yn yr eisteddfod cylch trwy gael un o'r perfformwyr i gyhoeddi: 'Ac os 'da chi am wbod be sy'n digwydd nesa – dowch draw i'r eisteddfod sir i weld!' Hyfdra mawr ar fy rhan i wrth gwrs, ond be arall 'newch chi hefo cân actol sydd wedi hanner ei phobi? Fyddwn i byth wedi meiddio dweud hynny petai 'na gân actol arall yn cystadlu'n ein herbyn ni wrth reswm, ond yn amlach na pheidio doedd yna 'run, a gorffen yn ffwr-bwt felly oedd f'unig ddewis. Ar y pryd, roeddwn i'n ysgrifennu caneuon actol i Ysgol Llanbedrgoch, Ysgol Llanedwen, Ysgol Eifion Wyn, Ysgol y Garnedd ac Ysgol Glanaethwy (yn ogystal â chyflwyniadau dramatig). Roedd dod o hyd i stori'n flynyddol i bob ysgol weithiau'n mynd yn drech na mi, ac roedd gorffen pob un erbyn yr eisteddfod cylch bron yn amhosib bryd hynny.

Dwi wastad wedi rhyfeddu at ein dyfalbarhad fel cenedl hefo'r holl eisteddfodau, boed fach neu fawr. A'n parodrwydd i'w cadw i fynd fel hyn o flwyddyn i flwyddyn. Dwi'n cofio rhyfeddu unwaith, mewn rhyw 'steddfod gylch, wrth dalu am docyn i'r holl blant i fynychu'r jamborî, a meddwl – 'Ond nhw ydi'r adloniant ia ddim? Er mwyn gweld eu perfformiadau nhw mae gweddill y gynulleidfa'n talu i ddŵad i mewn. Hebddyn nhw, fydda ganddoch chi ddim eisteddfod. A phwy tybad ydi'r 'gweddill' yma, sydd yn eistedd ar flaenau eu seddi yn barod i glywed yr holl sioe? Wel ia, wrth gwrs, y rhieni a'r hyfforddwyr sydd wedi gwario oriau a phunnoedd yn barod i sicrhau llwyddiant yr holl firi. A phwy, medda chi, sydd wrthi'n ymlafnio yn y gegin i baratoi te i'r beirniaid? – a phwy drefnodd y beirniaid tybed? Pwy, yn wir, drefnodd y steddfod 'ma, dudwch i mi? Mmh ... ?

Ond dyna ni, mae o i gyd yn rhan o'r un gacan fawr felys, goch, gwyn a gwyrdd, a ma' pawb yn cael eu siâr pan ddaw diwrnod y rhannu mawr ... tydi?

Mae'r cystadleuwyr yn cael mynd i mewn am ddim yn Llangollen gyda llaw, a does dim math o steddfod cylch na sir na rhagbrawf i gael cystadlu yno. Wel ... na ... tydi hynny ddim yn hollol wir chwaith, fel y gŵyr rhai ohona chi ond yn rhy dda. Os nad ydach chi wedi cyrraedd rhyw safon y mae'r eisteddfod wedi bod yn dyst iddo yn weddol ddiweddar, mae rhai corau yn gorfod mynd trwy ryw fath o 'wrandawiad' ben bore, ac mae dyrnaid o'r rhai uchaf eu safon yn y fan honno yn cael y fraint o ymddangos ar y llwyfan hefo gweddill y corau yn y prynhawn. Fedrai'm rhoi fy llaw ar fy nghalon i dystio fod y system yma'n rhyw deg iawn chwaith. Mi wn i o'r gorau fod yna ambell i gôr o safon eithriadol o uchel na chafodd y cyfle i arogli 'run blodyn o lwyfan y pafiliwn lliwgar. Ystyr newydd falla i'r hen idiom 'Chawson ni ddim smell arni hi 'leni hogia'.

Ond wedyn, pa system sydd yn deg yn y diwedd, pan fydd hi'n fater o fympwy beirniaid yn te? Mae rhai yn licio mymryn o sos coch hefo'u chips a'r lleill yn licio mayo – halan a finag yn unig i amball un a'r lleill yn licio rhyw fymryn o bupur. Ac mae hi 'run fath hefo canu a beirniadu yn tydi? Fedrwch chi ddim plesio pawb drwy'r amser. Yr hyn sy'n wir yw fod yr hufen bownd o ddod yn ôl i'r top yn y diwedd, hyd yn oed os ydio wedi suro rhywfaint yn y broses o weithio'i ffordd yn ôl i fyny yno.

Mae ambell un wedi awgrymu na ddylai ambell gôr gystadlu o hyn allan, am eu bod yn ennill gormod, neu am fod eu safon yn rhy uchel i'r gweddill (ac nid cyfeirio at Glanaethwy ydwi rŵan). Rhyw sibrydion gefn llwyfan ydyn nhw ar hyn o bryd, ond mae arna i ofn iddo ledaenu i'ch cyfeiriad chi drefnyddion cyn bo hir, fel y sibrwd hwnnw am 'dân yn Llŷn' gynt. Ond ddaw dim 'cyfiawnder' o wrando ar leisiau felly.

Mi fûm i'n cystadlu gryn dipyn hefo rhieni a chyfeillion Glanaethwy ar un cyfnod yn yr adran lefaru. Am ryw ddwy flynedd yn olynol fe enillon ni'r parti a'r côr llefaru. Flwyddyn yn ddiweddarach ymddangosodd rheol, fel o nunlla, yn nodi nad oedd hawl gan unrhyw barti i gystadlu yn y ddwy gystadleuaeth o hynny 'mlaen. Roedd gen i dipyn o ddisgyblion oedd yn cystadlu ar y Llwyd o'r Bryn yn yr un cyfnod, ac ambell un wedi dod i'r brig yn y gystadleuaeth honno hefyd. Dros nos, fe godwyd yr oedran yn y Llwyd o'r Bryn fel na allai'r disgyblion oedd gen i gystadlu. Digwyddodd hyn i gyd yn yr un flwyddyn, er mawr syndod i mi. Mae mymryn o sibrwd weithiau'n gallu troi'n rheol os 'newch chi ei sibrwd yn ddigon cyson – yn y lle iawn – wrth y bobl iawn.

Mae rhai ohonan ni'n rhoi anadliad o ryddhad o weld nad yw'r 'gynnau mawr' yn cystadlu ambell waith. Mae hynny'n naturiol. Mae'n debyg bod timau pêl-droed yn dathlu pan welan nhw fod Man U neu Lerpwl wedi eu trechu mewn gêm gwpan cyn iddyn nhw orfod eu gwynebu. Ond onid ydio'n llawer mwy o wefr dod yn ail neu'n drydydd mewn chwip o gystadleuaeth dda na dod yn fuddugol mewn blwyddyn lle nad oes prin neb ar y llwyfan ond chi i fwynhau'r fuddugoliaeth? Ac onid y wefr fwyaf fyddai dod i'r brig yn y flwyddyn pan oedd pob un o'r 'gynnau mawrion' yn y pair?

Dwi wedi cyfeirio o'r blaen at y ffaith fod prinder corau o Gymru yn cystadlu yn Llangollen a bod hynny'n drueni mawr. Mae ambell lythyr arall yn y casgliad yma yn cyfeirio at yr ŵyl arbennig honno, ond mae'n werth nodi yma fod yna rai yn cadw draw am fod yr ŵyl yn llawer mwy Seisnig na'r gweddill o'n gwyliau cenedlaethol, ac mae'n siŵr fod hynny'n wir. Ond wnaiff hi byth Gymreigio os mai cadw draw yw eich polisi fel côr.

Mae'n drist gen i weld yn y rhaglen, yn flynyddol, fod mwy o gorau o Loegr yn cystadlu yn Llangollen na sydd yna o Gymru. Mae'r Saeson wrth eu boddau hefo'r ŵyl, ac yn rhyfeddu bob tro y down nhw draw i weld yr holl gantorion a dawnswyr yn mela ac yn traws-beillio o'r naill ddiwylliant i'r llall mewn awyrgylch mor gyfeillgar. Maen nhw'n dotio fod gwlad mor fechan wedi cael y weledigaeth, ac yn dal i gynnal y fath wledd. Maen nhw yn y mwyafrif o restr cyfeillion yr ŵyl hefyd, ac os na fyddan ni'n ofalus, falla y cipian nhw hi o'n dwylo cyn ichi allu dweud 'Ffaldarî'. Tydi Llangollen ddim yn bell o'r ffin, fydda dim rhaid ei symud hi'n bell. Ni sydd pia Llangollen, ac mae'n ddyletswydd arna ni i'w chefnogi hi.

Pob hwyl ichi i gyd yn y dyfodol, ac i bwy bynnag ddaw i'ch wellingtons wedi i chithau eu hongian ar y bachyn yng nghefn y pafiliwn.

'Ond mae'r heniaith yn y tir,
a'r alawon hen yn fyw ...'
... ar hyn o bryd.

Bob dymuniad da,

Cefin

Rhai o'r disgyblion ar lwyfan y Steddfod Genedlaethol

Annwyl Geraint Cynan,

Fel roedd y geiriau 'pob dymuniad da' yn clician eu ffordd o fy mysedd ar ddiwedd y llythyr blaenorol daeth darlun ohonot yn syth i fy meddwl. Roeddat ti'n sefyll ar faes rhyw steddfod yn rhywle yn edrych yn flinedig a gwelw. Bosib mai felly mae pob trefnydd cerdd yn edrych yn dilyn unrhyw gyngerdd yn yr eisteddfod, ond gan dy fod di wedi perfformio mewn cymaint ohonyn nhw bellach, mae'r ddelwedd yna ohonot yn dod yn fwy cyffredin i sawl un ohonom erbyn hyn.

Mae trefnwyr y steddfod eisioes yn gyfarwydd â'r rhan fwyaf o'r problemau sy'n codi wrth gynhyrchu cyngerdd yn y pafiliwn gan i sawl un ohonon ni fytheirio ein protestiadau atynt wrth i'r artaith hwnnw gyrraedd ei anterth; y rheolwr llwyfan yn bygwth agor y drysau cyn bod *sound check* y band wedi ei gwblhau a sound check gweddill yr artistiaid yn edrych yn fwy-fwy tebygol nad yw am ddigwydd o gwbwl; dyna'r foment lle mae'r rhan fwyaf ohonom yn dechrau stemio.

Wedi misoedd o baratoi a chynllunio fe ddaw penderfyniad, hwyr iawn yn y dydd gan amlaf, i ddarlledu'r sioe, sy'n lluchio haen ychwanegol o bwysau ar bawb ar yr unfed awr ar ddeg. Does neb yn mynd i wrthod y cytundeb, wrth gwrs, gan fod modd i gerddor tlawd wneud rhyw geiniog ychwanegol ar ddiwedd yr holl artaith os darlledir y cyngerdd. Ond gan y bydd rhywun yn ymwybodol y bydd yna filoedd mwy o bobl yn eich gwylio a chithau'n ymddangos fel tae chi ddim yn siŵr iawn o'r hyn yr ydach chi'n 'i 'neud, tydi hynny ddim yn gysur o gwbwl i artist pan mae o ar fin camu ar y llwyfan. Mae'n gwybod y gallai unrhyw beth fynd o'i le o fewn yr ychydig oriau nesaf. Mae ei broffesiynoldeb yn y fantol a'i galon yng nghorn ei wddw crynedig, sychedig a blin.

Nid ti, Geraint, oedd wrth y llyw yn Eryri yn 2005 pan lwyfannon ni *Sgidie Bach i Ddawnsio*, ond mae'n werth iti glywed am yr antur fach honno yn gyntaf, cyn imi ddechrau dy atgoffa o'r hunllefau yr ydym ni'n dau wedi eu rhannu ar hyd y daith.

Doedd y cyfryngau ddim â diddordeb yn y sioe fach honno am ryw reswm, er iddi fod yn llwyddiant mawr yn y diwedd. Côr Iau a Chôr Hŷn Glanaethwy, Côr CF1, Dawnswyr Nantgarw, Band Jazz Gwynedd a Môn, Lleuwen Steffan ac actorion craidd y Theatr Genedlaethol oedd yr artistiaid, ac fe gawsom bedair awr o ymarfer hefo'n gilydd yn Ysgol Friars, Bangor, i drio cyd-asio'r holl eitemau a chynefino hefo'r band. Roedd yr eisteddfod yn rhedeg yn hwyr, felly roedd gennym dri chwarter awr yn llai o amser i ymarfer ar y llwyfan. Daeth i ddymchwel y glaw a bu'n rhaid gadael y gynulleidfa wleb a blin i mewn i fochel dan yr ambarel fawr binc (ta gwyrdd a melyn oedd hi bryd hynny dŵad?). Hanner awr arall yn llai ar y llwyfan. Felly, doedd popeth ddim yn barod; doedd y darnau ddim wedi disgyn i'w lle – o bell ffordd. Roeddan nhw'n llawer mwy tebygol o ddisgyn yn ddarnau! (Neu gwmpo'n bishis fel y bydda ti'n 'i ddeud.)

Mae tir y Faenol wedi gweld cryn dipyn o law fel y gŵyr selogion yr ŵyl arall hynod honno a'n cyfareddodd ar yr un erwau am flynyddoedd (chwith mawr ar ei hôl). Ond welodd yr ŵyl honno, na'r un ŵyl arall fu yno cynt nac wedyn, ddim cawod debyg i hon. Gan mai siantis môr John Glyn Davies oedd sylfaen ein sioe y flwyddyn honno daeth rhyw ystyr gwahanol i'r geiriau: 'Daw'r gwynt yn ôl o'r gogledd, cawn eto dywydd teg – tywydd teg!' Roedd o fel glaw o'r hen destament, cred di fi; fel o grwc, hen wragedd a ffyn, dymchwal a phistyllio i gyd yr un pryd.

Ond roedd y dilyw mawr eto i ddod!

Roedd y cyngerdd yn dechrau hefo agorawd arall-fydol gan y band jazz a'r corau yn seiliedig ar y geiriau 'Wele'n cychwyn dair ar ddeg o longau bach ar fore teg'. Roedd y band jazz wedi eu lleoli un pen i'r llwyfan a Dylan Cernyw hefo'i delyn ac Annette wrth y piano y pen arall. Roedd y corau i gyd yn sefyll ar ganol y llwyfan ac roedd tair-hwyl-ar-ddeg yn symud yn rhithiol mewn lliwiau pastel o las a gwrdd a gwyn yn gefndir i'r cyfan. Roeddwn i yn y canol yn trio arwain y band yn un pen, y corau yn y canol, ac Annette a Dylan y pen arall. Rhoddais y nòd i Einion i gychwyn y band. Y corau oedd yn dod i mewn nesaf, yn siantio 'Wele'n cychwyn ... wele'n cychwyn ... wele'n cychwyn ...'. Y piano a'r delyn oedd i *fod* i ddod i mewn nesaf, a nhw fyddai'n sefydlu'r cyweirnod iawn i'r côr gael y traw i gychwyn canu. Ond ddaru ni ddim cychwyn. Arhosodd y tair hwyl-long yn llonydd am ysbaid ac edrychais i ben arall y llwyfan. Doedd Annette ddim yno! A doedd Dylan Cernyw ddim wrth ei delyn chwaith! Roedd o, os gwelwch yn dda, yn trio symud y piano! Ar ben ei hun bach! Yna fe welais Annette yn ymddangos o rywle, falla'i bod hi wedi mynd i fochel am sbel o dan y piano, dwi ddim yn gwbod, ond roedd ei gwallt a'i gwisg yn wlyb diferol, fel tasa hi wedi bod yn rhedeg o gwmpas y pafiliwn o leia deirgwaith yn y gawod. Ond ces wybod ganddi ar ddiwedd y cyngerdd beth oedd achos yr holl gomosiwn. Roedd stôl ei phiano wedi ei lleoli wrth ymyl un o'r polion a oedd yn cynnal y pafiliwn, dim y man mwya defrydol i leoli eich pianydd wrth gwrs, ond hefo llond llwyfan o artistiaid doedd neb yn mynd i gael yr amodau gorau yn nagoedd (ac fel ti'n gwybod yn iawn Geraint, mae hi'n gur pen blynyddol i geisio datrys lle goblyn 'da ni'n lleoli'r band!). Roedd y glaw uwchben y polyn wedi cronni'n bwll anferth a rywfodd, gyda chymorth pwff o wynt efallai, roedd galwyni o ddŵr wedi tywallt yn ddi-drugaredd am ben ein cyfeilyddes druan. Cyn i'r cyngerdd gychwyn, roedd hi wedi cael y wlychfa ryfedda a finna yn y niwl yn llwyr. Pam yn y byd mawr yr oedd Annette wedi bod yn nofio? A gwaeth fyth, pam oedd Dylan Cernyw yn llusgo fy mhiano oddi ar y llwyfan cyn i'r cyngerdd gychwyn? Roedd Annette druan eisoes wedi cael ei bedyddio yn Annette Bryn Piano – ac rŵan roedd yr ail fedydd newydd lanio. Mae pawb wedi clywed am 'foddi yn ymyl y lan', ond mae hynny, fel arfer, yn awgrymu eich bod ar fin cyrraedd pen eich taith pan ddaeth rhyw drychineb i'ch rhan. Ond bu bron i 'Longau Madog' beidio gweld Morfa Bychan y noson honno, heb sôn am ddarganfod 'Mericia! (Fel 'da ni i gyd yn gwbod yn iawn iddo lwyddo i'w wneud ar ôl cael mymryn o wynt yn ei hwyliau.) Tasa Madog wedi cael pedair llong ar ddeg, yn lle'r tair llong ar ddeg, ti'n meddwl falla basa ni wedi cael gwell lwc?

Ond mi ffeindion ninnau dir sych ar ddiwedd y noson honno rywsut hefyd. Ond dim heb orfod brwydro trwy sawl storm ffigurol a llythrennol cyn cyrraedd y lan.

Wyt ti'n cofio *Sain, Cerdd a Sioe*? Cyngerdd agoriadol Eisteddfod yr Urdd Caerdydd, 2005, a'r llwyfaniad Cymraeg cyntaf o Ganolfan newydd-sbon-danlli y Mileniwm. Roedd gen i bump o gorau'n cymryd rhan a chriw craidd ymhlith y difyrraf a gefais i weithio hefo nhw erioed – Tara Bethan, Catherine Ayres, Elin Llwyd, Mirain Haf, Catrin Evans, Rhian Mair Lewis, Emyr Gibson, Llew Davies, Owain Rhys Davies, Owen Arwyn, Huw Euron, Deiniol Wyn Rees ac Aled Pedrick. Roedd gennym fand arbennig iawn o rhyw bymtheg o gerddorion ac roedd Aled Jones a Daniel Evans yn berfformwyr gwadd. Fe gawsom ni hefyd un peth prin iawn yn ystod y cyngerdd hwnnw, rhywbeth na ches i ddim ohono cynt nac wedyn mewn unrhyw eisteddfod, sef diwrnod cyfan o ymarfer ar y set. Gan fod y cyngerdd yn agor cyn i weithgareddau'r eisteddfod ddigwydd roedd o fel manna o'r nefoedd. Dwi'n cofio ni'n dau'n teimlo'n eitha bodlon ar ddiwedd y rhediad technegol, ond fel y llinell anfarwol honno o'r ffilm Jaws: 'Just as you thought it was safe to get back in the water ...'

Wel, do siŵr iawn, daeth y newyddion drwg o bob cyfeiriad, cyn imi lanio nôl yn fy ngwesty hyd yn oed. Roedd Aled Jones wedi cael trafferth hefo'i lais ac yn gorfod tynnu allan o'r cyngerdd. Roeddwn i wedi bod yn ymarfer ei eitem o hefo Côr Ysgol Gymraeg Aberystwyth ers misoedd ac roedd y côr ar eu ffordd i lawr i Gaerdydd y noson honno ac yn edrych ymlaen yn ofnadwy am gael canu hefo'r seren o Fôn.

Roedd corws Theatr Ieuenctid yr Urdd yn canu dwy gân o'u cynhyrchiad yn un eitem bwysig iawn yn y rhaglen, ond cawsom y newydd fod John Quirk, cyfarwyddwr cerdd y cwmni, wedi gorfod rhuthro nôl adref oherwydd rhyw anhwylder teuluol.

Roedd lleisiau rhai o'r cast hefyd yn dechrau dangos ôl blinder, wedi pythefnos caled o ymarfer, ac roedd amheuaeth gref y byddai'n rhaid torri ambell i unawd o'r rhaglen. Ac, i rwbio halen i'r briw, daeth y newydd fod problem hawlfraint wedi codi hefo un o'r caneuon, ac o bosib y byddai'n rhaid inni golli o leia' un gân arall allan o'r rhaglen.

Peth hawdd iawn yw torri eitemau wrth gwrs – ar un olwg. Ond pan fo newid gwisgoedd a set wedi eu hamseru i'r eiliad, a llif eich sgript yn llwyr ddibynnol ar neges ambell gân, roeddwn yn teimlo fod popeth yn datgymalu o nghwmpas i. O safbwynt y cyfarwyddwr cerdd hefyd, mae oriau o dy waith trefnu i gyd yn mynd i fod yn wastraff pan benderfynir hepgor caneuon ar y funud olaf, ac nid o ddewis mae rhywun yn mynd ati hefo siswrn di-deimlad ar y funud olaf.

Fel ti'n cofio, fe ddaeth y pishis nôl i'w lle y bore canlynol. Fe hedfanwyd Rhys Meirion yn ôl o Awstralia i sefyll yn y bwlch hefo Ysgol Gymraeg Aberystwyth. Fe ymladdwyd a dadleuwyd am yr hawlfreintiau a chafwyd caniatâd ar yr unfed awr ar ddeg. Roedd cyflwr lleisiau'r rhan fwyaf o'r criw craidd yn rhyfeddol o dda; ond ddychwelodd John Quirk druan ddim ar gyfer y cyngerdd, a bu'n rhaid i mi arwain corws y Theatr Ieuenctid heb erioed weld y copi tan noson y cyngerdd. Ond fe ddaethon drwyddi'n rhyfeddol – rywsut – unwaith eto.

Ond wrth gwrs, dyna ydan ni'n 'i ddeud bob blwyddyn yn de – 'fe ddaethon ni drwyddi hi – rywsut'. Rhyw fyw mewn gobaith o eitem i eitem y bydd popeth yn iawn. Tydi pethau ddim cynddrwg pan mae'r sioe yn cael ei llwyfannu mewn neuadd gyngerdd, wrth reswm pawb. Er gwaetha'r ffaith nad ydi'r dyn sain ddim wedi cael digon o amser i wybod yn iawn pa unawdydd sy'n canu pa bennill, na'r dyn goleuo wedi gweld digon o'r ymarfer i wbod trwy pa fynedfa y bydd y cymeriad nesaf yn camu i'r llwyfan, mae ganddoch chi dipyn gwell siawns o gael trefn ar betha mewn neuadd fel Canolfan y Mileniwm na sydd ganddoch chi mewn tent yng nghanol cae tatws rhywun, a chitha ddim hefo'r syniad lleiaf sut i gyrraedd yno!

Dyna pam, o bosib, mai'r cyngerdd yn Wrecsam fydd y cyngerdd ola fydda i'n ei wneud mewn unrhyw eisteddfod – er cymaint imi fwynhau gweithio hefo ti Geraint. Mi fyddwn wrth fy modd yn gweithio hefo chdi eto yn y dyfodol – ond ar ein telerau ni yn unig.

Dwi'n cofio iti ddod i'n helpu yn ein cyngerdd yng Nghaerdydd pan oeddan ni'n dathlu'n penblwydd fel ysgol yn ddeunaw oed, ac fe aeth hwnnw heb drafferth bach na mawr. Ond be oedd y gwahaniaeth dwed i mi? Roedd gennym lai o amser ymarfer – roedd yn cael ei ffilmio ac yn cael ei ddarlledu'n fyw ar y radio, ac eto fe redodd popeth yn esmwyth heb air croes gan neb yn unman.

Efallai mai'r ateb i hwnna ydi mai dim ond un person sydd yn arwain yr ymarferion. Mewn ambell gyngerdd yn yr Eisteddfod Genedlaethol dwi wedi gweld cyfarwyddwr y sioe, trefnydd y gweithgareddau nos, trefnydd y steddfod, y rheolwr llwyfan, y cyfarwyddwr cerdd, arweinyddion y corau yn ogystal ag asiant ambell i artist, pob un wan jac yn trio rhoi eu pig i mewn yn y pair. Pawb yn ymladd ar draws ei gilydd am *sound checks* a gofod i ymarfer. Bedlam!

Fe alla i ddeall y ddadl fod amaturiaid yn cerdded i'r llwyfan a chystadlu heb fath o gyfle i ymarfer nodyn na dawnsio 'run cam. Ond fel hyfforddwr sydd wedi gwisgo'r ddwy het fe allai'ch sicrhau chi fod y cyngherddau nos yn fwy o hunllef o beth mwdril na'r un gystadleuaeth y bûm i ynddi hi erioed. Dwi wedi arwain corau, canu cerdd dant ac alawon gwerin, cyflwyniadau llafar, partïon dawnsio a chorau llefaru; dwi hyd yn oed wedi cynorthwyo i ail wampio rhyw fymryn ar seremoni'r orsedd, ond does yr un ohonyn nhw hanner mor gymhleth â rhoi cyngerdd ymlaen. Mae holl ofynion a disgwyliadau'r cyngherddau yn gwbwl wahanol, a tydi'r gynulleidfa ddim yn edrych arno drwy 'run sbectol chwaith. Mae gofyn i'r cyfan syrthio i'w le fel rhyw wyrth yn y cyngherddau a hynny ar ôl ond chydig oriau o ymarfer. Teflir yr artistiaid i gyd i ryw neuadd ysgol y pen arall i'r dre ar y diwrnod mawr i drio bustachu drwy'r rhaglen a dod i ddeall ei gilydd fel bod pawb yn barod i sgrialu tua'r pafiliwn i ddechrau coluro a ffitio'r *radio mics* erbyn hanner awr wedi pedwar.

Trefn arferol y diwrnod, fel ti'n gwbod, yw y byddwn ni i gyd yn cyrraedd maes parcio'r ganolfan ymarfer erbyn tua hanner awr wedi deg a phawb yn ymladd am le i barcio. Fydda i wastad yn deud wrthyf fi'n hun ar adegau felly, pan wela i ryw gerddor bach yn llusgo bas dwbwl neu delyn ar ei ôl: 'Dwi'n siŵr bod hwnna'n difaru na ddaru o'm dewis meistroli'r ffliwt!'

Ond wedyn, does dim rhaid i chwaraewr telyn na bas dwbwl lusgo dau gant o ddisgyblion i'r neuadd hefo fo chwaith yn nagoes? Na gorfod llusgo'r gwisgoedd a'r props mae o wedi treulio'r mis dwytha yn eu cynllunio a'u casglu ar ôl y ddau gan disgybl. Ac wedi agor rhyw focs neu gês yn Wrecsam mae'r athro'n ffeindio'i fod o wedi gadael rhywbeth go hanfodol yn ôl yn y stafell ymarfer ym Mangor. Tydi'r ffidlwr na'r drymiwr ddim chwaith wedi gorfod sgwennu llythyrau i atgoffa pawb i ddod â 'phecyn bwyd hefo nhw i'r ymarfer' nac yn gorfod cyfrif i ddeg pan glyw rhywun yn deud 'dwi 'di anghofio nhei,' am yr ugeinfed tro.

Rwyt tithau, wrth gwrs, yn gorfod bod yn atebol i holl ofynion, cwynion a chwestiynau'r band drwy'r dydd. Gan mai'r bore hwnnw yw'r tro cyntaf iddyn nhw gyd-chwarae gan amlaf, fe alla i ddychmygu dy fod yn cael ribidirês o gwestiynau go ddyrys. Wedi'r tiwnio a'r nodiadau a'r newid gwisgoedd a chael pawb i setlo i lawr i waith mae hi'n unarddeg yn barod. 'Mae amser yn cerdded,' fel dudodd yr hen Dylan Thomas rywdro, ac mae'r cyfarwyddwr cerdd a chyfarwyddwr y sioe yn clywed 'cerdded traed amser' yn tician fel metronom di-drugaredd yn eu clustiau.

Roedd dy drefniannau di y llynedd fel mêl Geraint, ac mae gen ti'r ddawn ryfedda i wneud i'r cyfan swnio mor rhwydd, a phob nodyn gan bob offeryn yn cario'i bwysau ac yn cyfiawnhau ei le yn y cyfeiliant. Roedd gennym dri-deg-a-phump o ganeuon i gyd y llynedd, a thair dawns a myrdd o effeithiau sain ac ychwanegiadau. Mi wn ein bod wedi di-bynnu llawer iawn ar Elen Wyn a chyfeiliant y piano mewn rhannau, a bod rhai o'r caneuon yn ddi-gyfeiliant wrth gwrs, ond mae'r caneuon hynny yn dal angen eu trefnu a'r artistiaid yn dal angen yr un sylw cerddorol, waeth faint o gyfeilio sydd. Fe wnest ti ac Elen Wyn wyrthiau.

Ond yr hyn a'm gyrrodd i ystyried o ddifrif rhoi'r ffidil yn y to y llynedd oedd y munudau gwallgof yna rhwng diwedd yr ymarfer a dechrau'r cyngerdd. Roeddan ni'n ymarfer yng Ngholeg Iâl, sydd rywle yng nghanol tref Wrecsam, stepan go lew o'r maes. Bu'r eisteddfod yn lwcus o ran y tywydd y llynedd, ond yn ystod yr hanner awr lle roedd angen gwagio'n hoffer a ffeindio lle i barcio neu ollwng y disgyblion fe lawiodd yn ddigon trwm i sicrhau fod ein gwisgoedd a'n props i gyd yn wlyb a'r plant yn cael trochfa bach yr un pryd. Cychwyn da. Roedd y neuadd ymarfer gawson ni yn llawn cadeiriau a llanast o'r ymarferion y diwrnod cynt a bu'n rhaid inni glirio'r lle yn gyntaf cyn gallu dod â'n hoffer ni i mewn.

Afraid dweud na chawson ni ymarfer trylwyr. Roedd y gwisgoedd a'r props a'r ceisio cyd-lynu a llyfnhau yn bwyta'r amser fel anghenfil ar ei gythlwng. Ond o leiaf fe gawson ni gyfle i redeg pob cân ryw unwaith a chael hyd i ambell fwlch neu bennill lle nad oedd fy nghopi i a dy gopi dithau'n cweit cytuno â'i gilydd. Hen brofiad rhyfedd ydi hynny bob tro yn de – pan ddown ni at ryw ddarn o'r gân lle mae'r côr wrthi'n canu cytgan dau a'r band wedi symud ymlaen i bennill tri. Er mai ein bai ni oedd yr hic-yp bob tro, y band druan, neu'r cyfarwyddwr cerdd, sy'n gorfod addasu bob gafael. Mae'n haws i offerynwyr roi llinell drwy ambell far neu ail chwarae ambell gytgan nag ydio i ail-ddysgu côr cyfan. Sori am hynna, ond fel ti'n gwbod, dyna fel mae hi wedi bod erioed a newidith hi ddim bellach mae'n siŵr.

'Reit te, neidiwch o far dau-ddeg-a-thri i far hanner cant, peidiwch ag ail adrodd y cytgan a gwyliwch fi ar y *rubato* ar y ddau far cyntaf o'r pennill olaf.' Ac yn wyrthiol, mae pawb yn ymateb. Llinell neu ddwy o bensal drwy'r cyfan ac ambell nodyn ac mae'r darnau'n disgyn i'w lle.

Fydda i'n cael hunllefau weithiau'n ein dychmygu ni'n cyrraedd y llwyfan heb gael amser i ymarfer un neu ddwy o'r caneuon a bod yna fwlch fel yr uchod, nas dargan-fyddwyd, yn ymddangos yn y cyngerdd ei hun. Hyd yn oed wrth sgwennu'r frawddeg yna rŵan dwi'n mynd yn chwys oer drosta i yn dychmygu'r foment erchyll yna y gallem ni'n hawdd ei chyrraedd ryw ddiwrnod. Mae'r senario fel damwain sydd yn aros i ddigwydd, ac mae angen twll yn rhywle yn o agos i'r pafiliwn inni i gyd gael neidio i mewn iddo pan ddaw y dydd hunllefus hwnnw i'n rhan.

Daeth yr ymarfer yn Wrecsam i ben, ac fe gludwyd y band a'r corau i'r maes ar fysus er mwyn bod yng nghefn y llwyfan mewn pryd. Rhian a finnau a dyrnaid o rieni cydwybodol ar ôl, a llond neuadd o wisgoedd a phrops wedi eu lluchio driphlith drafflith yn ein hwynebu; ac ambell i wisg wedi rhwygo, prop wedi torri, neu waeth fyth, ar goll.

Mae'r blinder wrth bacio'r fan a'r anniddigrwydd na chafwyd cyfle i ymarfer yn drylwyr yn lladd y cynnwrf i wneud y cyngerdd. Y cynnwrf hwnnw rydach chi ei angen i'ch cario chi i'r llwyfan yn llawn awyddfryd i roi chwip o sioe dda. Ond tydio ddim yno. Mae'n deimlad cwbwl wag. Mae'r blinder wedi meddiannu'ch esgyrn ac mi fydda'n well ganddoch chi fod adref. Mae'r rhan fwyaf o'r artistiaid dwi wedi siarad hefo nhw wedi teimlo'r felan honno yng nghefn yr anghenfil pinc ar ryw adeg neu'i gilydd.

I ychwanegu at y diflastod, does ganddoch chi ddim y syniad lleiaf sut mae mynd at yr 'anghenfil pinc'. Fel 'da chi'n geshio'ch ffordd yno ac yn taro'ch troed ar y brêc bob yn ail â pheidio 'da chi'n clywed rhagor o bethau'n disgyn yng nghefn y fan ac yn malu, oherwydd y pacio brysiog, ac yn gwybod, o bosib, fod ambell beth yn dal i lechu y tu ôl i ryw gyrtans nôl yng Ngholeg Iâl.

'Da chi'n dilyn yr arwyddion i faes y steddfod, ond mae ganddoch chi deimlad yn eich dŵr mai i faes parcio'r cyhoedd y bydd rhain yn eich arwain, ac nid i'r maes ei hun, lle 'da chi angen bod ers o leia chwarter awr. Mi wyddoch yn iawn bod yna hanner milltir go dda o waith cerdded i gefn y pafiliwn o'r fan honno, hyd yn oed tasa chi mor ffodus â chael lle i barcio yn weddol agos i'r brif fynedfa. Ond mae hi'n ddiwedd pnawn; tydi hynny ddim yn mynd i ddigwydd.

Tasa ganddoch chi diced ar y fan yn deud 'Mynediad i'r Maes,' falla bydda 'na blismon neu stiward yn rwla'n dangos y ffordd ichi, ac mi fydda chi yno mewn chwinciad chwannan. Ac mae'r sgwrs gawsoch chi gefn llwyfan ddoe yn canu'n eich clust:

'Oes modd cael ticad i ddŵad â'r fan ar y maes fory os gwelwch yn dda?'

'Oes, sgin ti rif iddi?'

'Na, dim eto.'

'Reit ...'

'Ei llogi hi ydwi, a dwi'm yn ei chael hi tan ben bora fory.'

'Fedri di'm ca'l ticad heb rif cofrestru'r fan.'

'Fedra i'm rhoid y rhif arni fy hun yn bora?'

'Na ...'

'Reit ...'

Ac mae'r sgwrs yn rhyw ddarfod fel tai 'na arwydd *diminuendo* arni ac yn 'distewi a mynd yn fud'. Y trefniant, felly, ydi'ch bod yn ffonio'r swyddfa hefo'r rhif ben bore fel bod rhywun yn y fan honno, trwy ryw ryfedd wyrth, yn trosglwyddo'r neges i'r 'dyn agor y giatia' ac y bydd yntau yn nabod y rhif ac yn agor y ddôr. Oes ganddoch chi ddigon o ffydd yn y system y bydd peth felly'n digwydd? (Yn amlwg does gan y system ddim digon o ffydd ynddoch chi i gael tocyn i roi'r rhif cywir arno eich hun felly pam ddylia chi gael ffydd yn y system?) Ydyn nhw falla'n ama y byddwch chi'n eu twyllo ac yn rhoi'r tocyn i yrrwr dybl-decar i smyglo hanner cant o eisteddfodwyr i mewn am hanner pris a chitha'n pocedu'r elw?

Rydach chi'n clywed 'traed amser' yn rasio tuag atoch chi pan mae eich ffôn symudol yn canu. Rhian, wedi gadael neges. Damia! Ddudodd hi y bydda hi'n fy nilyn i i'r maes a dwi wedi ei cholli hi. Dim golwg o'r car yn y wing mirror. 'Da chitha wedi dŵad i stop ac yn gwrando ar y neges ddagreuol:

'Cefin, dwi 'di dy golli di yn y traffig; wedyn esh i'n styc yn y jam a rŵan dwi 'di glanio'n 'Sbyty Maelor ... ffor' dwi'n dŵad i'r maes?'

Erbyn hyn dwi ym maes parcio'r cyhoedd ac yn rhyw ddychmygu, yn erbyn pob rhesymeg normal, 'mod i'n mynd i ffeindio rhyw swyddog yn rwla sy'n gwybod am yr adwy bach glyfra'n fyw yn y wal fydd yn mynd â fi yn syth i gefn y pafiliwn.

'No such luck mate, you have to go back to the dual carriageway and take a left to Ponciau Road, then follow the signs for the 'Eistedvud Goods Vehicles', and you'll see the pavilion on your right ... it's the big pink one.'

'Clywch stampîd traed amser.' (Falla bydda'n well i minna for wedi mynd i 'Sbyty Maelor hefyd. Mi fydda ganddyn nhw rwbath yn y fan honno at nerfa ma' siŵr!)

Adewis i'r fan mor agos ag y medrwn i i'r prif fynedfa a rhedeg mewn panic tua'r maes. Y plan newydd oedd cael un o aelodau Da Capo i ddod i nôl y fan a'i gael o i gracio'r côd a'r gyfrinach un-ffordd i gael y cerbyd ar y maes:

'You can't leave the van there mate, you're blocking the ...'

'Sorry, I'll be back now ... I just have to ... yyyym ... bye!'

.... a hyn tra roeddwn i'n rhedeg hefo llond fy haffla o

sgriptiau, nodiadau a nillad i ar gyfer y cyngerdd, yn y gobaith fod gen i ddal fymryn o nerth yn fy nghoesa i redeg yn gynt na'r stiward bach ac na welwn i mohono fo byth eto'n fy mywyd.

Mae sawl 'steddfodwr pybyr wedi fy ngweld i'n cario llond gwlad o betha ac yn rhedeg ffwl pelt i rwla hyd feysydd parcio a llwybrau plastig eisteddfodawl o'r blaen, ond hon oedd y daith waethaf o ddigon.

'Bob lwc yn y cyngerdd heno, Cefin!'

Nabod neb, gweld neb, dweud 'run gair wrth yr un enaid byw, clên. Anelu am yr anghenfil ac anwybyddu pawb. Neges gan Rhian – 'Dwi'n dilyn arwyddion Caer. Dwi'n mynd ffor' iawn?' Bechod! Ond dim amser i ddeud wrthi am droi'r ffordd arall.

Trio ffeindio Da Capo, gefn llwyfan. Mirain yn deud fod 'mam newydd ffonio yn deud ei bod ar lôn Wyddgrug'. Bechod eto! Ond o leia mae hi'n c'nesu. Gweld Owain yn pasio a'i fachu cyn iddo ddiflannu i gael colur.

'Owain, 'nei di plis fynd â'r fan o'r maes parcio a dŵad â hi i gefn llwyfan?'

'G'naf siŵr, lle ma'i?'

'Maes parcio de.'

'Pa un?'

'Maes parcio'r steddfod de.'

'Pa un?' medda fo eto, yn trio cael y geiniog i ddisgyn.

Mae'n hanner disgyn.

'Oes 'na fwy nag un?'

'Oes.'

'Wel y shiiiii ... sh Kebab!'

Dwi'n penderfynu mynd yn ôl hefo Owain i drio ail-ddilyn fy nghamre yn y gobaith o fynd ag o i'r maes parcio iawn. Dwi'n gweld Rhian mewn cae yn bell i ffwrdd yn dadlau hefo stiward arall bod yn rhaid iddi gael parcio ym maes parcio'r anabl. O leia ma'i yma!

'Bob lwc yn y cyngerdd heno, Cefin.'

'Di .. ho .. ch!' Methu hyd yn oed ynganu'r gair deunsill

mewn un gwynt. Ydwi'n mynd i farw? Ydwi'n mynd i gael trawiad?

Dwi'n ffeindio'r maes parcio iawn yn y diwadd, a rhyw hanner canllath i ffwrdd, yn cadw cwmni i'r fan mae stiward bach blîn. Dwi'n dewis peidio rhedeg yr hanner canllath ola, geith Owain ddelio hefo fo. Pasio'r byc a'r allweddi iddo a thrio ennill 'traed amser' wrth redeg am y linell derfyn. Rhian wedi cyrraedd o mlaen i yn y diwedd: 'A phedwerydd oedd Sam!'

Ia wir ... na ... byth eto!

Stori arall yw'r cyngerdd ei hun wrth gwrs, ond mae hynny'n hen ddigon o lith i'th roi yn y darlun. Dwi'n siŵr bod gen tithau fersiwn arall o dy siwrne di o'r ymarfer i'r pafiliwn ond roeddat ti dan reolaeth lwyr o gychwyn y cyngerdd i'r diwedd Geraint.

Mae fy edmygedd i o dy dalent di'n fawr, ac mi fyddai'r steddfod ar ei cholled yn enfawr tae ti'n gafael yn dy ffidil a'i hanelu hi am yr atig!

Diolch yn dalpie! Welai di'n fuan ...

Cefin

Annwyl Dylan (Cernyw)

Wrth 'sgwennu dy enw di rŵan y trawodd o fi i ofyn os oes yna gysylltiad daearyddol teuluol yn dy enw di? Neu ydio'n enw ddaru dy fam ei hoffi a meddwl bydda hwnna'n swnio'n enw da ar delynor? Os hynny, mi fuo hi'n flaengar iawn yn do? Mae 'na ryw sŵn telynegol iddo fo ar wefus.

Mae gen i gysylltiad teuluol â Chernyw gyda llaw. Roedd mam fy nhad yn hannu o Gernyw, a daeth i Lanllyfni i fyw yn hogan ifanc iawn ar droad y ganrif ddwytha. Roeddan nhw'n deulu cerddorol eithriadol ac fe enillodd ei chyfneither, Mary King Sera, y Rhuban Glas yn eisteddfod Caernarfon 1903. Ond doedd hi ddim yn chwarae'r delyn, a doedd hi ddim yn gyfeilyddes chwaith, hyd y gwn i.

Dwn i ddim sawl gwaith rydwi wedi cyfeirio at ddawn cyfeilyddion yn y llythyra 'ma. Gobeithio nad ydwi wedi gwneud hynny gymaint nes i f'edmygedd o'ch gwaith chi swnio'n ffuantus. Wedi bod yn lwcws ydan ni fod yr holl gyfeilyddion sydd wedi bod yn rhan o'r tîm dros y blynyddoedd wedi bod yn ffrindiau mor dda ac yn gwmni mor ddifyr yn ogystal â bod yn arbennig o dda yn eu gwaith.

Yma yng Nghymru mae cael y delyn yn adlonni yn ogystal â chyfeilio wastad yn gaffaeliad mawr wrth gwrs. Y gwahaniaeth rhwng cyfeilio ar y delyn a chyfeilio ar y piano, fel wyt ti'n gwbod Dylan, ydi fod y telynor druan yn gorfod llusgo'i offeryn hefo fo i bob man. Ac er mor swynol a hardd yw'r delyn ar lwyfan cyngerdd a steddfod, mae hi hefyd yn declyn digon anhylaw i'w llusgo o un pen o'r wlad i'r llall. Mae hi'n fwy o boen byth pan mae angen ei llusgo hi o un wlad i'r llall; fel y gwyddon ni o brofiad digon diflas.

Wedi cael gwahoddiad i fynd i ganu i ŵyl gerdd yn y Swistir oeddan ni, a ninnau wedi gofyn iti fod yn rhan o'r ensemble er mwyn inni gael cyflwyno mymryn o Gerdd Dant draw yno. Does dim byd yn well gan gynulleidfaoedd mewn gwyliau rhyngwladol na chlywed seiniau a thechnegau gwahanol a brodorol gan gorau. Mi dw inna wrth fy modd yn gwrando ar gorau sy'n cynnig yr annisgwyl ichi mewn gwyliau o'r fath. I mi, mae o wastad yn teimlo fel mod i'n gwrando a chyffwrdd â gwreiddyn a tharddiad cerddoriaeth. Rhain yw ffynnon ein holl gerddori. Yr hyn sydd gen i ofn weithiau yma yng Nghymru yw ein bod yn rhoi'r traddodiad hwnnw mewn cas gwydr neu amgueddfa ac yn mynnu na ddylid ei gyffwrdd mond hefo menyg gwynion a chyda'r ffasiwn barchedig ofn fel mai'r cyfan rydan ni'n ei wneud yw ei dynnu allan o'r cas gwydr yn achlysurol a deud 'del iawn' a'i roi o nôl.

Diwedd y bregeth ac yn ôl i'r Swistir. Roeddwn i wedi gwneud ymholiadau lu am gael llogi telyn i arbed inni orfod talu am yswiriant i dy delyn di (hen air anfoddhaol ydi yswiriant de?). Beth bynnag, yr ymateb a ddaeth yn ôl o'r ŵyl oedd y bydda nhw'n gwneud ymholiadau am delyn yn nhref Basle, lle cynhelid yr ŵyl, a dod yn ôl atom gyda'r manylion. Mis yn ddiweddarach daeth y wybodaeth fod telyn i'w chael ym Masle ond y byddai honno'n costio mwy i'w hyswirio (gair gwirionach fyth!) nag i ni yswirio dy delyn di ym Mhrydain a'i hedfan allan i'r Swistir. Rhyfedd o fyd.

Ond dyna wnaed, wrth gwrs. Os oedd hi'n rhatach, a hwythau'n fodlon talu, pwy oeddan ni i gwyno? Wel, roedd gen ti le i gwyno wrth gwrs, gan mai chdi fyddai'n gorfod ei phacio a'i llusgo hi i'r maes awyr ym Manceinion, a gwneud y trefniadau priodol i'w chael i lanio ym Masel erbyn noson ein cyngerdd agoriadol yn yr Eglwys Gadeiriol yn y ddinas.

Mae gan delynorion feddwl y byd o'u hofferyn o'r hyn dwi wedi ei weld. Bosib fod offerynwyr eraill yn gwneud yr un modd, ond mae gen i ryw deimlad fod telynorion yn closio fwy fyth at eu hofferyn hwy. Mae'n rhaid ichi ei chofleidio wrth ei chanu hyd yn oed, ac mae hynny'n syth yn creu darlun i'r llygad o ddau gariad. Chithau wedyn yn byseddu ei thannau yn dyner a'r hen delyn yn canu grwndi ei boddhad wrth ichi ei chyffwrdd yn y llefydd iawn. Ond yn amlach na pheidio mae rhyw stori i'ch carwriaeth hefyd. Mae'r delyn wedi ei hetifeddu, neu mae rhyw hanes diddorol iddi, neu mae hi wedi cael ei chynllunio'n arbennig ichi. Mae hi'n gargo pwysig iawn pan fyddwch yn teithio hefo hi yn y car. Does ryfedd, felly, fod y tensiynau yn uchel ym Manceinion a chdithau'n ei gwylio'n cael ei llwytho i'r awyren.

Mae angen anferth o focs pren cadarn i hedfan telyn, ac roedd Rhian wedi danfon y mesuriadau at y cwmni awyrennau i wneud yn siŵr fod y maint yn dderbyniol ganddynt. Cafwyd cadarnhad fod popeth yn iawn. Pawb yn hapus ac yn llawen felly, pan eisteddon ni i gyd i lawr yn ein seddau yn barod i hedfan i'r Swistir. Iodl-ê-i-dî! A bant â ni!

Ond buan iawn y trodd yr wynebau cynhyrfus yn wynebau pryderus iawn pan edrychwyd allan o'r ffenest a gweld y dynion llwytho yn dod â'r delyn yn ei hôl allan o'r 'howld' a'i rhoi ar y rynwe i orffwys â chryn benbleth ar eu hwynebau. Roeddet ti'n edrych ar dy ffrind pennaf yn cael ei sodro'n ddi-seremoni ar y tarmac a Rhian yn gweld ei chyngerdd yn mynd i lawr y swani. Yn ei phanig fe redodd Rhian allan ar y rynwe i ofyn be oedd yn bod. Roedd golwg flin iawn arni ac yn barod i chwifio darn o bapur yng ngŵydd y llwythwyr oedd yn profi ei bod wedi cael addewid bendant ar ddu a gwyn fod y delyn yn mynd i ffitio yn yr howld. Doedd hi prin wedi tynnu'r tamad papur o'i phocad pen ôl nad oedd un o swyddogion y rynwe wedi rhoi llond pen reit bendant iddi am ei hyfdra i fod ar y tarmac heb ganiatâd:

'You are not allowed on the runway madam! Please get back in the plane ... now!'

Bu'n rhaid iddi roi tro ar ei sawdl heb yngan gair a glaniodd yn ei hôl â'i chynffon rhwng ei gafl a'r tamad papur yn dal yn ei phoced.

Gwnaed pob math o ymholiadau beth fyddai hanes dy

delyn oedd yn diflannu yn y pellter. Fe daerwn imi weld deigryn yn dy lygaid yn edrych arni'n cael ei thywys ar ryw drol fach felen ac o dy ŵydd. Cafwyd ar ddallt mai'r rheswm pam nad aeth y delyn i'n howld ni oedd nad yr awyren yr oedden ni'n eistedd ynddi oedd yr awyren wreiddiol i'r flight arbennig honno. Gan mai dim ond y côr oedd yn teithio arni roeddan nhw wedi newid i awyren lai ar y funud olaf. 'Wel diolch yn dalpia,' medda ninna.

Daeth y neges y byddai'n rhaid i'r delyn deithio ar awyren arall – rhyddhad – i faes awyr arall – amheuaeth – mewn dinas arall – panics! Fyddai'r delyn yn cyrraedd y cyngerdd agoriadol mewn pryd? Pwy fyddai'n ei danfon o Zurich i Basel? Sut y bydda nhw'n gwbod lle i'w danfon? O ystyried eich perthynas agos fe allwn ddeall i'r dim pam dy fod yn dawedog iawn yn hedfan dros yr Alpau.

Doedd yna fawr o gysur yn y pen arall chwaith. Bu'n rhaid hepgor pob arlliw o Gerdd Dant yn y cyngerdd agoriadol a doedd dim sôn am y delyn. Bu'n rhaid i drefnwyr yr ŵyl logi ac yswirio (ych a fi!) telyn arall inni ar gyfer yr ail gyngerdd a Hywel Gwynfryn yn cael stori fach ychwanegol pan wnaeth Rhian gyfweliad hefo fo ar ganol ein cyngerdd o fynachdy hanner ffordd i fyny'r mynydd ar gyrion Basel.

Ond mae tri chynnig i Gymro wrth gwrs, hyd yn oed pan mae o yng nghanol mynyddoedd y Swistir. Erbyn y trydydd cyngerdd fe laniodd dy delyn heb na tholc na thwll na thant o'i le. Bron na chafon ni ddathliad bach ychwanegol y noson honno i'w chroesawu. Yn sicr, fe gafodd y pwyllgor lety a chroeso, sef Rhian, Annette a chdi a finna, ryw lymaid bach ar y gainc 'Caru Doli' yn ein gwesty. Clap a chân i bawb oedd yn bresennol, a maddeuant i bawb ôl rownd, dŵr dan bont a chafwyd cyngherddau gwych a'r Cerdd Dant at ddant pawb (am unwaith).

Bu'n rhaid ffarwelio â'r delyn unwaith eto ar y ffordd adref am yr un rheswm yn union. Cafwyd sicrwydd hefyd y byddai'r delyn yn cyrraedd Manceinion o'n blaenau. Ond pan gyrhaeddon ni Fanceinion doedd dim golwg o'th annwyl delyn. Roedd hi wedi mynd i Luton mewn camgymeriad!

Mae sŵn tant yn torri yn sŵn unigryw. Tydio ddim yn sŵn braf iawn, fel ti'n gwbod yn well na neb, Dylan. Mae o'n gyfuniad o sŵn clec balŵn, asgwrn yn torri a rhywun yn rhoi bonclust ichi. Ping! Fe glywais i'r sŵn hwnnw yn dy ben yn rhywle y noson honno ym Manceinion. Ar y ffôn oeddat ti ar y pryd. Wedi mynnu cael siarad hefo un o ben-bandits y maes awyr i ymholi ynghylch diflaniad dy delyn. Pan glywais y 'ping' yn mynd yn dy ben fe'th welais di hefyd yn lluchio'r derbynnydd yn ôl at y dyn bach oedd yn eistedd tu ôl i ddesg y lost luggage a dwi ddim yn mynd i ailadrodd yr hyn ddaeth allan o dy enau di'r noson honno. Y cyfan dwi'n fodlon ei ddeud ydi ei fod o'n dipyn gwaeth na'r hyn ddudis di ar dy weplyfr am alawon yr adran Cerdd Dant yn Eisteddfod yr Urdd Abertawe 2011!

Does ryfedd iti, felly, ddeud wrthan ni, pan ofynnon ni iti ddod hefo ni i Tsieina i gyfeilio i'r côr yn y 'World Choir Olympics', y deua ti tasa 'na sicrwydd fod 'na delyn 'draw, draw yn Tsieina'.

'Wel wrth gwrs bydd 'na,' medda ninna heb sychu'n gwefla. 'Olympics y corau 'di hwn; fydd bob dim felly i'w gael yno siŵr iawn.'

Un alwad ffôn yn ddiweddarach ac roedd popeth wedi ei drefnu. Mi fydda 'na delyn yn ein haros yn Shaoxing erbyn ein cyngerdd cyntaf ond inni dalu am ei llogi. Roeddan ni wedi clywed addewidion o'r fath o'r blaen wrth gwrs, ond pan gwrddon ni wyneb yn wyneb hefo'r trefnwyr yn swyddfa'r ŵyl ar gampws prifysgol Shaoxing roeddan ni'n weddol ffyddiog fod telyn ar ei ffordd.

Ond fe aeth dyddiau heibio heb weld arlliw o'r delyn a'n ffydd yn dechrau simsanu yn y system ryngwladol. Roedd y trefnwyr o'r Almaen yn dweud mai'r pwyllgor lleol yn Shaoxing oedd ar fai a'r pwyllgor lleol yn beio Musica Mundi, y trefnwyr rhyngwladol.

Sawl cyfarfod tanbaid yn ddiweddarach ac fe gafwyd

addewid y byddai'r delyn hir-ddisgwyliedig yn ein haros yn y neuadd lle roeddan ni'n cynnal cyngerdd y noson honno. Fe allwch ddychmygu fy rhyddhad pan gyrhaeddais gefn y llwyfan ar noson y cyngerdd a gweld rhywbeth oedd yn ymdebygu i siâp telyn mewn cas lledr brown yn sefyll ym mhen pella'r esgyll.

Chwiliais yn syth am ryw swyddog neu stiward i'w holi os mai hon oedd ein telyn ni. Gwelais ddyn hefo *walkie-talkie* yn gwisgo bathodyn go bwysig yr olwg a gofyn iddo os mai hon oedd y delyn.

'Ddîs iz a harp, yez ...' medda fo wrtha i mewn acen Almaenig/Awstriaidd.

'Do you know if it is our harp?' gofynnais inna wrtho, mewn acen Llanllyfni.

'No ...' medda fynta'n reit stowt.

'I see ... ym ... Do you mean 'no' it's not our harp?' mentrais ofyn, 'or do you mean 'no' you don't know whether it is our harp or not?'

'Eeet iz our harp,' medda fo, 'a harp for a choir from Eeengland, UK, for dwmoorow's competiiizion.'

Wrth lwc, fe wyddwn mai ni oedd yr unig gôr o'r Deyrnas Unedig oedd yn cystadlu, ac am unwaith fe allwn faddau iddo am ddweud mai côr o 'Eeeengland' oeddan ni. Roedd golau ym mhen draw'r twnnel ac roedd posibilrwydd cry bellach mai hon oedd ein telyn. Roeddat ti'n llygadu'r bwndel brown o'th flaen â'th lygaid gobeithiol tra roeddwn innau wedi mynd hefo'r stiward â'r bathodyn pwysig i chwilio am stiward hefo bathodyn pwysicach fyth. Daethpwyd o hyd i'r cyfryw berson a chafwyd cadarnhad mai telyn 'Eeezgol' oedd hon yn wir, 'From Eeengland, Weils.' Rhoddwyd y nòd iti i agor y clawr lledr brown. Hyd yn oed i rywun na fyddai wedi gweld telyn yn ei fywyd o'r blaen, byddai wedi gallu dyfalu fod rhywbeth o'i le ar hon. Fe fyddai unrhyw Gymro angerddorol wedi gallu deud wrthach chi fod yna o leia naw o dannau ar goll. Fe wyddwn innau, wedi iti chwarae un cord, nad oedd hi wedi cael ei thiwnio ers rhai blynyddoedd. Ond i ti, roedd y drasiedi o'th flaen mewn cyflwr gwaeth o'r hanner. Diolch byth fod ganddon ni rywfaint o synnwyr digrifwch pan sylwon ni fod un o'r ceriwbiaid oedd yn addurno'r delyn wedi colli ei adennydd hefyd!

Ond pharodd y chwerthin ddim yn hir iawn. Unwaith y sylweddolais i ein bod wedi trafaelio hanner ffordd ar draws y byd i ganu darn yr oeddan ni wedi treulio oriau yn ei berffeithio i gyfeiliant y llanast yma oedd o'n blaenau fe gollais fy limpyn yn llwyr. Fe gafodd y stiward hefo'r bathodyn pwysig a'r stiward hefo'r bathodyn pwysicach fyth wybod beth oeddan ni'n feddwl o'r delyn mewn iaith flodeuog iawn, iawn os cofiwch chi, Mr Cernyw. Roeddan ni wedi talu 300 punt am ei llogi hi!

Da dweud fod arogl petalau ein sgwrs wedi cyrraedd y brif swyddfa'n weddol gyflym a danfonwyd un o brif swyddogion yr ŵyl draw atom mewn sachliain a lludw a chafwyd addewid fod pump neu chwech o'u pobl, ar yr union eiliad honno, allan yn strydoedd Shaoxing hefo crib mân, dinas o ryw filiwn o boblogaeth, yn chwilio am delyn inni. Ond tiwnio ac ail-diwnio'r delyn druenus fu'n rhaid inni yn y diwedd.

Ac fe gafwyd Cerdd Dant yn Tsieina. Cafwyd medal aur a medal arian i ddod adref hefo ni hefyd; yn ogystal ag ennill y wobr gyntaf a graddfa aur arall yng nghategori'r canu gospel. Fe wnaeth yr hen delyn ei gwaith yn rhagorol, diolch i ti; ac mi fydda i'n gwenu weithia wrth ddychmygu rhyw geriwb bach draw, draw yn Tsieina, sy'n dal i chwilio am ei adennydd!

Hwyl iti Dyl, a welai di'n fuan,

Annwyl athrawon ac arholwyr,

Mae'n gas gen i farcio. Dwi'n siŵr y byddai'r rhan fwyaf ohonoch chi'n cydnabod fod marcio'n dipyn o gur pen i sawl un ohonoch chithau hefyd. Tydi'r sawl sydd dan yr argraff fod athrawon yn ei chael hi'n hawdd rioed wedi ystyried y marcio dybiwn i, nac wedi meddwl am yr amser mae'n ei gymryd i fynd drwy set o ryw dri deg o lyfrau ar ôl mynd adref wedi i'r gloch olaf ganu. Ac mae mwy nag un dosbarth o lyfrau angen eich sylw yn amlach na pheidio hefyd, a buan iawn mae'r tri deg yn mynd yn chwe deg a mwy, a'r oriau gwaith yn cynyddu wrth y frawddeg. Ac er mor bwysig yw gwaith marcio, mae o'n gallu bod yn waith syrffedus iawn ar brydiau mae'n rhaid imi gyfaddef.

Ond ambell waith, rhwng y traethodau di-ddrwg, di-dda yna, fe gewch ambell i berl sy'n eich cynnal drwy'r gwaith. Y perlau gorau bob amser yw'r disgyblion arbennig hynny sy'n ysgrifennu rhywbeth uwchlaw'r cyffredin, ac yn rhoi gwefr ichi. Ond ar adegau eraill, mae ambell gamgymeriad hefyd yn gallu codi'ch calon a gwneud ichi chwerthin lond eich bol. Fel y disgybl hwnnw a sgrifennodd yn ei draethawd ar ei arholiad ymarferol Lefel A, dan yr adran 'Cymhelliad', (wedi iddo actio cymeriad Macbeth), ei fod wedi 'ca'l traffath i chwara'r diawl.' Ar un olwg mae rhyw wirionedd clyfar, bron yn farddonol, yn y frawddeg â'r chwarae ar eiriau yn ymddangos yn reit glyfar. Ond gan mai honno oedd ei unig frawddeg yn yr adran, fe'i cynghorais i roi cynnig arall ar yr ateb.

Dwi wedi gwrido sawl tro wrth feddwl am yr hyn sydd yn cael ei ddweud a'i ddatgelu mewn traethawd neu bapur arholiad. Tydan ni ddim yn cael cyfle i edrych dros y papurau terfynol, wrth gwrs, ac felly maen nhw'n cael eu taro yn y post heb inni fod yn ymwybodol o'u cynnwys. Ac mewn ambell achos, efallai fod hynny'n beth da. Ond mi sgrifennodd 'na un disgybl annwyl iawn yn ei ddyddiadur drama un diwrnod ei fod yn lwcus ofnadwy ei fod yn cael Cefin a Rhian i ddysgu drama iddo: 'Nhw 'di Posh a Becks Cymru.' Dwi ddim yn gwbod lle cafodd yr hen greadur y ffasiwn argraff, ond fe ddaeth y Tippex allan yn o gyflym y diwrnod hwnnw!

Dwi wedi crybwyll mewn rhyw lythyr arall yn y gyfrol yma am ddiflaniad y llythyren 'w', ac mai hi, yn anad yr un llythyren arall, sydd yn peri'r mwyaf o drafferth wrth ynganu geiriau'n dda. Os nad yw'r wefus uchaf yn gweithio'n ddigon caled mae'r 'w' yn gallu diflannu'n llwyr o'r gair cyn ichi sylweddoli ei bod wedi mynd. Dychmygwch wyneb yr arholwr allanol druan felly pan glywodd un Juliet yn dweud 'Na! Na! Ni fynnaf i briodi'r Co(w)nt!' Bu bron inni â marw yn y fan a'r lle.

Dwi'n cofio un criw o ddisgyblion yn llwyfannu eu harholiad ymarferol yng Nghastell Caernarfon, flynyddoedd maith yn ôl bellach. Yr olygfa gyntaf roeddan nhw'n ei chyflwyno oedd golygfa'r gwrachod allan o'r ddrama *Macbeth*. Roedd y tair yn cyrraedd y stafell yn y castell fel tair o siopwyr o Gaernarfon mewn dillad cyffredin ac yn cario basgedaid o siopa dan bob braich. Wedi i weddill yr 'ymwelwyr' ddiflannu roedd y tair yn datgelu'r wrach-yddiaeth oedd yn llechu yn eu basgedi. Yn ystod yr arholiad ei hun fe orlenwodd un wrach ei basged ac fe syrthiodd dipyn o'r nwyddau ar y llawr. Fydda i wastad yn trio rhag-rybuddio'r disgyblion i drio clirio'r gofod chware os cyfyd y math yma o ddamwain. Ond doedd fy ngwrachod nerfus ddim wedi sylwi ar yr anffawd. Fe allwch ddychmygu bod fy nghalon wedi suddo felly pan lewygodd Siwan yn glewt ar ddau bacad o cheese and onion ac un smokey bacon.

Gan nad yw rhai ysgolion yng Ngwynedd yn cynnig unrhyw wersi drama ffurfiol o fewn eu hamserlen, mae rhai disgyblion yn cychwyn astudio Lefel A yng Nglanaethwy heb unrhyw brofiad blaenorol o'r pwnc. Felly mae geiriau pwysig megis 'cymhelliad', 'goslef', 'mynegiant', 'osgo', 'pwyslais' a 'seibio' yn gallu swnio'n ddiarth iawn iddynt ar gychwyn y cwrs, heb sôn am dermau technegol fel 'bwa'r proseniwm', 'lletraws', 'llwyfan gwth' a 'phromenâd'. Gan bod angen i'r rhai dibrofiad ddal i fyny'n weddol gyflym does ryfedd bod ambell derm yn mynd yn angof ar brydiau. 'Os ydach chi wedi anghofio'r gair Cymraeg yna defnyddiwch yr un Saesneg,' fydd ein cyngor weithiau, 'mae'n well nag eistedd yn yr arholiad am allan o hydion yn cnoi eich beiro.'

A dyna a wnaeth un disgybl y bore hwnnw pan aeth y gair 'traw llais' yn llwyr o'i gof. Ond yn ffodus roedd yn cofio'r gair 'pitch'. Yn anffodus, wrth gwrs, mae'r gair 'pitch' yn treiglo yn y Gymraeg. Wrth ateb cwestiwn ar gyfarwyddo yn ei ffug-arholiad fe gawsom y frawddeg anfarwol yma: ' ... yn yr ail hanner mae'r bitch yn codi.' Diolch byth mai arholiad mewnol oedd y papur arbennig hwnnw!

Ond dyn a ŵyr faint o enghreifftiau cyffelyb sydd ganddoch chi arholwyr. Dwi'n siŵr bod 'na gyfrol neu ddwy yn llechu yn rhywle dim ond ar fagliadau'r papurau drama yn unig.

Un camgymeriad bach arall sydd wedi codi gwên ar sawl achlysur wrth hel atgofion yw'r un lle gosodwyd gwaith cartref i'r disgyblion ar gyfieithiad hyfryd Gwyn Thomas o Midsummer Night's Dream, sef *Breuddwyd Nos Ŵyl Ifan*. O holl ddramau Shakespeare mae'r ddrama hon yn un o'r rhai hawsaf i ddisgyblion oedran TGAU ei dilyn. Y cur pen mwyaf yw cofio pwy sy'n gariad i pwy – Hipolita a Thesius, Oberon a Titania, Demetrius a Helena a Lysander a Hermia. Daeth un papur i mewn oedd yn hollol gywir tan yr enw olaf un – 'Mae Demetrius efo Helena ac mae Lysander hefo hernia,' – Lysander druan! Roeddan nhw ar y pryd yn ceisio dehongli'r olygfa yn arddull un o ymarferwyr theatr mwyaf chwyldroadol yr ugeinfed ganrif – 'Salislavski'. Wir yr! (Gwraig Stanislavski o bosib?)

Mi allwn barhau â'r llythyr yma am byth dwi'n siŵr –

ond falla bod yna gyfrol fach arall yn llechu yn fan hyn yn
rhywle, os rhown ni'n penna at ein gilydd. Be amdani?

Hwyl ar y marcio!

Annwyl Lynwen (a taid a nain),

Petai 'na wobr am ddyfalbarhad i'w chael yn Ysgol Glanaethwy yna fe fyddet yn cipio'r wobr gyntaf, ail a thrydydd heb unrhyw amheuaeth.

O'r holl ddisgyblion a ddaeth i'r ysgol, a bu miloedd drwy'r hen ddrysau yma erbyn hyn, does dim dwywaith mai chdi wnaeth yr aberth fwyaf i ddod atom ni; ac fe wnest hynny heb fath o gŵyn yn y byd am wyth mlynedd a mwy tra buost di'n ddisgybl yng Nglanaethwy.

Mae ambell riant yn deud wrthan ni o bryd i'w gilydd y basa nhw wedi danfon eu plant i'r ysgol ond ei fod yn 'biti eich bod chi mor bell'. Roedd rhai o'r rheiny yn dod o eithafion pella Ynys Môn neu o ben draw Llŷn, ac yn gweld y siwrne wythnosol yn ormod o ymdrech ar eu rhan. Deall yn iawn, wrth reswm pawb. Ond fel un a gafodd y cyfle gan ei rieni i fynd i wersi'n wythnosol, ac a fyddai'n mynd i Lerpwl ar un adeg i gael hyfforddiant llais, fe wyddwn bod ambell i riant yn fwy penderfynol na'r lleill.

Nain a taid oeddan nhw yn dy achos di, Lynwen, ac mae hynny'n fwy o aberth fyth greda i. Mae 'na nifer o ddisgyblion wedi dod aton ni o ochrau Ardudwy ac o eithafion Dyffryn Clwyd. Ond prin iawn ydi'r disgyblion hynny sydd wedi dŵad mor gyson, ffyddlon o berfeddion Powys.

Roedd taid a nain yn teithio hefo chdi am dros ddwyawr i ddod i Lanaethwy, ac yna'n hel eu traed hyd strydoedd Bangor am ddwyawr arall tra roeddat ti yn y gwersi, cyn treulio dwyawr arall yn dy ddanfon di adre – a hynny heb rwgnach yr un waith.

Ar ben hynny, roeddat ti'n un o'r ffyddlona mewn eisteddfodau a chyngherddau bob amser. A fel tasa hynny ddim yn ddigon roedd nain a taid hefyd yn dŵad i fyny i ambell noson goffi neu sêl bŵt car. Ac os nad oeddan nhw'n medru dod roeddan nhw wastad yn codi'r ffôn i ymddiheuro neu'n taro siec yn y post 'at yr achos'.

Dwi mor falch dy fod wedi ennill Ysgoloriaeth Goffa Gethin Rhys i fynd ymlaen i wneud cwrs Theatr, Cerdd a'r Cyfryngau yng Ngholeg y Drindod, ac roedd yn rhoi boddhad mawr imi dy weld ar lwyfan y Theatr Genedlaethol yn rhan o gynhyrchiad Deffro'r Gwanwyn.

Bob dymuniad da iti yn dy yrfa Lynwen, a chofion anwylaf at taid a nain.

Cefin

Lowri yn y cefn gyda Sara a Mared

Annwyl Lowri,

Mi weli 'mod i wedi cyfeirio atat mewn mwy nag un o'r llythyrau yn y gyfrol yma'n barod, ond fedrwn i ddim meddwl am gau pen y mwdwl heb dy gyfarch mewn llythyr bach sydyn, cyn cloi. Dwi'n gwbod fod yn gas gen ti gael dy frolio, ac felly fe gadwa i betha mor gwta a syml â phosib – dwi'n gaddo!

Ti wedi bod yn gymaint rhan o'r ysgol ers i ti ymuno hefo ni fel athrawes fel bod talp ohona ti rywle rhwng pob llinell yn y llythyrau yma. Os nad oeddat ti yno hefo ni dy hun, rwyt ti wedi clywed y straeon sydd yn y llythyrau yma hyd at syrffed mae'n siŵr; maddau imi am hynny, dwi'n un drwg am ailadrodd fy hun! Ond erbyn hyn mae'n teimlo fel dy fod wedi bod yma hefo ni erioed.

Roedd Rhian a finna yn gwbod o'r eiliad cyntaf 'nes di ymuno hefo ni y byddet ti'n gefn ac yn gaffaeliad i'r ysgol. Roeddan ni eisioes yn gwybod am dy frwdfrydedd fel disgybl ysgol ac fel myfyrwraig, a dy fod yn ferch oedd yn gweithredu yn hytrach na siarad am wneud. Mae rhywun yn gweld hynny mewn person yn syth bin, a chawson ni ddim o'n siomi unwaith.

Mi alla i ddychmygu fod cyd-weithio hefo tîm o ddau berfformiwr sydd hefyd yn ŵr a gwraig yn gallu bod yn her aruthrol ar sawl lefel. Ond gan iti lithro'n dawel i ddod yn rhan o'n teulu a'n cylch ffrindiau mor esmwyth fe ddatblygodd yn uned eithriadol o hapus o'r cychwyn cyntaf.

Wel, dwi'n deud o'r cychwyn cyntaf, ond roedd hi flynyddoedd yn ddiweddarach cyn iti gyfadde bod dy gam cyntaf un dros drothwy Glanaethwy wedi bod yn anoddach nag y tybiais ar y pryd. Roedd Rhian a finna wedi awgrymu mai un ffordd eitha cyflym o ddod i nabod y disgyblion fyddai iti ddod i eistedd hefo ni yn ymarferion y corau. Wrth iti fagu hyder dros y blynyddoedd fe wnes di hyd yn oed fod mor ddewr â chanu hefo'r côr hŷn am sbel. Ond wyddwn i ddim, pan oeddwn i'n awgrymu iti wneud hynny ar y cychwyn, pa mor herciog oedd dy siwrnai gerddorol wedi bod cyn iti ymuno hefo ni, a bod fy awgrym wedi dod fel cryn dipyn o sioc iti.

Dwi'n credu imi ddweud yn ddiweddar, ar raglen Tudur Owen os cofia i, nad oes neb yn gwbwl fyddar yn gerddorol (tone deaf). Wrth gwrs, mae gan ambell un dalent aruthrol yn y maes, sydd yno'n aros i gael ei ddeffro gan ryw athro neu riant sy'n gallu synhwyro ac ysgogi. Ond dwi hefyd yn credu bod gan bawb glust gerddorol o ryw fath yn llechu yn eu cyfansoddiad yn rhywle. Yn anffodus, os nad ydan ni'n ofalus, fe allwn ni ladd a diffodd hyder y plentyn nad yw'r sgiliau cerddorol hynny wedi eu deffro ynddo yn y blynyddoedd cynnar. O bosib fod hyn yn wir yn y rhan fwyaf o bynciau wrth gwrs. Ond i'r sawl gafodd ei eni yn y 'smotyn' yma a elwir yn 'musical nation', mae darganfod nad ydach chi'n gallu canu yn medru gadael ei ôl. 'Anwen Jones, ewch i'r rhes gefn a gneud siâp ceg!' Sawl un ohonan ni sy'n gyfarwydd â chlywed y llinell fach yna yn tincian yng nghlust rhyw frân fach ddiniwed? Fe allai Anwen druan fod wedi troi'n eos oni bai i ryw athro difynadd golli ei limpyn hefo hi'n rhy fuan – efallai – pwy a ŵyr.

Ac o bosib mai dyna ddigwyddodd i titha Lowri. Ond wyddwn i ddim dy fod wedi tin-droi y tu allan i ddrws ymarfer y côr ar dy ddiwrnod cyntaf yn dy swydd gyntaf yn trio magu digon o blwc i ddod i mewn ac ymuno hefo ni yn y canu. Roedd dy weld yn canu a dawnsio o'i hochor hi hefo'r côr ar *Last Choir Standing* yn golygu llawer iawn i mi felly. Dwi'n gobeithio ei fod wedi golygu rhywbeth i titha hefyd.

'Da ni wedi bod ar siwrne go hir fel ysgol ac mae'r ffaith dy fod wedi bod yn gydymaith hefo ni wedi ysgafnu'r daith honno yn eithriadol ac wedi dwyshau profiadau'r disgyblion yn bendifaddau. Does dim geiriau all wneud cyfiawnder â'n diolchgarwch ond – diolch o galon!

Yn ddidwyll,

Siâp ceg 1

Siâp ceg 2

Annwyl Owain Arwen Hughes,

Newydd wrando ar eich sgwrs ar y radio yn trafod arweinwyr corau amatur yn ystod wythnos Eisteddfod Wrecsam, ac wedi codi nghlustia rhyw fymryn. Mi codish i nhw dipyn yn uwch pan glywais y drafodaeth a sbardunwyd gan eich sylw ar Y Post Cyntaf. Mae'n debyg i chi ddifaru rhyw fymryn eich bod wedi tynnu nyth cacwn bach digon del am eich pen ar ôl dweud be ddaru chi, ond fe wyddoch, gystal â neb, fod rhaglenni o'r fath yn gorfod crafu'n weddol isel weithiau am bynciau i'w trafod; yn enwedig a hithau'n ganol haf a'r gwleidyddion i gyd ar eu gwyliau. Roedd hi'n rhyfedd, felly, gwrando ar y ddadl yn parhau pan oedd strydoedd Llundain yn llosgi a'r gwleidyddion yn gorfod dychwelyd o'u gwyliau yn gynt na'r disgwyl. Anarchiaeth yn tanio ar y strydoedd a ninnau'n dadlau a ddylia arweinyddion amatur wneud siâp ceg tra'n arwain eu corau ai peidio. Rhyfedd o fyd. Ond gan mod i'n un o'r rhai sy'n euog o wneud siâp ceg fy hun, waeth i minnau roi fy nghnegwarth i mewn i'r ddadl fan yma ddim.

Wyddwn i ddim o'r blaen eich bod chithau'n arwain corau amatur? Dwi'n credu ichi ddweud hynny ar y rhaglen ar un pwynt, ond dadleuodd rhywun arall mai corau gwadd oedd y rheiny, a oedd wedi eu hyfforddi gan rywun arall cyn ymddangos dan eich baton. Os mai dyna'r gwir, yna mae arna i ofn fod honno'n senario hollol wahanol Mr Hughes. Mae arweinydd y côr amatur yn anifail ar ei ben ei hun, ac yn perthyn i un o ddau gategori; y rhai sy'n gwneud siâp ceg a'r rhai sydd ddim yn gwneud siâp ceg. Ac mae sawl math o siâp ceg i'w cael hefyd cofiwch chi:

SIÂP CEG 1. (SIÂP CEG ANGENRHEIDIOL)

Siâp ceg funud ola yw hon. Gall fod y côr wedi bod yn hynod o brysur yn ystod y flwyddyn yn paratoi ar gyfer amrywiol achlysuron, rhaglenni teledu, cystadlaethau a chyngherddau. Mae'r carolau yna y buoch chi'n bustachu i'w hailymarfer, neu ddysgu o'r newydd, wedi hen basio eu 'sell by date' erbyn Ionawr y cyntaf, ac felly'n cael eu taflu allan o'r repertoire am o leia naw mis. Tydi'r gosodiad y buoch chi'n ymlafnio i'w feistroli ar gyfer yr Ŵyl Cerdd Dant ddim yn rhyw addas iawn i gyngerdd chwaith, ac felly mae hwnnw hefyd wedi cael yn hŵi yn syth wedi'r feirniadaeth fer ar nos Sadwrn yr ŵyl.

Fe gawsoch eich lambastio gan feirniad answyddogol yr un ŵyl am fod yn rhy fentrus hefo'ch trefniant o'r alaw werin draddodiadol, ac mi rydach chi a'ch côr wedi syrffedu arno beth bynnag. Felly dyna'r rhan fwyaf o'r gwaith dysgu y buoch yn ceisio'i feistroli am dymor cyfan yn gwbwl ddiwerth erbyn mis Chwefror, a dyna pryd mae un o'ch cyngherddau mawr, o bosib, yn eich haros. Be 'da chi'n 'neud?

Yr ateb, wrth gwrs, yw tyrchu yn eich hen repertoire yn y gobaith fod ganddoch chi 'ddigon o fân bethau hwylus,' mewn rhyw ddrôr. Ond rydach chi'n arweinydd côr ieuenctid, a dyw'r aelodau sydd wedi ymuno hefo chi ers mis Medi ddim yn gwybod dim byd ond y carolau a'r cerdd dant a'r alaw werin ryfedd honno nad oedd neb yn siŵr iawn beth i'w wneud ohoni. Mae'r lleisiau aeddfetaf i gyd wedi'ch gadael, a tydi hanner y côr oedd ganddoch chi'r llynedd ddim yn cofio'r coreograffi i'r caneuon pop. Fel arfer y rhai mwyaf profiadol sydd yn cofio'r rheiny i'r fodfedd, a dyna pam mai nhw oedd yn arfer bod yn y rhes flaen yn rhoi hyder i weddill y côr. Ond mae rheiny bellach yn LIPA ac Aberystwyth, yng Nghaerdydd a'r Guildhall, fyddan nhw ddim yno yn Aberdyfi yn canu 'Bohemian Rhapsody' yn y rhes flaen ym mis Chwefror gan nad ydyn nhw'n aelodau o'ch côr chi bellach. A bod yn hollol fanwl, does ganddoch chi ddim rhes flaen!

Mae dyddiad y cyngerdd yn agosáu mor gyflym ag y mae gyrrwr Ferrari'n gweld ambell i wal yn dod yn syth amdano. A 'run mor gyflym rydach chi'n gwneud eich gorau i waldio nodau a dysgu'r symudiadau i hynny allwch chi o'r hen, hen repertoire i'ch aelodau newydd. Maen nhw'n dysgu'n rhyfeddol o gyflym, ond mae bysedd y cloc yn ennill y dydd mewn sawl ymarfer.

Mae noson y cyngerdd yn cyrraedd, ac mae ganddoch chi lond rostra o gôr eitha ansicir yn eich wynebu. Mae nhw, mwy neu lai, yn llwyr ddibynnol arnoch chi mewn ambell i ddarn. Rydach chi eisioes wedi lluchio'r alaw werin fach ryfedd honno yn ei hôl i mewn i'r rhaglen, a damia waith, doedd y darn cerdd dant hwnnw ddim yn rhy ddrwg wedi'r cwbwl oedd o? Ac mae ambell i garol yn aros yn fythol wyrdd trwy'r flwyddyn hefyd yn tydi? Nôl â nhw i goblyn. Ond rydach chi'n dal bump neu chwe chân yn brin o gyngerdd, ac felly mae'n rhaid cymryd y risg hefo ambell i ddarn sydd ddim cweit eto wedi ei ddysgu mor drylwyr ag yr hoffech chi iddo fod. Mae'r aelodau newydd wedi eistedd allan o ambell i eitem, ac mae ganddoch chi ddigon o'r hen gôr i gael getawê hefo'r rheiny. Ond yna, mae ganddoch chi bedair neu bump o eitemau lle mae gofyn i bawb eu canu, ac mi rydach chi'n gwbod yn iawn fod ambell un o'r rheiny'n eitha simsan; a dyna pryd mae SIÂP CEG 1 yn dod i'r adwy. Rhwng bob pennill rydach chi'n eu hatgoffa nhw o air cynta'r pennill nesa, wrth iddyn nhw anadlu rydach chi'n bwydo gair neu ddau iddyn nhw yn ganllaw. Ym mhob gorffwysfa neu saib mae'r siâp ceg rhyfedda yn anorfod, hyd nes y cyrhaeddwch chi'r sill ola a phen y daith chwyslyd, ryfedd. Mae pob arweinydd côr amatur yn gwbod yn iawn am y dechneg yma, hyd yn oed y rhai sydd ddim yn euog o SIÂP CEG 2, 3 a 4.

SIÂP CEG 2. (SIÂP CEG EMOSIYNOL)

Dyw pob aelod o'ch côr amatur chi ddim yn 'berfformwyr' wrth reddf. Mae gan ambell un lais swynol iawn, sawl un arall yn gerddorol tu hwnt ac yn mwynhau bod yng nghanol y bwrlwm, ac mae ambell un yn eu plith sy'n well am symud a neidio a gaflio. Er ein bod ni'n cyhuddo pob un yn ei dro o fod yn *passenger*, does yr un aelod yn euog o fod yno am yr hwyl yn unig mewn gwirionedd. Mae pawb yn gwneud ei ran yn ôl ei allu a'i adnoddau ei hun. Ond tydi pawb ddim yn dehongli â'u hwyneb gystal ag y bydde chi'n ei hoffi bob amser. Weithiau mae'r llais yn taro fel cloch, ond mae'r wyneb yn dal yn eitha di-fynegiant; rhyw 'wyneb canu' fel y bydda i'n ei alw. 'Ylwch, dwi'n canu, a hwn 'di'r wyneb 'da chi'n 'i 'neud pan ydach chi'n canu.' Y wyneb sydd hefo dau neu dri mynegiant o fewn ei repertoire, heb sylweddoli y dylai fod ganddo filoedd. Gwyneb cymanfa, gwyneb cnoi gwm, neu wyneb pysgodyn aur mewn powlen, mi wyddoch beth sydd gen i.

Yr esiampl fydda i'n ei ddefnyddio hefo'r côr yn aml yw wyneb 'Wrth fynd hefo Deio i Dywyn'. Mae 'na drefniant go ddifyr i gorau cymysg o'r alaw werin yma, ond yn amlach na pheidio, oherwydd ei fod yn ddarn go anodd yn dechnegol, mae'n cael ei ganu hefo mynegiant wyneb difrifol iawn – 'wyneb canu'. Tasa chi'n troi'r sain i lawr ar ambell gôr yn canu'r trefniant yma fe fyddech chi'n taeru mai 'Requiem' neu 'Alarnad' maen nhw'n ei ganu, ac nid am fynd am drip i lan y môr. Dyna pam, weithiau, mae'r arweinydd yn canu'r geiriau hefo gwên lydan ar ei wyneb. Mae newydd edrych i fyny ar ei gôr a gweld bod eu hanner nhw yn mynegi fel tasa nhw newydd gladdu'r gath ac wedi anghofio mai newydd gael 'bara a chaws yng Ngwanas' y maen nhw. I'w hatgoffa nhw o fyrdwn y stori rydach chi'n dechrau gwenu fel giat a chanu ffwl pelt yn ôl yn eu hwynebau. Yn raddol fe welwch y mynegiant iawn yn dychwelyd i wynebau eich côr, ac mae'r cyfathrebu yn ôl lle dylai fod. Mae o'n help garw ar adegau ac, ydi, mae o'n gweithio!

Siâp ceg 3

Siâp ceg 4

SIÂP CEG 3. (SIÂP CEG TECHNEGOL)

Dyna chi lythyren fach ryfedd yw'r 'w'. Mae gan bobl Rhosllanerchrugog 'w' fach ddel os cofia i. Sawl un o'r Rhos yn siarad hefo ceg sws yn gyson. Ond os oes gair yn mynd ar goll mewn brawddeg gerddorol, yna mi ellwch fentro bod yna 'w' yn ei ganol o yn rhywle. Geiriau fel 'gwawr' a 'mawr', a 'byw' a 'llyw'. Dwi'n pregethu'n aml wrth y cantorion y byddwn ni'n cael cynhebrwng i ddwy lythyren yng Nglanaethwy cyn bo hir. Y llythyren 'h' yw'r gyntaf i fynd i'w haped wrth gwrs. Mae honno wedi hen chwythu ei phlwc mewn sawl ardal yn barod, yn enwedig mewn geiriau fel 'nhw', a 'rhes' a 'nhad' a 'mhen'. Sawl gwaith rydan ni wedi gwrando (grando) ar ddysgwyr bach yn adrodd: 'Dacw nw ar y lein yn res, yn dawnsio'n clon yn y gwynt a'r gres.' Prysuraf i ddweud nad ar y dysgwr druan mae'r bai wrth gwrs, ond y ffaith nad yw'r sawl sy'n ei ddysgu yn clywed fod 'na lythrennau wedi diflannu o'r geiriau. Mae 'nhw' wedi troi'n 'nw' ar dafod y rhan fwyaf ohonom erbyn hyn, a chredwch neu beidio mae 'gwres' wedi troi'n 'gres' gan y rhan fwyaf ohonon ni hefyd. Ond yn yr enghraifft fach uchod o gerdd Selwyn Lloyd am 'Y Lein Ddillad' mi fydda i'n dal yn dotio clywed llond ceg o 'nhw' yn cael ei ddweud rŵan ac yn y man; a chlywed yr 'w' yn dychwelyd i'r 'gwres'.

'In Hertford, Hereford and Hampshire, hurricanes hardly ever happen.' Ydi, mae'r Saeson yn cael yr un drafferth yn amlwg.

Ond toes yna ddim byd gwaeth na gwrando (neu 'grando'!) ar gôr sydd, o bosib, yn canu'n swynol eithriadol, ond nad oes posib deall yr un gair maen nhw'n ei ddweud. Mae cael côr i ynganu'n glir yn llawer anoddach techneg nag ydi hi i unawdydd, wrth reswm pawb, er imi glywed sawl un o'r rheiny yn bwnglera'u ffordd, yn dra swynol, drwy farddoniaeth cwbwl annealladwy hefyd (yn enwedig y baswyr). Mae'r rhai mwyaf euog yn gwneud rhyw geg pysgodyn aur, ac mae'r rhan fwyaf o'r cytseiniaid wedi glynu rhywle rhwng eu tafod a'u gwefus isa'. Os ydach chi'n unawdydd ifanc, waeth beth fo ansawdd neu draw eich llais, gwrandwch ar Bryn Terfel yn ynganu, mewn unrhyw iaith, a 'dewch chi ddim yn bell o'ch lle. Yn yr un modd mae corau Islwyn Evans i gyd yn ynganu pob un gair yn hollol eglur, fel bod y stori, heb unrhyw orymdrech, yn hitio eich clust yr un pryd â sain y nodyn.

Ond mae'r arweinwyr gorau un yn cyfathrebu weithiau hefo'u corau. Nid bob amser yn ynganu'r geiriau efallai, ond yn bwydo rhyw air, rŵan ac yn y man, i annog y gorau, ac i fynnu'r dechneg uchaf posib.

'Mae'r gynulleidfa wedi talu pres da i'ch clywed chi,' fydda i'n ddeud yn gyson, 'mae nhw isio gwerth 'u harian, a chawn nhw'm o hynny os nad ydyn nhw'n deall be 'da chi'n ddeud.'

SIÂP CEG 4. (SIÂP CEG NATURIOL)

Wrth ganu emynau, neu anthemau, neu ddarn o farddoniaeth sy'n eich cyffwrdd mae'n rhaid ichi ddweud y geiriau hefo'ch côr. Rydach chi'n cael eich codi i ryw lefel lle mae'r testun yn eich meddiannu chi, a does ganddoch chi ddim dewis ond eu canu. Pwy fedrai beidio cyd-ynganu geiriau godidog Waldo: 'Gwyn eu byd tu hwnt i glyw, Tangnefeddwyr, plant i Dduw?' O bosib na ddaw 'na 'run nodyn allan o'ch sgyfaint chi, ond mae pob gair yn cael ei sibrwd yn angerddol ar eich gwefusau. Rydach chi angen blasu'r farddoniaeth ac mae yna ryw reddf ynoch chi sy'n methu peidio clecian pob cytsain hefo'ch côr: 'Chwiliai Mam am air o blaid pechaduriaid mwya'r lle.' Does gen i ddim dewis ond dweud y geiriau yna hefo fy nghôr. Byddwn yn teimlo yr un mor chwithig yn peidio â'u dweud nhw ag y byddwn i yn arwain ein hanthem genedlaethol heb ganu. Dyna fy ngreddf, a does gen i ddim dewis ond ildio iddi. Ac mi wn i am sawl arweinydd arall sydd yn ymateb yn yr un modd.

Ond tybed ai at SIÂP CEG 1 yn unig yr oeddech chi'n cyfeirio yn eisteddfod Wrecsam Mr Hughes? Y siâp ceg sydd yn bwydo'r llinell i'r côr cyn iddyn nhw ddod i mewn? Yr un sydd yn rhoi'r argraff nad yw'r côr yn siŵr o'i bethau; ddim wedi meistroli'r darn? O bosib fod gen i hanner cydymdeimlad hefo chi os mai dyna welsoch chi. Tydach chi ddim wedi cystadlu ers sbel, mae'n siŵr; nid dyna'ch maes chi. Ond mi wyddoch, gystal â ninnau, y byddai rhyw ddau ymarfer bach arall yn gwneud byd o les i'r côr. Tydach chi ddim bob amser cweit ar ben eich pethau, ac mae ambell aelod wedi dychwelyd o'u gwyliau ac wedi colli'r tri neu bedwar ymarfer olaf, ac yn debygol o ddŵad i mewn yn y bar anghywir os na 'newch chi ryw arwydd go bendant arnyn nhw rŵan ac yn y man. Ydach chi'n tynnu nôl ar yr unfed awr ar ddeg? Neu ydach chi'n dewis cystadlu er gwaethaf ambell i fan gwan? Dwi'n siŵr y bydda llwyfan yr eisteddfod yn hesb o gorau'n fuan iawn tasa ni i gyd yn dewis tynnu nôl oherwydd ansicrwydd a diffyg cyfle i fireinio. Ac felly mae SIÂP CEG 1 yn hanfodol ar adegau. Mae wedi arbed sawl wyneb coch o blith y cantorion fyddai wedi rhoi gwaedd unig ryw far neu ddau o flaen pawb arall tasa chi ddim wedi ystumio y gair a'r curiad a'r emosiwn o'u blaenau.

Dwi'n gweld beth sydd ganddoch chi ag un lygad, ond mae nghydymdeimlad i'n llwyr â'r arweinydd hwnnw sydd yn nabod ffaeleddau ac anghenion ei gôr amatur yn well na neb sydd yn eistedd yn gyfforddus ar seddau'r pafiliwn, neu yng nghlydwch soffa stiwdio teledu. Fo sydd wedi dewis 'i mentro hi.

●   ●   ●

Taswn i'n cael y fraint ryfeddol honno o gael cerddorfa o fy mlaen i gyfeilio i nghôr, yna mi fyddwn inna'n ymwrthod â gwneud unrhyw fath o siâp ceg hefyd fe dybiwn i. Mae ganddoch chi wedyn sawl elfen wahanol sydd angen eich sylw ac mae'r côr yn sefyll llawer pellach oddi wrthych chi, fel na fyddai'r rhan fwyaf ohonyn nhw, os ydy 'u golwg nhw unrhywbeth tebyg i f'un i, yn gweld siâp eich ceg chi beth bynnag. A naw gwaith allan o bob deg, mae corau o'r fath yn dal copi anferth o'r gerddoriaeth o flaen eu trwyna beth bynnag, a phrin byth yn edrych i fyny ar yr arweinydd. Rhain hefyd, yn fy marn i, yw'r corau lle rydach chi'n colli'r rhan fwyaf o'r geiriau wrth iddyn nhw ganu i mewn i ffeil fawr ddu o'u blaenau. Mae gweld siâp ceg y datgeinwyr bob amser yn gymorth i ddeall gair a dal emosiwn.

A taswn i'n cael dweud fy nweud am lwyfannau cystadleuol, yna mi garwn ofyn i'r cyfryngau droi pob sgrîn o ŵydd yr arweinydd yn llwyr hefyd. Mae 'na ryw hanner eiliad o oedi rhwng y llun a'r canu byw o'r llwyfan. Yn amal iawn dwi 'di gofyn wrtha fi fy hun, pwy 'di'r lembo sy'n chwifio'i freichiau allan o sync ar ochr y llwyfan? Ac yna mae'n fy nharo mai fi ydio – ar y sgrîn! Dwi ddim yn gwbod os oes yna arweinwyr eraill wedi cael yr un profiad ond, i mi, mae o'n gallu fy lluchio oddi ar fy echel yn llwyr, yn enwedig mewn darn dyrys, lle mae'r amseriad yn newid fesul bar, a manylder y tempo yw holl sialens y darn. Tydio ddim o unrhyw gymorth chwaith, pan sylwch ar siot agos ohona chi eich hun yn gwneud y stumiau rhyfeddaf ar eich côr. Dyna pam mai cefn yr arweinydd mae'r gynulleidfa wedi ei weld ers canrifoedd, ond hefo'r dechnoleg newydd mae'r camera rŵan yn datgelu pob migmans o'i eiddo, oedd yn arfer bod yn berthynas breifat, gyfrinachol rhwng yr arweinydd a'i ddatgeinwyr. Migmans na fyddai 'run beirniad swyddogol nac answyddogol wedi ei weld hyd ddydd y farn oni bai am y dechnoleg fodern, felltith yma sy'n datgelu cyfrinachau'r arweinydd druan.

Os cawn ni wared â'r hen gamera bach slei yna yng nghefn y llwyfan fydd neb callach wedyn yn na fydd?

Ymlaen â'r gân,

Dad a fi, Eisteddfod Sarn, 1964

Annwyl dad,

Meddwl y bydda hi'n chwith garw cyhoeddi'r gyfrol yma heb ddanfon rhyw 'bwt o lythyr' atoch chi. Ac eto, wedi 'sad gysidro', dwi'n ei chael hi'n anodd gwbod be'n union i'w ddeud wrthach chi ar bapur. Wedi siarad hefo chi yn fy nychymyg 'geinia, os nad cannoedd o weithia, ond mae ceisio ei daro i lawr ar bapur yn teimlo'n chwithig am ryw reswm rhyfadd. Mam fydda wastad yn cadw cysylltiad trwy lythyr yn ystod fy nghyfnod yn y coleg, ac felly ati hi y byddwn inna'n cyfeirio f'atebion, gan ddychmygu y bydda hi'n eu darllen i chitha wedi ichi gyrraedd adre o'r gwaith. Doeddach chi ddim yn ddyn geiria rioed yn nagoeddach?

Mam hefyd fydda'n codi'r ffôn, byth a hefyd, i holi sut hwyl oedd y plant wedi ei gael mewn steddfod neu ar eu gwyliau, neu i holi os oeddan nhw'n well ar ôl ryw bwl o salwch. Hi fydda'n sgwennu'r cardia dolig a phen-blwydd i bob un o'r teulu yn ei dro. A hi fydda'n ein holi ni'n dwll pan benderfynodd Rhian a finna, ryw fore dydd Gwenar go wlyb, i roi ffidil ein gyrfaoedd fel perfformwyr ac athrawon yn y to a chychwyn ein hysgol ein hunain.

Dwi ddim yn meddwl ichi ddeall yn iawn be'n union oedd y ddau ohonan ni'n ei wneud ar y pryd, na deall pam oeddan ni'n rhoi'r gorau i ddwy yrfa eitha llwyddiannus oedd yn cadw'r blaidd yn ddigon pell o'r drws ac yn talu'r morgais yn weddol gyson. 'Fyddi di ddim ar y teli ddim mwy ta?' oedd eich byrdwn ar y cychwyn. Roedd gweld fy ngwyneb i neu Rhian ar y teledu yn brawf pendant ichi fod y ddau ohonan ni yn dal i gael gwaith ac yn arwydd bod ein gyrfaoedd yn dal i bydru eu ffyrdd ymlaen.

Ond roedd y syniad o 'ysgol berfformio' yn beth diarth iawn ichi yn toedd dad? Er ichi fy llusgo i o wers biano i wers

Tomos Alun (Dad) chwith rhes gefn
a Dafydd Siop Jips (Tad Bryn Fôn) ar y dde
yn y rhes flaen

ganu, ac o steddfod i steddfod, pan fydda Mam yn brysur yn y siop, doedd ceiniog y cysyniad o'r hyn oedd Glanaethwy yn 'i 'neud ddim wedi llawn ddisgyn.

Dwi'n cofio ni'n dŵad adra o Lundain unwaith wedi ennill dwy wobr go fawr yng Ngŵyl Music For Youth. Mam yn llawn o'r peth ac yn holi bymthag y dwsin fel arfar; isio bob manylyn posib am bob côr oedd yn cystadlu a be oedd Rhian wedi ei wisgo, a be oedd y beirniad wedi 'i ddeud.

'Welish i Bryn Fôn ar y teli dair gwaith wsos dwytha,' oedd eich ymateb chitha ar ôl rhyw fymryn o saib yng nghwestiynu di-baid Mam.

Gwenu 'neuthon ni, os cofia i'n iawn, a Mam yn trio'ch rhoi chi ryw fymryn fwy yn y pictiwr bob gafael.

Dwi ddim yn ama' ichi ddŵad i ddeall yn well be'n union oedd yn mynd ymlaen yn yr ysgol fel yr oedd amser yn mynd yn ei flaen. Ond mae'n loes calon imi na chawsoch chi fyw i weld yr ysgol ei hun yn cael ei hadeiladu. Mi fydda hynny wedi golygu llawer mwy ichi na chlywed am dri llond bws o blant a phobl ifanc yn 'i heidio hi am Lundain i gystadlu yn y Festival Hall neu i berfformio draw ar y cyfandir pell. Brics a mortar a chaib a rhaw oedd eich petha chi erioed, ac mi fyddwn wedi rhoi ffortiwn ichi fod wedi cael byw i weld y brics bach melyn yn syrthio i'w lle ar Barc Menai nôl yn 1995, ac yna gweld yr arwydd yn mynd i fyny ar y llain o dir y tu allan yn deud 'Ysgol Glanaethwy'. Mi fyddwn wedi rhoi yr un ffortiwn i'r ddau ohonach chi fod wedi rhannu rhai o'n llwyddianna diweddara ni hefyd. Gan i'r blynyddoedd cynnar fod yn llawer mwy cymhleth nag y mae pethau erbyn hyn dwi'n gwbod y bydda'r ddau ohonach chi wedi mwynhau Glanaethwy yn well yn yr unfed ganrif ar hugain!

Ond nid felly y bu hi'n naci dad? Ond wedyn, tasa chi ddim wedi fy llusgo i o wers ganu i wers biano ac o steddfod i steddfod, fel y gwnaeth rhieni Rhian hefyd, fydda Glanaethwy ddim wedi bod yn bosib. Yr ymdrech a'r aberth honno wnaeth i'r ddau ohonan ni sylweddoli fod rhieni yn fodlon gwneud cryn dipyn i gefnogi eu plant er mwyn meithrin eu talentau a'u doniau. Ac er mai ar sylfeini cannoedd, os nad miloedd o dai, yn Nyffryn Nantlle a'r cyffinia y gadawsoch chi eich ôl fel saer maen, fe roesoch chi hefyd sylfeini dipyn gwahanol i mi i gychwyn fy musnes.

Diolch yn dalpia dad,

Cefo

ON. 'Da chi'n cofio ichi ddeud ryw dro, pan oeddach chi'n bur wael, eich bod chi am symud i fyw i'r atig yma yn ein cartref yng Nghilrhedyn, ar ôl ichi farw? Mi ddudoch eich bod wedi bod yn dadla drwy'r dydd hefo rhyw ysbryd oedd yn byw yno'n barod yn deud y bydda'n rhaid iddo fo symud allan yn ddi-ffael pan ddeuai eich amser chi i fynd yno. Nes i rioed deimlo eich bod wedi llwyddo i wneud hynny. Ond dwi wedi teimlo eich presenoldeb yn yr atig yng Nglanaethwy ar sawl achlysur. Ond yr hyn sy'n ddifyr ydi fod un o'r disgyblion, nad oedd yn eich nabod chi o gwbwl, wedi'ch enwi chi ryw ddiwrnod pan chwythodd y gwynt ddrws y neuadd yn llydan agored.

'W! Ma' ginno chi ysbryd yma, Cefin!' medda hi, a'i llygaid yn serennu arna i.

'Wel, yn digwydd bod, ma' ginno ni ysbryd yma,' meddwn inna wrthi hitha.

'Be 'di'i enw fo – Tomos?' medda hitha, fel bwled o wn.

Doedd ganddi hi ddim syniad mai Tomos Alun oedd eich enw chi wrth reswm, ac mi ddychrynodd am ei hoedal pan ddaeth Rhian i mewn ac un o'r disgyblion yn gofyn iddi be oedd enw'r ysbryd oedd ganddon ni yng Nglanaethwy.

'Tomos,' medda Rhian yn syth bin, a bu'r dosbarth mewn dipyn o sioc am weddill y wers! O lle daeth yr enw iddi tybad?

Welai chi'n y wers nos fory ta dad. x

246

Rhan 1 Ysgol Glanaethwy, 1995
"Biti 'sa chi wedi cael gweld hwn, Dad"

Annwyl Iwan (Llwyd),

Wrth loffa drwy fy nesg yn chwilio am luniau i'r gyfrol hon mi ddois i ar draws amlen wen â'r geiriau yma arni – 'Ocsiwn Addewidion Glanaethwy – Englyn Comisiwn ar gyfer achlysur arbennig gan y Prifardd Iwan Llwyd'. Fi oedd wedi gwneud y cynnig uchaf am yr addewid, yn amlwg, gan fod yr amlen yn saff yn fy nesg, ac yn meddwl yn siŵr mod i wedi cael homar o fargen! Wedi meddwl gofyn iti am englyn i nodi achlysur ein penblwydd yn un-ar-hugain oeddwn i, wrth gwrs, ac felly ddois i ddim atat ti i swnian yn syth gan fod peth amser i fynd tan hynny ar y pryd. Dyna sydd i'w gael am oedi!

Rydan ni wedi bod yn ddigon lwcus i gael sawl englyn wedi eu llunio inni dros y blynyddoedd ar achlysuron gwahanol. Cyd-ddigwyddiad llwyr ydio fod tri o'r englynion hynny wedi eu hysgrifennu gan dadau oedd â merch yn ddisgybl yng Nglanaethwy ar y pryd; fel yr englyn bach annwyl yma gan John Hywyn, pan oedd ei ferch, Nia, yn ddisgybl hefo ni:

> Un ddawns fydd dy awr neu ddwy – o hapus
> stepio dros y trothwy
> i wahaniaeth Glanaethwy.
> Chwilio am wers, a chael mwy!

Nôl ym 1998 y cafodd yr englyn yna ei sgwennu ar noson go stormus pan oedd John Hywyn a finna mewn ymryson yn Nyffryn Nantlle yn dathlu canmlwyddiant yr Ysgol Uwchradd. Dwi'n cofio i'r englyn gael marciau go uchel gan y meuryn ar y noson, ond dwi'n siŵr y bydda Rhian a finna wedi rhoi hanner marc yn ychwanegol iddo am ddeud peth mor glên!

Yn y flwyddyn 2000 yr ysgrifennwyd yr englyn nesa 'ma, a hynny pan oeddan ni'n dathlu ein penblwydd yn ddeg oed. Bu Llio, merch y cyfarwyddwr teledu Robin Evans, yn ddisgybl hefo ni am sbel go lew, ac ar noson y parti dathlu yng Ngwesty'r Meifod yn y Bontnewydd y cyflwynodd Robin yr englyn hwn inni.

> Y bwriad oedd rhoi hada yn y pridd
> I weld pa rai fasa'n
> Hardd eu dail o wreiddio da:
> Wele Eden o floda!

Yn 2008 y cawson ni'r englyn nesa, drwy'r post, gan Gwynfor ab Ifor. Dwi'n cofio'r flwyddyn yn iawn gan mai wedi bwrlwm y gyfres *Last Choir Standing* y glaniodd o. Mae ei ferch, Mari, yn dal i fynychu'r ysgol ac yn aelod o'r côr hŷn acw erbyn hyn.

> Mwynhewch y mannau uchel – rhagorwch
> a gyrrwch y gorwel;
> Awchwch y dasg aruchel
> A diliau aur mannau'r mêl.

Tybed beth fyddai'r englyn i ddathlu'r un-ar-hugain wedi bod Iwan? Erbyn hyn, mae dy ferch ditha, Rhiannon, yn aelod o gôr iau yr ysgol, a dwi'n siŵr y bydda gen ti rwbath go ffraeth a newydd i'w ddeud mewn pedair llinell o gynghanedd.

Fel roeddat ti'n gwbod yn iawn, mae y rhan fwyaf o weithdai Glanaethwy'n digwydd ar ôl oriau ysgol. Pan fydd y rhan fwyaf o bobl yn glanio adre a rhoi eu traed i fyny neu'n dechrau plicio tatws neu bicio i'r archfarchnad i nôl pryd parod go handi, dyna'r amser y bydd Rhian a finna'n dechrau dygnu arni go iawn yn y gweithdai. Fel arfer rydan ni ar ein pedwar erbyn cloi'r drysau tua'r hanner awr wedi wyth 'ma, a dim math o awydd plicio na thysan na moran nac ymlafnio dros unrhyw sosban na phopdy o fath yn byd arnon ni. Y demtasiwn yn amlach na pheidio, felly, fydd

dianc i un o fwytai'r ddinas neu dros y bont am rai o
dafarndai'r Borth. Ac yno, yn y Fat Cat, yng nghanol y
ddinas, y bydda ni'n dy weld di gan amla. Roeddat ti
weithiau mor ddyfn yn dy bapur newydd neu ar ganol llunio
cerdd fel na welat ti mohonan ni o gwbwl. Dro arall yn taro
dy het am dy ben, rhoi'r papur yn ei ôl ar y silff a rhyw 'Su'
ma'i a nos dawch,' i gyd ar yr un gwynt.

Ond ambell waith, os na fydda'r têc awê yn aros amdanat
ti, mi fyddat yn ymuno hefo ni i ddarllen un o dy gerddi neu
i holi am hyn, llall ac arall. Ar nosweithiau felly fe fuom yn
ddigon ffodus i gael rhannu rhai o'r cerddi oedd yn egino ar
gefn rhyw fat cwrw neu yn dy lyfr bach du. Mae Rhian a
finna'n trysori'r atgofion hynny erbyn hyn ac yn dal i
hiraethu am ambell i 'oedfa' farddonol. Tydi'r Fat Cat ddim
'run fath erbyn hyn, ac mae criw o 'fugeiliaid newydd' yn
gweini'r hen, hen fyrddau yno hefyd. Tro ar fyd!

Maddau imi am orffen y llythyr 'ma hefo englyn rhywun
arall felly. Hwn ydi'r englyn dwytha gafodd ei gyflwyno i'r
ysgol (hyd yma!) a dwi'n siŵr y cytuni ei fod yn un go glyfar.
Cyfaill ichdi sgwennodd hwn y llynedd, pan oeddan ni'n
lansio'r gyfrol *Perffaith Chwara Teg* i Wasg Carreg Gwalch.
Myrddin ap Dafydd sy'n cau pen y mwdwl yma felly, ond
bydd rhaid i'n dathliadau un-ar-hugain fod yn ddi-englyn
mae arna i ofn, gan fodloni ar y dyrnaid yma i wneud iawn
am hynny.

CÔR GLANAETHWY

Agor y gorwel a welais – closio
Cael asiad a glywais,
Enaid mewn llygaid a llais
Yn yr ifanc a brofais.

Yn colli dy gwmni'n o arw,

Alffa

251

Rhi annwyl,

Ti'n cofio'r hen gân honno sgwennodd Gwilym O. Roberts (tad Mari Gwilym) ers talwm: 'Gyts Fel Llew Oedd Gan Yr Iesu?' Coblyn o gân; a choblyn o ddyn. Wel, mi w't titha'n goblyn o ddynas hefyd Rhi; a 'choblyn' yn ei ystyr orau un, un, un sydd gen i wrth gwrs. Fel 'da ni'n deud 'uffar' o ddyn, neu 'uffar' o ddynas, weithia, er mwyn cyfleu fod yna gryfder mawr ynddyn nhw. Dwi'n meddwl mai ni'r Gogs sy'n gneud hynny fwya. Ta waeth, ti'n uffar o ddynas hefyd. Ond yn fwy na dim arall, mae gen ti 'gyts fel llew'; mwy os rwbath.

Oedd gin ti dipyn o 'gyts' i fentro deud wrtha i y dylian ni ddilyn y freuddwyd 'ma oedd gen i i ddechra cychwyn. Finna wedi dili-dalio ar hyd yr holl flynyddoedd yn amau fy hun, yn oedi, ac yn cael traed oer byth a hefyd.

'Os na 'nawn ni o rŵan, 'nawn ni byth mo'no fo,' oedd dy fyrdwn di nôl ym 1990, a rhoi tro go hegar i mraich i wrth 'neud (nid yn llythrennol wrth gwrs!).

Ond roedd gen ti fwy o 'gyts' yn rhoi gorau i dy swydd fel athrawes yn Ysgol y Graig, Llangefni, troi dy gefn ar gyflog a phensiwn saff a llogi stafell hefo fi yn Ysgol David Hughes, i gychwyn Ysgol Berfformio. Wydda ni ddim yn iawn be oedd ysgol berfformio ar y pryd. Roedd y ddau ohona ni wedi cael amrywiol wersi preifat pan oeddan ni'n ifanc, piano, gitâr, dawnsio, canu ac adrodd, ond fuo 'run o'r ddau ohona ni ar gyfyl ysgol berfformio o fath yn y byd. Gesio oeddan ni!

Ew! Tasa'n disgyblion cyntaf ni wedi gwbod hynny ar y pryd ti'n meddwl y bydda nhw wedi mentro dros riniog y drws yn David Hughes y diwrnod cyntaf hwnnw? Gan 'mod i wedi bod mewn dosbarthiadau dawns ers pan oeddwn i'n fach mi wyddwn i beth oedd y patrwm lle byddai criw o ddisgyblion yn dod at ei gilydd am weithdai gyda'r nos i ddysgu dawnsio. Roeddwn i'n gwbod, felly, y byddai angen inni gynnig amserlen i wahanol oedrannau a bod pawb sydd â diddordeb yn llenwi ffurflen ac yn ymrwymo i ryw lun o gytundeb rhwng yr athro â'r disgybl; ond o hynny 'mlaen, roeddan ni wir ar ein pennau ein hunain. Doedd yna 'run math o ysgol yng Nghymru y gallen ni fynd iddi i wneud rhyw fymryn o ymchwil a chael profiad gwaith. Roeddan ni fwy neu lai yn dechrau o'r dechrau ac fe allwn ni gyfadde un mlynedd ar hugain yn ddiweddarach y bu cryn dipyn o fyrfyfyrio ar y cychwyn yn do?

Roedd gen ti fwy o 'gyts' fyth bum mlynedd yn ddiweddarach i'm llusgo i lawr i'r banc i ofyn a gaem ni forgais i brynu talpyn o dir ac adeiladu ysgol arno. A phan fyddai un banc yn cau drws yn ein gwyneb roedd gen ti'r 'gyts' i groesi'r lôn a cherdded yn syth i mewn i fanc arall a chychwyn trafod eto. A chdi wnaeth y trin a'r trafod o'r cychwyn de Rhi? Roeddwn i'n rhoi fy mhig creadigol i mewn weithiau, ond mi fyddwn i'n cau fy ngheg yn drap pan fydda hi'n dod i drafod y *pounds, shillings and pence.*

Ond dwi'n credu mai'r 'gyts' mwya ddangosaist ti oedd pan ddaru ti gynnal yr ysgol am saith mlynedd tra bu's i lawr yng Nghaerfyrddin dan gytundeb i'r Theatr Genedlaethol. Cyfnod anoddaf ein bywydau oedd hwnnw, am nifer fawr o resymau. Ond y gelyn pennaf inni'n dau, bryd hynny, oedd y milltiroedd oedd rhyngom ni. A ninnau wedi gweithio mor glòs hefo'n gilydd am bymtheg mlynedd, roedd yr hollti daearyddol yn llafn wythnosol drwy ein bywydau, pan fyddwn i'n ei chychwyn hi i lawr am y de. Mi fu's di'n ddewr iawn drwy gydol y saith mlynedd yna a mi fydda i'n fythol ddiolchgar iti am hynny. All neb ddirnad sut dois di drwy'r blynyddoedd hynny a chynnal y safon a chael y fath lwyddiant. Daliaist dy ben yn uchel a chario 'mlaen.

Mae ein dyled yn enfawr i Lowri am helpu yn y cynnal bryd hynny hefyd wrth gwrs. Tydi rhywun wedi bod yn lwcus? Lwcus yn ein staff, lwcus yn ein ffrindiau a lwcus eithriadol yn ein teulu. Ond dwi'n siŵr y byddai pob copa walltog (a'r penna moel yn eu plith!) yn cydnabod mai chdi oedd yr asgwrn cefn bob amser. Chdi ydi'r asgwrn cefn Rhi. Mond pobol hefo asgwrn cefn nobl iawn fedar feithrin y fath 'gyts'.

A dwyt ti fawr o beth i gyd yn nagwyt? Ond, 'nid eiddil pob eiddilwch' chwaith yn naci? Bob amser, pan fu simsanu, rwyt ti wedi sefyll yn gadarn; os dywedai'r gelyniaethus a'r eiddigeddus unrhyw beth cas roeddat ti'n dod i'r adwy, ac os oedd dyn yn llithro ac yn baglu, roeddat ti'n cofleidio ac yn ymgeleddu. Ac rwyt ti'n dal i fynd! Yn dal i sefyll yn y bwlch, fel Bendigeidfran fechan, rwyt tithau'n croesi'r moroedd ac yn ein cynnal a'n cario ni i gyd drwy bob taith.

Pwy a ŵyr beth sydd o'n blaenau, pa deithiau eraill y byddwn ni'n eu mentro a pha stormydd eraill y bydd yn rhaid i ni eu gwynebu. Ond dwi'n siŵr o un peth, fedrwn i byth eu gwynebu hebddot ti.

Drwy bob storm Rhi ... ymlaen ...

Cef x